中華教育

生命與價值觀教育：
視角和實踐

李子建 主編

金耀基教授題字

目　錄

序一

　　認識子建教授已二十多年，當年教授到我任教的學校，進行「高效能學校」研究，希望透過訪談，理出讓學校達至「高效能」的原因。這些年來，子建教授的研究範疇不斷擴闊，學校效能及改進以外，還有課程發展、教師專業發展等等。近年，教授用了頗多時間研究一個熱話題：生命教育。

　　當大家都在說生命教育的重要性時，生命教育到底是甚麼？個人以為，培育孩子，讓他們懂得人與自我、人與人、人與物、人與天地相處之道，從而能尊重、珍惜、愛護萬物的生命，這大抵便是生命教育。但寫來簡簡單單的數十字，當中涵蓋的學問又有多少？更可況，生命教育絕對不單單是知識的傳授，還有情感的栽培、價值觀的建構，與及將生命教育付諸行動的能力和習慣，談何容易。

　　全面立體的生命教育，談已經不易，要在學校推動卻更困難，生命教育內容既無邊無際，成效亦難以量度，這個重要但好像沒有迫切性的課題，往往容易被其他內容較具體、成效較易量度得到的如 IT、STEM 教育等搶佔了我們關注。但是否因為難、因為不易量度成效，我們便可以將它放在稍次要的位置？

　　子建教授近年有關生命教育的著作甚多，課題走遍蒼穹，天文宇宙、宗教倫理、東西文化、品德情意，無一不及，在在均是建構生命教育的重要元素。這次主編的《生命與價值觀教育：視

角與實踐》，既有哲理層面的闡釋，將生命教育與價值觀教育、正向教育、健康教育的聯繫釐清；還有實踐層面的講述，將書法、武術、宗教等融入課程；更有學校推行生命教育的個案分析，與及經驗分享。十分期望這書冊早日出版，讓學校在推動生命教育時有所參考。更期望學校可以調動空間能量，按校本需要，將生命教育做得更全面。

李雪英校長

嗇色園主辦可譽中學暨可譽小學前校長

嗇色園教育委員會顧問

2021 年 3 月 29 日

序二

　　二月底最後的一個星期日，接到李子建教授的電話，說準備出版一本關於生命與價值教育的著作，請我寫一篇序。李教授是香港教育大學的學術及首席副校長，是多個領域的權威學者，他的邀請，無疑因為新著的內容在一定程度上適合基礎教育的教師和學生，而我是前線校長的緣故。

　　二零零七年，我出任培僑中學校長的翌年，在學校良好的德育及公民教育的基礎上，提出了一個宏圖願景：「培僑要發展成培養青年領袖人才的基地」。初時，很多教師，特別是資深的，都提出疑慮，認為培訓部分學生成為領袖可以，但怎可能令所有學生都成領袖？通過反覆的交流，我們從領袖的本義出發，它原指一件衫的衣領和袖子，由於有提挈的作用，便引申為能帶領其他人向前的人物。我們相信能帶領整個國家、整個社會、整個行業前進的人是領袖，能夠帶領一個班，一個學會，甚而一個小組的人，同樣是領袖。如果論差別，就只在人數的多寡而已；在本質上，作為帶領者，比如個人的自律自強，有遠見和創意，有廣闊的胸襟，能承先啟後等的特質，是完全沒有分別的。這種探求人性的特質為起點，並通過催化、激發，使學生不斷向上奮進的教育，直與孟子「人皆可以為堯舜」的說法相通。

　　適逢香港中文大學教育學院有相關的研究和實踐，我拜訪時任院長的李教授，說明原委，希望他能派出專家到校協助。於是

在雙方合作的計劃下，中大教院的專家到校為中層管理舉行集思會，為全體教師舉行工作坊，及其後在通識科中設計課程，以求在理論的層面教育學生。其後，我們制定「領袖素質發展圖譜」，從「理論學習」（課堂、講座、分享會）、「培訓活動」（軍訓、勞動教育、歷奇、考察）、「實踐所學」（義工及社會服務）三方面展開培育學生「個人成長」、「家國情懷」和「國際視野」的工程。二零一七年，我在培僑退休，回顧當年的素抱，由理念的構思到落實到執行，由執行到修訂增潤，中間經歷的思想衝擊、個人突破和團隊協作，印證着培僑中學過去走過，而將繼續走的教育道路。

離開培僑中學，我卻退而未休，旋即出任陳樹渠紀念中學校長，過去在培僑的經驗，便駕輕就熟地作為推動學校改革的南車了。

二零一五年我獲委香港教育學院及隨後升格為教育大學的校董會成員，時李教授任副校長，主導大學的學術發展，責任重大。六年的校董任期，使我看到的，是校務蒸蒸日上，整體實力日見強大的前景，而李教授正是幾位領頭前驅者之一，可敬，可賀！

《生命與價值觀教育：視角和實踐》一書，分「理念篇」和「議題與實踐篇」，兩篇下分若干章，每章自可獨立，而連貫起來，卻真能全面的、多方視角的觀照生命與價值教育的內涵及其實踐狀貌。讀者，特別是教師讀一章而有得，讀全書而能體悟融入自身的獨有的情境中，或參照，或剪裁，或轉化，則必然對推動生命與價值教育起極大的幫助。我誠摯地將本書推薦給讀者，並撰

七言古詩一首，用示祝賀：

人參天地秉靈秀

智超萬物居上頭

賦稟有差拔其萃

養正培才德業由

從來興國賴教育

彼此甘為孺子牛

傳道授業恆足貴

啟發解惑方云周

著述立言心在遠

達己達人復何求

上庠巨擘經綸手

欲把瑤篇福九州

當前重霧迷海角

恍聽龍吟聲悠悠

二零二二年壬寅驚蟄 招祥麒 敬序

招祥麒博士

陳樹渠紀念中學校長

香港直接資助學校議會原主席

教育局課程發展處中國語文教育組課程發展顧問

序三

　　培育學生全人發展，使他們在人生路上健康成長，是每一位教育工作者的共同目標。為達成這個目標，大家通過不同的關注點和多種「方案」努力地作出貢獻，包括生命教育、品德教育、公民教育、國民教育、宗教教育、正向教育、價值教育等。當中「生命教育」已普遍在學校植根，近年教育局正積極推廣「價值觀教育」，兩者均在本港學校廣泛推行。

　　由於學校背景各異，校本條件不同，大家因應校情各施各法，各展所長，成效不一。今次李子建教授主編《生命與價值觀教育：視角與實踐》，正好為大家提供了極具學習與參考價值的元素。內容由學術研究到課堂經驗，從國學文化到現代理論，論先賢睿哲到民間智慧。將不同的關注點作出碰撞；將各種方案作出剖析，讓大家通過閱讀交流、融會貫通，為完善共同目標作出重大貢獻！

張勇邦校長

香港資助小學校長會名譽主席

序四

「生命教育不是一種教育模式問題，而是教育理念的問題。我們要通過生命教育來轉變教育觀念，更新教育方法，使我們的孩子幸福生活，健康成長。」（顧明遠，2018）

中大碩士恩師李子建教授給我電話，邀約寫序，我一口答應了！李教授是課程專家與權威，著作豐厚，涉獵範疇廣泛，據我所知，他曾編輯及出版二十餘本書籍、百多份論文及篇章等，是多產學者。我喜歡拜讀他編輯及撰寫的書，概念清晰、深入淺出、言簡意賅、兼善理論與實踐、融通具體與抽象，永遠是該課題的精品，一書在手，讓你可體會其中泱泱大器的深邃博妙，亦可意會主題的細密靈巧，此書再見教授功力，渾然天成。

在這個動盪的、不明確的、複雜的、模糊的 VUCA 年代（Volatile, Uncertain, Complex, Ambiguous），我們的新一代面對前所未有的挑戰及不可預知。未來已來，如何讓孩子乘風翱翔、珍惜生命、尊重生命、敬畏生命、了解生命、關愛生命、活出生命，是教育工作者必須重新審視的生命價值教育。

首篇開展了生命與價值觀教育的理念篇，從脈絡與內涵、正向教育、健康教育至教學策略，一如既往，條理清晰、脈絡完整，內容充實，讓讀者充分掌握生命價值與各理論的互為影響、互相關連之處，為理論層次立下清晰的鋪墊與理解。

第二篇為議題與實踐篇，更是前線教育工作者的佳音。從成

長課、校本課程至中國書法、武術教育、孔子生活、生死教育、靜觀教育、同理心、校本個案分享等，採用學習的不同向度、視角、形式，把生命教育具體呈現在眼前，仿如 Professor John Hattie 提及的「可視化的學習」（Visible Learning），讓抽象的理論具體化、行動化及實踐化了。這對於老師來說，可是有跡可尋、有法可循、有理可依。

「生命教育」該如何理解、如何推廣、如何普及、如何實施，值得教育工作者再深入研究。根據 OECD《教育與技能的未來：教育 2030》（*The Future of Education and Skills: Education 2030*）提出學習框架，描述需要用甚麼樣的能力來塑造未來的一代，其中提及要建立新一代的健康素養，協調矛盾困境，我相信在未來的日子，生命教育的重要性必越加顯著！

讓孩子面向未來！活出美麗健康的生命！生命健康美麗！我衷心誠意向大家推薦此書！

潘淑嫻博士，MH
廣州南沙民心港人子弟學校候任總校長
基督教宣道會宣基中學校長
香港津貼中學議會前主席

序五

　　感謝李教授邀請為本書作序。近年與李教授交流尤其多，知道李教授除了對教育充滿熱誠外，也一直從事有關生命教育的研究，對生命與價值觀教育有全面而精闢獨特的見解。欣悉李教授願意將多年研究心得撰文，輯錄成書。誠然，書中對生命與價值觀教育的詮釋，對教育工作者來說，實有如晨鐘暮鼓。近年，學生在疫情的陰霾下，努力地適應「疫」境新常態，然而成長歷程仍難免困難重重。正因如此，生命與價值觀教育就顯得更為重要。此書正好透過不同的理念和實踐方案，引導大家探索、認識，乃至欣賞生命的真正意義，尋求生活的目標，建立正面的人生價值觀，提升抵抗逆境的能力，從而在現時的「疫」境中安身立命，迎難而上。此外，書中闡釋了生命教育、正向教育及健康教育的相互關係，並介紹生命與價值觀教育的學與教策略，進而分享學校推展生命與價值觀教育校本課程的寶貴經驗，實在值得各教育工作者借鑒。冀望一眾教育工作者研讀此書後，在未來學校教育的發展方向上，能致力深化學生、老師及家長對生命與價值觀教育的認識，將生命與價值觀教育的理念融入正規及非正規課程，促進「知、情、意、行」，以能更全面且有系統地培育學

生的生命素質和價值觀，讓莘莘學子活出豐盛人生，並推而廣
之，關懷他人，貢獻社會。

鍾麗金校長
香港資助小學校長會主席

序六

　　東方社會一直都偏重應試教育，縱然在 2000 年的教育改革已提及德育教育，但可惜一直未見有特別重視。事實上，經濟合作與發展組織（OECD）在學習指南針 2030 提出廿一世紀學生需掌握一系列的基礎能力（Core Foundations），當中亦指出包括態度（Attitudes）及價值觀（Values）相關的能力非常重要。另外，亞洲各國亦開始着重塑造全人，如日本提及熱愛生命；韓國着重培養獨立人、聰明人、優雅的人、民主公民；新加坡則培養自信的人、自覺的學習者、主動項貢獻者、有心的公民作為目標；內地就談論「素養」等。當中大家的共通點是以人為本，個人的發展作為最終目標，強調社會參與貢獻社會。而香港則亦已在起步階段，剛於 2021 年推出的《價值觀教育課程架構（試行版）》，亦特別提及生命教育。

　　知道李子建教授一直致力研究及推動生命教育，並且身體力行。最近欣悉他推出著作，詳述生命與價值教育，內容包括：理念篇、議題與實踐篇，可說理論與實踐兼備。事實上，香港一直缺乏此等課題的著作。過去有些研究只着重理念，未見實踐的方法，或如何解決遇見的困難。亦有些文章只分享其實踐過程，但可惜卻未有理念基礎支撐。李教授的著作，理念與實踐兼備，讓業界不單能釐清概念，亦能有不同的例子可作參考，實在令人

大喜過望，亦乃學界之福。期望李教授的著作更能引起業界對生
命教育及價值教育的重視及反思，能共同為全人教育的美好願景
進發。

蘇炳輝校長，MH
津貼小學議會前主席
教育統籌委員會成員
津貼小學議會顧問

自序

　　筆者最近看到李澤厚先生和劉再復先生兩位學者分別在1996年和2004年有關教育的對話。劉再復先生及李澤厚先生（載於劉再復、劉劍梅，2021，頁124-126）指出二十一世紀將是教育學的世紀（1996年第一次對話）。劉再復先生認為「教育不應以培育『生存技能』為目的，而應當以提高『生命質量』和啟迪『生存意義』為目的」（頁129）（2004年第二次對話）（李澤厚、劉再復，2004，頁341；2010；李澤厚、劉再復，載於劉再復、劉劍梅，2021，頁124-136、129；中國教育三十人論壇，2016-04-09a；2016-04-09b）。劉鐵芳教授（2020）討論「生命自覺」（葉瀾，2015，頁311）的概念時，他認為個人生命自覺一方面「能積極尋求自我的充分發展，彰顯自我在世的存在，另一方面又始終能保持自我向着他人和世界的開放性，恰切地擺正自我與他人和世界關係。」（頁15）。

　　臺灣南華大學校長林聰明（2021，頁xxiii）表示：「面對AI（人工智能）的來臨，學科知識的獲取將變得更為普及，生命力的無限感知勢必大幅崛起，串起物聯時代的生命力，生命教育已漸漸成為劃時代的顯學。」2021年，「教育的未來」國際委員會公佈《一起重新構想我們的未來：為教育打造新的社會契約》（UNESCO, 2021），其中一些關於革新教育的建議為「培養學生在智力、社會交往能力和合乎道德的行動能力，使其能在同理心

和同情心（empathy & compassion）基礎上共同改造世界」。（執行摘要，中文版，頁 9；executive summary，英文版，p.9；李子建，2021-12-17）。

　　就中國香港的情況而言，教育局去年公佈《價值觀教育課程架構（試行版）》（香港課程發展議會，2021），該文件指出「對美德的追求是跨越國家、民族和宗教的」（頁 5），此外「雖然所用詞彙（例如道德教育、正向教育、品德／品格教育、生命教育、靜觀教育、成長心態、社會情緒學習）和策略不盡相同，但方向及目標一致」（頁 6）。文件並建議不同價值觀教育的策略，但其中重視「以中華文化為主幹培育學生的正面價值觀和態度」和「加強生命教育」（頁 11-12；李子建，2022）。由上觀之，生命與價值觀教育無論在中國香港、內地，以及在國際的層面都受到一定程度的關注。

　　本書的源起部分緣於筆者所工作的香港教育大學張仁良校長和香港教育大學教育及人類發展學院宗教教育與心靈教育中心大力支持生命教育的相關項目（張仁良，2019-03-16；李子建，2022，第 14 章，頁 438），今年初剛在臺灣出版主編的《生命教育：理論基礎、取向和設計》（李子建，2022），本書是第二本生命教育的相關中文編著，內容上相近、相互關聯和補充。本書的結構分為兩大部分：理念篇和議題與實踐篇，理念篇涉及生命教育與價值觀教育、正向及品格教育、健康教育，以及教學策略等內容。議題與實踐篇關涉生命教育、成長課與校本課程、中國文化教育、孔子生活理念、人生意義與生命教育、生命教育與正念／靜觀教育、校本課程的經驗，以至同理心研究等。

本書得以完成，十分感謝香港中華書局侯明總經理兼總編輯以及香港教育大學張仁良校長的鼎力支持，同時很榮幸得到其他作者對本書的貢獻，包括梁錦波博士、羅世光校長、劉雅詩博士、施仲謀教授、蔣達博士、黃澤文女士、莫可瑩女士和謝夢女士等（排名不分先後）。此外，本書很高興和榮幸得到招祥麒校長、潘淑嫻校長、張勇邦校長、鍾麗金校長、蘇炳輝校長和李雪英校長（排名不分先後）賜序，令本書內容增光不少。

在撰寫的過程中，感謝很多學校提供珍貴的資料，令本書的內容得以充實，也藉此向不同的項目，包括「有才有德：優質生命教育及品德教育計劃」（和富慈善基金支持）、「協助中／小學規劃生命教育計劃」（香港特區政府教育局委託）、「終·生·大事」生命教育項目計劃（華人永遠墳場管理委員會支持）、「二十一世紀下的生命教育與核心素養 —— 海峽兩岸港澳地區經驗整合」（田家炳基金會支持）、香港教育大學國學中心統籌「中華文化品德生命教育研究」（大成國學基金支持）、「同你心：關心　同理心」（"EdUHK CARES"）（利希慎基金支持），為不同計劃參與的校內外專家、香港教育大學宗教教育與心靈教育中心團隊、夥伴學校在推動生命與價值觀教育方面提供支持致以衷心的謝意。筆者也感謝香港教育大學圖書館館長鄭保瑛博士及其團隊（黃嘉樂先生、麥家發先生、崔朗聰先生、盧卓暉先生、戚紹忠先生、葉佩聰女士）、芮筠庭女士、蕭琸琳女士、張希彤女士、陳詠怡女士、張星洲先生等在準備本書的過程提供支援。筆者十分榮幸得到尊敬的金耀基教授為本書封面題字。金耀基教授（http://www.xlys.org.cn/xlzx/5214.jhtml）為香港中文大學

的前校長，他的學問、做人做事的風範和極具美感和獨特風格的書法（金體書或金體文）（香港商報網，2017-03-20，https://www.hkcd.com/content/2017-03/20/content_1040945.html）是我們的楷模，非常值得我們後輩學習。

生命和價值觀教育對我而言，是一個多元、複雜而豐富的跨學科領域（李子建，2022，頁 9；Lee, 2020a; Lee, 2020b; Lee, Yip & Kong, 2021），筆者才疏學淺，仍在不斷學習思考當中。本書期望讀者進一步關注生命和價值觀教育的重要性，在此拋磚引玉，因疫情關係，準備的過程不免有些紕漏，期望讀者多加指正，待日後本書再版時可加以補充訂正。本書的定位並非一本研究或理論專著，因此對理論只作表面和初步的介紹。本書的內容主要觸及中、小學有關生命及價值觀教育的經驗，日後有機會將針對幼稚園及特殊學校的生命教育再作討論，此外，價值觀教育也涵蓋國民教育、性教育、傳媒教育等範疇（香港課程發展議會，2021；李子建，2022），如有機會再版，會考慮加以增潤和補充。

* * * * * * * * * * * * * * *

本書不少內容，都是筆者過去兩年間在中國香港的不同會議、論壇、研討會或講座發表的內容（不包括中國內地），其中例子包括（截至 2022 年 5 月）：

李子建。〈香港的生命及價值觀教育〉（主題演講嘉賓之一）。校長論壇，中華教育文化交流基金會主辦，2020 年 12 月 17 日。

李子建。〈生命教育‧植根校園‧關愛學生：三生教育‧面向未來‧輔導成長〉（分享嘉賓之一）。2020/21 年度「訓育及輔導工作巡禮」中、小學教師交流日，2021 年 5 月 28 日。

李子建。〈價值觀教育的理念、趨勢及展望〉（分享嘉賓之一）。Nineteenth Joint Conference "The New Normal of Values Education"，政府中學校長協會及官立中學副校長會。香港：伊利沙伯中學，2021 年 6 月 17 日。

李子建。〈生命教育遇上正向教育〉（分享嘉賓之一）。逆風高飛網上分享會，香港：行政長官卓越教學獎教師協會「當正向教育碰上生命教育」，2021 年 6 月 25 日。

李子建。〈生命教育〉（專題演講嘉賓之一）。2021 無錫香港校長論壇「全人教育 全面發展」，無錫教育港澳臺交流中心、香港校長專業發展促進會、香港天才教育協會合辦，2021 年 7 月 3 日，優才（楊殷有娣）書院（香港分會場）。

李子建。〈廿一世紀下生命與價值觀教育：理論、實踐及展望〉。2021-2022 年度灣仔區校長聯會會員周年大會（AGM of Wan Chai District Headmasters' Conference, WCDHC）（專題講座主講嘉賓），2021 年 10 月 5 日。

李子建。〈特殊學校生命與價值觀教育的取向〉（主題演講嘉賓）。香港特殊學校議會「2021 周年大會暨議會成立 40 周年特殊學校專業發展日」，教育論壇：大灣區教育發展帶來的機遇與挑戰」，香港教育大學，2021 年 11 月 18 日。

李子建。〈廿一世紀脈絡下生命與價值觀教育：議題與展望〉（主題演講之一）。Learning & Teaching Expo (Theme: Global

Horizon on Education)學與教博覽 2021（主題：環球視野 宏觀教育）」，香港，2021 年 12 月 8 日。

　　李子建。〈生命教育與價值觀教育的發展趨勢〉。教育界專業聯會未來教育改良研討會暨教育界專業聯會成立典禮（主題：未來教育改良大趨勢）（主題演講之一，以中大教育學院前院長、長江學者講座教授身份發言）。香港中文大學聯合書院，2021 年 12 月 18 日。

　　李子建。〈生命與價值觀教育：學校團隊建立及校本課程的視角〉（主題演講嘉賓）。教師專業交流月 2022 論壇（主題：教育轉型靠團隊 正向價值繫精英），優質教育基金主題網絡計劃，2022 年 3 月 19 日。

　　本書有關「天、人、物、我」和「知、情、意、行」，請參考李子建（2022）；王秉豪等（2016）；陳立言（2004）；林治平（1998）以至其他章節內的相關文獻。

參考文獻

中國教育三十人論壇（2016，4 月 9 日 a）。〈劉再復與李澤厚談教育〉。
　　灼見名家：灼見教育。取自 https://www.master-insight.com/ 劉再
　　復與李澤厚談教育 /

中國教育三十人論壇（2016，4 月 9 日 b）。〈劉再復與李澤厚談教育〉。
　　灼見名家：灼見教育。取自 https://www.master-insight.com/ 劉再
　　復與李澤厚談教育 -2/

心安天下（2022，2 月 6 日）。〈李澤厚 25 年前的預言，直擊今天這個
　　內卷、異化的時代〉。哲學與人生 PLUS。取自 https://mp.weixin.
　　qq.com/s/McZhM2R9YayjXGd5pKEJYA。

王秉豪、李子建、朱小蔓、歐用生、吳庶深、李漢泉、李璞妮（編）
　　（2016）。《生命教育的知、情、意、行》。新北市：揚智文化事業股
　　份有限公司。

李子建（2021，12 月 17 日）。〈李子建教授：重新思考教育的未來──
　　聯合國教科文組織報告的啟示〉。灼見名家：灼見教育。取自 https://
　　www.master-insight.com/ 李子建教授：重新思考教育的未來 /。

李子建（主編）（2022）。《生命教育：理論基礎、取向和設計》。臺北：
　　元照出版有限公司。

李澤厚、劉再復（2004）。《告別革命：李澤厚劉再復對話錄 回望 20 世紀
　　中國》。香港：天地圖書。

李澤厚、劉再復（2010）。〈關於教育的兩次對話〉。《東吳學術》，3。

林治平（1998）。《QQQQ 的人生：全人理念與現代化》。臺北：宇宙光全
　　人關懷機構。

林聰明（2021）。〈生命教育將成為劃時代的顯學〉。載於紀潔芳（主編），
　　《創新與傳承 ── 大學生命教育課程規劃與教學實務》（頁 xxiii）。新
　　北市：心理出版社股份有限公司。

金耀基（2017，3月15日）。〈我的書法緣 ──《金耀基八十書法集》代序〉。《灼見名家：大學的理念》。取自 https://www.master-insight.com/ 我的書法緣 ──《金耀基八十書法集》代序 /。

香港特別行政區課程發展議會（2021）。《價值觀教育課程架構（試行版）》。香港：香港特別行政區政府教育局。取自 https://www.edb.gov.hk/attachment/tc/curriculum-development/4-key-tasks/moral-civic/Value%20Education%20Curriculum%20Framework%20%20Pilot%20Version.pdf

香港商報網（2017，3月20日）。〈我見青山多嫵媚 金耀基八十書法展〉。取自 https://www.hkcd.com/content/2017-03/20/content_1040945.html。

張仁良（2019，3月16日）。〈生命教育的反思〉。《信報：教育講論》。取自 https://www1.hkej.com/dailynews/culture/article/ 生命教育的反思

「教育的未來」國際委員會（2021）。〈一起重新構想我們的未來：為教育打造新的社會契約：執行摘要〉。巴黎：聯合國教育、科學及文化組織。

陳立言（2004）。生命教育在台灣之發展概況。哲學與文化，31（9），頁21-46。取自 http://www.kyu.edu.tw/93/epaperv7/066.pdf

葉瀾（2015）。〈回歸突破：「生命·實踐」〉。《教育學論綱》。上海：華東師範大學出版社。

劉再復、劉劍梅（2021）。《劉再復文集7 教育論語》。香港：天地圖書。

劉鐵芳（2022）。〈教育走向人本：當代中國教育自覺的回顧與反思〉。《南京師大學報（社會科學版）》，1，頁5-16。

International Commission on the Futures of Education (2021). *Reimagining Our Futures Together: A New Social Contract for Education; Executive Summary*. Paris: UNESCO.

Lee, J. C. K. (2020a). "Editorial: Children's Spirituality, Life and Values Education: Cultural, Spiritual and Educational Perspectives. *International Journal of Children's Spirituality*, 25(1), 1-8.

Lee, J. C. K. (2020b). Editorial: Children's Spirituality, Life and Religious Education: Socio-cultural and Religious Traditions and Perspectives." *International Journal of Children's Spirituality*, 25(2), 83-90.

Lee, J. C. K., Yip, S. Y. W. & Kong, R. H. M. (Eds.) (2021). *Life and Moral Education in Greater China*. London: Routledge.

第一篇

理念篇

第一章

生命與教育價值觀：脈絡與內涵

李子建

一、生命教育：從 2019 冠狀病毒病疫情和國家的脈絡發展談起

　　2021 年 9 月，國家教育部等五部門公佈《關於全面加強和改進新時代學生衞生與健康教育工作的意見》文件（中華人民共和國教育部等，2021-08-02），提出其中「強化心理健康教育、開展生命教育、親情教育、增強學生尊重生命、珍愛生命意識。」國家「十四五」規劃和《2035 年遠景目標綱要》（新華社，2021-03-13），提及國家成為「教育強國」和「健康中國」，可見生命教育對未來國家的遠景及發展可作一些呼應和貢獻（曹專，2021-09-04，https://mp.weixin.qq.com/s/t-I2ClC8DfhADIz0pebLWg）。在書寫本章之際，國家控制 2019 冠狀病毒病疫情取得重大的進展，香港的情況可算受到控制，市民的生活亦逐漸回復正常，不過仍受到 Omicron 等變種病毒的威脅。2019 冠狀病毒病疫情期間，不少家庭面對親人的患病和離世，人們的生活、經濟、社交方面曾經幾乎停擺，學童亦被迫

留在家中學習和以網上授課方式進行學與教活動，無論在情緒和身體健康都產生影響。其實就國家的政策層面而說，《國家中長期教育改革和發展規劃綱要（2010－2020年）》已經指出加強「安全教育、生命教育、國防教育、可持續發展教育」（新華社，2010-07-29；李子建，2022），不同學者專家在生命教育的範圍和定義上有不同的看法（李子建，2022）。以濟南泉景中學小學部胡濱所主持的「後疫情時代小學『生命教育』課程建設與實踐」為例，該「生命教育」課程包括三個子課程如下：

表 1-1　濟南「生命教育」的子課程

課程維度	名稱	特色（例子）
人與自我	悅享生命：人與自我	關注學生自我心理健康、培養學生生命分析和規劃能力
人與自然	敬畏生命：人與自然	感受人與自然的和諧共生；嘗試親近自然、回歸自然
人與社會	綻放生命：人與社會	對生活和社會進行觀察，並自己發現問題，進行研究和反思

（人民網，2020-10-10）

2020年，肖川和曹專合編《生命教育 —— 成長必修課》，包括（小學版）、（初中版）、（高中版）及（中職版），曹專（2020）在序言提出生命教育的框架，包括精神生命，自然生命和社會生命三個維度，並提出五個大方向如下（頁 3-5；表 1-2）：

表 1-2　生命互動的五個方向

生命的互動	生命維度	生命的特徵和目標
人與自我	自然生命	學會生存、延伸生命的長度
人與文化	自然生命 × 精神生命	生生不息，增加生命的厚度
人與自然	精神生命	保護生態，調節生命的溫度
人與社會	精神生命 × 社會生命	成就生命，提升生命的高度
人與他人	社會生命	快樂生活，拓展生命的寬度

　　在研討會上，筆者根據個人的觀察和經驗，嘗試提出香港生命與價值觀教育發展趨勢如下（見自序；李子建，2021-05-28；2021-10-05；2021-12-08；2021-12-18；圖 1-1 及圖 1-2）：

1.　中央課程指引，例如香港課程發展議會（2021）剛出版的《價值觀教育課程架構（試行版）》與校本課程的互動與並存（課程觀）；

2.　多元化的生命與價值觀教育的發展（作為多元化辦學團體下的課程與學校發展觀），可反映多元化正規課程設計，例如不同學科滲透式、獨立成科或校本課程（生命教育科）；非正規課程與校風等，此外，不同學校的生命教育也與其他相關價值觀教育或教育創新例如正向教育、生涯規劃教育、公民教育和國民教育以及廿一世紀技能教育互動或綜合（李子建，2022，第 14 章；李子建、姚偉梅、許景輝，2019；Lee, Cheung & Li, 2019）；

3.　全方位或與不同持分者合作、動員及推動生命或價值觀教育，這些持分者或合作夥伴包括不同的基金會、優質教育基

金、家長、大專院校、非政府組織及其他慈善團體及辦學團隊及香港特區政府教育局等；

另一些議題或發展趨勢則有待我們共同思考（圖 1-1 及圖 1-2）：

1. 強化及深化教師的育人的角色作為其中一個教師發展維度或方向，古代韓愈《師說》有云：「傳道、受業、解惑」（https://www.rthk.hk/chiculture/chilit/dy04_1301.htm）。國家主席習近平重視「立德樹人」（金佳緒，2019-03-18；張波，2019-07-31），而香港教師及校長專業發展委員會 COTAP 則強調教師作為一位「關愛學生的育才者」（https://www.cotap.hk/download/T-standard/Teacher/TC/）；

2. 聆聽青年人及學童的聲音和意願，與此同時如何培養他們具有正向的價值觀的態度，以及面對廿一世紀變化中社會的能力作為學生的發展觀（李子建，2022）；

3. 國家不斷進步發展，又建築百年的中國夢，中國香港又面對融入粵港澳大灣區的挑戰和機遇（李子建，2020），如何發展滿足香港所長和國家所需的人才（金鈴，2021-08-23；香港電台，2021-03-23）、不同層次的教育體系和組織、如何協調推進和建構多方位的人才與發展觀，是值得進一步探索；

4. 近年，香港的教育重視價值觀的培養，如何整合或協調不同的價值觀教育（香港課程發展議會，2021，頁 19），如

何以「天、人、物、我」（林治平，1998；陳立言，2004；王秉豪等，2016；李子建，2022，尤其是第 1 章及第 14 章）的取向去思考和推廣邁向廣義的生命與價值觀，意即蘊含終身學習、全人發展（香港特區政府教育局，無日期，學校課程架構：學會學習 2+，https://www.edb.gov.hk/tc/curriculum-development/renewal/framework.html）以及聯合國教科文組織所提倡的可持續發展目標（SDGs）呢（https://zh.unesco.org/sdgs）？

在生命與價值觀教育裏，作為一個中國人和中華民族的一份子，如何推廣中國文化和中華美德（陳來，2017-03-20；光明日報，2019-10-31；香港課程發展議會，2021，頁 11；李子建，2022；另見本書第六章及第七章）、如何進一步推動核心價值中的「國民身份認同」、「基本法」和「憲法」教育以及國家安全教育（香港特別行政區課程發展議會，頁 12[i]）、17[iv]）等，是值得不同各界人士集思廣益。

尉遲淦、邱達能和張孟桃（2020，頁 23）認為生命教育出現不同取向，包括宗教、生理健康、生涯發展、生活教育和生死教育等。馮建軍（2018，頁 8-10）則指出狹義的生命教育是重

視「生命問題的治療性生命教育」，這種取向與西方的生命教育
頗為相通，尤其源自對自殺問題而引起珍惜和愛護生命的關注，
亦與國家把生命教育和安全教育相互討論而衍生的「生命安全
教育」頗為兼容（頁 8）。生命教育亦可理解為中義的「生命整
全的發展性生命教育」（頁 9），這種全人的教育取向的代表學
者，包括臺灣孫效智（2009、2010）的「人生三問」、朱永新
（2020、2021）的「生命長寬高：集自然生命之長、社會生命之
寬、精神生命之高」，以及劉慧所提倡生命教育作為生命的長、
生命之善、生命之美的教育」（馮建軍，2018，頁 9；李子建，
2022，第 1 章，頁 3、8 及 17）等。生命教育也可定義為廣義的
生命教育（馮建軍，2018，頁 10），把生命教育視為教育的理
念，其觀點與葉瀾和顧明遠頗為相近。例如顧明遠（2013）視教
育的本質為生命教育，而葉瀾（2000，頁 136）認為「教育是直
面人的生命 …… 是以人為本的在社會中最體現生命關懷的一種
專業」。馮建軍（2018，頁 10）則認為「生命是教育的原點 ……
教育即生命，即基於生命、循於生命、為了生命的活動」（李子
建，2022，可參看第 1 章及第 14 章）。

圖 1-1　生命教育與價值觀教育的不同層面

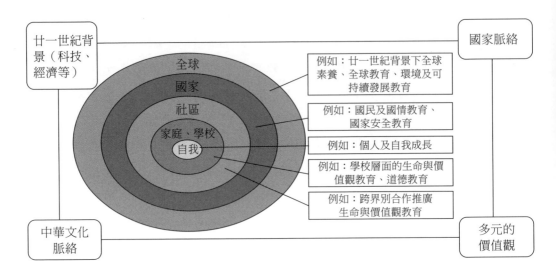

圖 1-2　生命教育與其他部分價值觀教育的互動

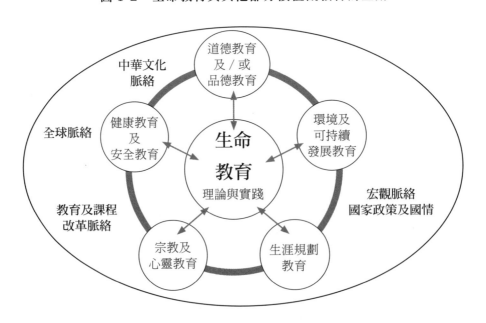

　　蔡培村、武文瑛（2008，頁 3）的《生命教育：探索與修鍊》所提出的生命教育以「愛」作為本質核心（黎建球，2001），並以「接納、尊重、關懷、奉獻」作為信念（頁 4）。該書的目錄和結構勾畫了生命教育的內涵，頗有啟發性，現節選部分維度與內容介紹如下（參考頁 I-IV）：

表 1-3　生命的維度

生命的維度	內容（標題例子）
生命的論述	各家（佛教、基督教、道教、儒家、道家、墨家、法家）對生命的詮釋
生命的過程	生涯發展與實踐
生命的交融	人際關係與互動
生命的共存	人與動物生存權
生命的珍惜	自殺與憂鬱症
生命的關愛	瀕死經驗與安寧療護
生命的失落	植物人與安樂死
生命的超越	器官移植與死刑

（蔡培村、武文瑛，2008，頁 I-IV）

　　張碧如、孟祥仁（2012）所著《生命教育》（第二版）則從「天、人、物、我」維度出發，該書的部分目錄如下（頁 4-6 及 14-15）（可參考李子建，2022，第 14 章）：

表 1-4　生命教育

生命教育	內容（標題例子）
「我」	• 自我概念與自我提升 • 生涯發展與規劃 • 終身學習
「人」	• 人際關係與溝通技巧 • 兩性關係 • 淺談倫理
「天」	• 死亡概論 • 死亡教育 • 臨終關懷與哀傷輔導
「物」	• 環境生態學 • 環境問題與環保行動

（張碧如、孟祥仁，2012，頁 4-6 及 14-15）

　　上述兩者雖然進路不同，一本從生命的性質和維度出發，另一本從生命教育的度向出發，內容大體上都涵蓋自我發展與學習、生涯規劃、人際互動、死亡教育、環境教育等領域，也涉及宗教和人生哲學等內容。簡單而言，孩童（或可推展至成人）的靈性以及生命及價值觀教育受到社會文化、宗教和教育視角等影響（Lee, 2020a；2020b；李子建，2022，尤其是第 1 章及第 14 章）。就大學層次而言，臺灣中原大學通識教育以「天、人、我、物」（李宜涯，2008）作為架構。「天學」最主要探討生命的意義，內容涉及人生哲學；「人學」了解社會的群體和人際互動，其中內容與政治與民主有關；「物學」則關注物質與環境，

內容與工程與科技有一定的關聯；「我學」與自我認識和藝術表達有關，部分內容觸及文學經典（例如《有所思》、《上邪》、《短歌行》）（田孟心，2020）。臺灣大學孫效智教授（2009；2010）以「人生三問」作為生命教育的基礎（李子建，2022，第 1 章）。周文祥（無日期）認為每一個人要思考五個問題：（一）我為何而活？（二）我應該如何活着？（三）我現在的所求是甚麼？（四）我的生命與人生會成為甚麼？（五）如何讓生命達到最高？他建議通識教育將「生活教育」作為核心，以「生命意義的覺醒」、「智慧與遠見」、「愛與關懷」以及「實踐與堅持」作為四大主軸，內容涉及善行實踐、健康生活、永續生態、正向思維、心靈與物質、生命典範、因果法則等（頁 5-6）。內地學者宋菊芳（2007）主張大學的「生命道德教育」，其中特點為注意個體生命遺傳和體驗表達的個人獨特性，關心生命成長經歷，內容涉及生命安全教育、健全人格的建立、培養人生夢想和終身幸福等（頁 31-32）。佟玉英（2017）則建議大學生生命道德教育與積極（正向）心理學理念融合，期望培養學生能夠尊重和關愛生命（頁 92）。胡義祥（2016）則認為大學生生命道德觀教育宜包含生命意識教育、生命挫折教育、生命責任教育和生命死亡教育（頁 246）。臺灣學者紀潔芳主編（2021）的《創新與傳承：大學生命教育課程規劃與教學實務》，內容豐富，是一本很值得參考的好書。從上述例子可見，生命教育在大學層次也有不同的特色，部分方向與道德理念結合，部分取向與心理學理論融合，亦有從不同的哲學理念或人生的不同層面（自我、對生命的覺知、死亡和生命經歷）對生命的價值進行探討和認識。

因此，在設計和實施學校生命教育課程時，筆者建議思考下列問題：（一）「生命教育」的定義和目的是甚麼？傾向哪一種取向和理論？（二）生命教育在內容上宜涉及哪些價值觀教育範疇？（三）生命教育的核心價值應包含甚麼？其來源為何？（來自政府所建議的核心價值？來自學校／教育機構的價值觀或辦學理念？來自中華文化、西方正向心理學有關品格強項，抑或宗教和哲理？）（四）生命教育在大中小幼不同學習階段，目標的訂定和內容的選取宜考慮那些因素？如何處理學習者的差異？如何回應學校和不同社區脈絡的需求？（見本書自序；李子建，2021-10-05；2021-07-03；李子建，2022）

　　從教材的角度而言，王淑慧（2008）建議一個不同類目及次類目的生命教育分類，包括生理健康、生死教育、道德倫理等類目（申育誠，2020，頁78）。

　　生命教育與道德教育的融合根據馮建軍（2014）的分析，人具有雙重生命，一為自然生命，與動物一樣，但人亦具有意識和精神（靈性）的超自然生命（頁34）。此外，人的生命亦有雙重存在方式，一為個體（個人／自我）的存在，但同時具有社會的存在（包含人與社會、人與人）（頁35）。人與自然萬物之間亦存在互動關係，而個人的生命不僅屬於自己，也與家庭、國家民族不同層次的社群有所連繫（頁37）。有云「國家興亡，匹夫有責」（胡家祥，2016-08-24），每個人作為國民和公民，都需要認識自己和國家民族的關係。馮建軍也提出人生三問（2014，頁38-39）：

表 1-5　人生三問

人生三問	特點	內涵	生命意義
人為甚麼活着？	生命意識的教育	正確的人生觀、價值觀、生活觀，並有終極的價值關懷（頁 38）	珍惜生命、尊重生命
人怎樣才能活着？	生存能力的教育	生命安全技能 社會交往技能 在不同環境的生存教育（頁 39）	適應生活現實
人怎樣活出生命的風采？	生命價值的教育	超越自然生命的有限性，達致道德倫理的無限境界（頁 39），超越現實，追求生命意義	生命實踐

（馮建軍，2014，頁 38-39）

　　劉慧（2004，頁 56）指出生命道德教育具有「生命性、開放性、感動性、促進性、敍事性」等特點。其中生命和生活經歷具有非線性特質，生命自身的生理、心理、靈性／精神與他人及環境（自然及社會）的相互作用構成整合性關係，而且彼此的相互作用產生確定和非確定的「共在」特點（頁 57-58）。此外，生命的經歷有成功、有失敗、有思考，也有「錯誤」或誤差（頁 58），對個體或者集體都可能產生「生命感動」（頁 59），而且個體生命要考慮活在當下的意義，關注當下需要和人生的理想而不斷努力向前，這些經驗可以通過不同的顯現或敍說方式而成為精彩人生的「生命故事」（頁 59），對自己或人都可能產生潛移默化或激動人心的果效（李子建，2022）。

其實儒家文化對生命道德教育有很多寶貴的啟示。金緒澤和宋軍麗（2010，頁 128-129）指出儒家的「天人合一」使生命的意義和價值得到高層次的發揮，此外，儒家的「貴生愛物」（可參考《周易》）及《孟子・盡心上》）、「立志成仁」（可參考《論語・子罕》）、「以道制欲」（可參考《論語・里仁》、《孟子・公孫丑上》等）和「汎愛眾而親仁」（可參考《論語・學而》、《論語・述而》、《大學》、《中庸》等）都給予我們很多啟發。

孫效智（2013）認為在大學層次，宜不只是關心「人才教育」而是「大人的培育」（頁 14），意即包括做人的修養和內涵，這暗示着我們是否應該考慮從人力資源理論過渡至全人道德發展的視角去看待大學生的生命教育呢？內容上，孫效智（2013，頁 25-26）建議大學可開設培養智慧，並與「人學領域」、「生死與終極關懷領域」、「倫理與價值思辨領域」、「人格統整與靈性發展領域」和「體驗與實踐教學領域」等相關的課程（頁 17）。

循道衛理聯合教會前會長盧龍光牧師（2019）指出生命教育的出發點是從「出生」、「生死之間的生長過程」，到「死亡」的教育（頁 7），透過「天、人、物、我」（李子建，2022）的維度、「知、情、意、行」的能力去理解和不斷發展（頁 10）。表 1-6 顯示生命教育與其他教育可能存在的關聯。

表 1-6　生命教育與其他教育可能存在的關聯

其他教育	特點	與價值教育與生命教育的可能關係
宗教教育	• 以某一宗教信仰／價值歷史、教會、教義、禮儀作基礎	• 可以提升對生命終極價值和人生目標的思想 • 可以提高和促進品德和價值教育 • 尊敬不同宗教和信仰
品德教育	• 在中國傳統文化影響下，個人的品格教育仍然十分重要	• 可以與生命教育互相融合，成為生命道德教育
正向教育	• 較強調積極、樂觀的態度面對個人的逆境和自己的弱項 • 理論以正向心理學為主，培養個人美德和態度 • 似乎沒有重視「忍耐力」（盧龍光，2019，頁7）	• 與生命教育可以互動和相輔相成地發展（詳見第三章）
價值觀教育	• 涉及不同類型（可包括生命教育、公民與道德教育等） • 不同價值觀可能存在不同的核心價值或理念	• 協助學生思想生命、生活和生存的價值，以及認識和選擇建立哪些是有價值的價值觀

（參考及修訂自盧龍光，2019；Lee, 2020a, 2020b；李子建，2022，第 1 章）

《上海市中小學生命教育指導綱要》（試行）認為中小學階段對生命教育有不同的重點如下（中共上海市科技教育工作委員會、上海市教育委員會，2005）：

表 1-7　生命教育在不同學習階段的重點

階段	重點（節選）
小學	個人生長發展特點；正確的生命意識；健康的生活習慣
初中	青春期生理、心理發展特點；自我保護、應對災難的基本技能；尊重生命、關懷生命、悅納自我、接納他人；健康的生活方式；欣賞人類文化
高中	文明的性道德觀念；對婚姻、家庭的責任意識；保護自己的合法權益；尊重他人、理解生命、熱愛生命；健康豐富的精神生活，積極的生活態度和人生觀

　　以香港佛教聯合會學校為例，它們主張「明智顯悲」（香港佛教聯合會，無日期），以「慈悲」和「智慧」作為核心，並與因果、慈悲、自利利他、感恩、惜福、平等、緣起等相關價值互動，一方面學校的佛化生命教育與心靈環保互相裨益，另一方面也可以探討與中華美德的結合（黃鳳鳴，2018，頁 104-105）。生命教育的「天、人、物、我」就筆者的個人看法來說（李子建，2022），重視從自我出發，而超越自我，與天、人、物連結而邁向全面和整全的生命發展，中國文化長久以來重視五倫，包括父母、兄弟、夫婦、君臣、朋友關係，及後加入「群己倫」（人與社會關係，包含公德心）、「人與自然、人與環境、人與天」（第七倫），以及「人與己」（第八倫）的關係（吳昆財，

2019），而第七倫和第八倫與生命教育的「天、人、物、我」頗
為相容。從上述討論可見，生命教育可與其他價值觀和中華文
化有機地結合（林治平，1998；陳立言，2004；王秉豪等，
2016；李子建，2022），相輔互動地發展。

　　「知、情、意、行」也是生命教育的重要一環。如圖 1-3 所
示，「知、情、意、行」與古代儒家思想和現代心理學都頗有關
聯（王秉豪等，2016；李子建，2022）。

圖 1-3

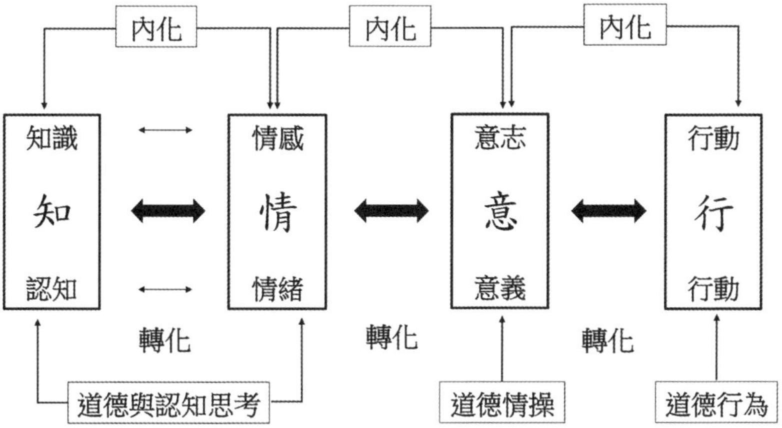

（參考黃晶榕，2020 年 5 月 8 日；王秉豪等，2016；李子建，2022，第 14 章）

　　簡單來說，以道德為本的生命教育的「知、情、意、行」取
向（林治平，1998；陳立言，2004；王秉豪等，2016；李子建，
2022）可包含下列意涵：

1. 「知、情、意、行」既是獨立的部分，彼此存在着互動和辯證的複雜關係（王秉豪等，2016），「知行合一」一方面可見於王陽明的學說（度陰山，2019），而知識與行為的一致性／非一致性也可從心理學理論找到線索。

2. 「知」可理解為知識的認知，從價值觀教育的視角而言，宜讓學習者了解和思考「是甚麼」、「為甚麼」和「如何做」（黃淼范，2020；羅宗毅，2021-04-30；蘭涵旗、余斌，2020）的問題。「情」可理解為情感和情緒，因此可考慮通過故事和人的互動（尤其是個別人物作為模範）動之以情。「意」可包含意志的意思，也可能包括決心、定力、毅力和忍耐力的元素。「行」則含蘊着行動和行為，也包括行為習慣。四者的互動透過內化和轉化、認同和強化，成為一致和連貫的一體（應用心理學那些事兒，2019-11-21，https://kknews.cc/zh-hk/psychology/q9gx5rg.html）。

二、廿一世紀技能、核心素養與價值觀教育[1]

　　自從二十世紀九十年代以來，國際層面就開始廿一世紀技能的教育（李子建，2017；李子建、姚偉梅、許景輝，2019），其中美國 P21 推廣 4Cs（例如包括批判能力或可稱為明辨是非或審辨思維能力、創造力、合作力和溝通能力）。及後國家一群學者推廣學生發展核心素養（核心素養研究課題組，2016，頁

1　可參看李子建，2020，第 2 章。

1），包括三大板塊：自主發展（包含健康生活、學會學習）、社會參與（包括實踐創新、責任擔當），以及文化基礎（包括人文底蘊、科學精神）。北京師範大學團隊與美國廿一世紀學習聯盟（P21）合作提出廿一世紀的 5C 模型，增加「文化理解與傳承素養」（cultural competence）（劉妍等，2020，頁 29），該素養包括三種素養要素、文化理解、文化認同和文化踐行（劉妍等，2020，頁 36-39），在我國的脈絡，它與中華優秀傳統文化緊密聯繫，期望學習者感受（魏銳等，2020，頁 26），認知中華文化，認同和實踐其中「仁愛、重民本、守誠信、崇正義、尚和合和求同的時代價值」（劉妍等，2020，頁 39）。針對未來，不同國際組織和我國均提出對未來教育的遠景和建議，OECD 的《2030 教育未來和技能有關 2030 的態度和價值觀》文件（OECD, 2019）內提出不同國際組織都提出一些相近的價值觀，例如人類尊嚴、尊重、平等（equality）、公義、責任心、全球意識（global-mindedness）、文化多樣性（cultural diversity）、自由度（freedom）、寬容（tolerance）及民主（pp.5-6）。該文件亦指出知識、技能、態度和價值觀是互相關聯（inter-relatedness），而中國的五育（德、智、體、群、美）包含能力或素養的意涵（p.12）。顧明遠教授（2021-07-19）指出教育的本體性研究與「生本教育、生命教育、和諧教育」等有一定的可能性關聯，亦回應聯合國教科文組織文件所提及「教育以人文主義為基礎，以尊重生命和人類尊嚴、權利平等、社會正義，文化及社會多樣性、人類團結和為共同的未來及承擔責任」（聯合國教科文組織，2015，頁 38；顧明

遠，2021-07-19；李子建，2022，第 14 章），其中可持續發展是中心關注點（第 1 章，頁 20）。最近，聯合國教科文組織成立「教育的未來國際委員會」（International Commission on the Futures of Education, ICFE），以「教育的未來：學會成長」為主題，2021 年 3 月的進展報告認為我們需要探討如何使大家彼此相互依賴（interdependencies），同時如何與地球（planet）和科技（technology）相互依存，從而為邁向一種具人文性（humanistic）、可持續的（sustainable）、公正（just）和和平的世界（參考 ICFE, 2021, p.7；李子建，2021-12-17，https://www.master-insight.com/ 李子建教授：重新思考教育的未來）。

在國家發佈的《中國教育現代化 2035》中，其中部分八大基本理念與廣義的生命教育頗有關聯，例如以德為先，關心全面發展、面向人人、終身學習、知行合一、共建共業等（祁培育，2019-02-23；中共中央、國務院，2019）。

三、孝道的多元探究、生命與價值觀教育

有云：「百行以孝為先」（《弟子規》）。根據林文樹（2011）對《論語》的孝道內容進行分析，指出有下列幾個原則：（一）體諒父母的心意；（二）事親要有歡愉的顏色；（三）以禮事親。黃堅厚（1977，頁 12）根據《孝道》、《禮記》、《論語》和《孟子》，指出孝道具有下列意涵：（一）愛護自己；（二）使父母無憂；（三）不辱雙親；（四）尊敬父母；（五）向父母進諫；（六）奉養父母。明顯地，愛護自己，然後尊敬父母都與生命和道德教

育有一定關聯。就西方的視角而言，子女似乎不一定視贍養父母為必須的責任，但在中華傳統文化的視角而言，不一定要像西方的思想傾向以協議作為取向，孝順父母和養老敬老是一種約定俗成的文化（周桂鈿，2015-02-03）。可是隨着現代社會的發展，孝道和養老也演變為家庭養老和社會養老的方向，養老模式亦有變化（肖波，2015-02-09）。從基督教的視角而言，孝道可說是神的一條誡命，例如《聖經》的「摩西十誡」也談及孝敬父母。不過，上帝的旨意仍是至高無上，孝德只是上帝真理的諸德之一而已（方蘭欣，2015，頁45）。

就儒家文化的角度來說，孝道是基於血緣而產生的自然情感，也包含絕對性的倫理義務（方蘭欣，2015，頁44）。

心理學方面，葉光輝（Yeh, 2003）提出雙元孝道模式（The dual filial piety model），該模式以相互性孝道信念（reciprocal filial aspect）和權威性孝道信念（authoritarian filial aspect）作為雙元基礎，包含四個關鍵因素：（一）尊親懇親；（二）抑己順親；（三）奉養祭念；（四）護親榮親（葉光輝，2009，頁113）。該模式亦有不同的應用（Bedford & Yeh, 2019）。就雙元孝道的視角而言，權威孝道以「尊尊原則」為取向，而相互孝道以「報」和「親親原則」為指導（李偉斌、簡晉龍，2012，頁60），而研究顯示雙元孝道對教養行為（包括關愛教養和控制教養）都有一定的效果（頁55）。就生命和道德教育的角度來說，教育工作者可考慮以下列多元的角度探討孝道：（一）中華傳統文化如何看孝道？（二）我們為甚麼要孝敬父母？現代社會青年人如何看待孝道？我們可以如何孝順父母？

四、倫理原則與生命及價值觀教育

在生命與價值觀教育範疇中，道德教育很多時候會觸及道德及倫理原則，而倫理學和道德哲學都是特色的學術領域和專研範疇，涉及不同的理論和學派，因此下面只能很表面提及其中一小部分的內容，供讀者思考。與生命與價值觀教育的相關問題也許是（參考及修訂許漢，2018，頁6-9）：

1. 甚麼行為是對的或是錯的？
2. 有沒有道德原則幫助我們去思考和實踐應該和不應該的行為？
3. 我們為甚麼要遵守道德要求？這些道德要求和行為是獨立和普世性，抑或因應所處的情境脈絡而有所不同？

不同哲學家或倫理研究者提出不同的看法，例如彌爾（John S. Mill）主張以效益原則看待道德對錯的標準（Mill, 1910）。康德式倫理學傾向定言令式（categorical imperative），意即在不變限制和無條件下「你必須做A（的行為或行動）」（Kant, 2004），蘊含普遍有效性的道德期望（可參考定言令式不主張「自殺」的內涵）（Kant, 1898, pp.57-58）。Chisholm（1963）則以行為的好壞來說明道德的性質。在效益原則方面，部分學者（例如Bentham, 1789）主張以快樂或幸福為善，即所謂「享樂的效益論」，而Mill（Mill, 1910）則認為知識、美學、健康、自我實現也是促進快樂幸福的泉源，因而主張「理想的效益論」（許淑玫，2006，第二章）。簡而言之，效益論包含了三個中心

原則：結果原則、效益原則，以及針對社會或普遍價值／利益的「普遍原則」或「社會原則」（孫效智，1995，頁 323-324）。另一學派是義務論，以康德（Kant）為代表，提出「善意志」（good will）和道德法則，也建議「絕對義務」（例如「禁止自殺」和「非絕對義務」）或積極義務論（positive duties）（Gert, 1988）。另一學派是「德行論」，其中包括 Aristotle 人的德行優點宜反映仁慈、慷慨等，以及西方中庸之道取向的德行，MacIntyre（1984）的透過實踐（practice）德行論，也認為德行是一種品質，一種邁向幸福生命和成功的手段（林火旺，1999）。此外，倫理與道德論也包含 Gilligan 及諾丁的關懷倫理（caring ethics）（吳秀瑾，2006；許淑玫，2006，第二章，頁 31；李子建，2022，第 5 章、第 14 章）和 Rawls 的正義論（Rawls, 1971）以及優納斯責任倫理學（梁福鎮、鄒慧美，2009）等。就中國傳統文化而言，何懷宏（1993）探討中國傳統倫理道德是否配合現代社會的狀況。根據筆者的理解，義理具有一定的普遍性（頁 82-84），但自我對義理的修養宜與社會的情況和變化結合一起，因此儒家文學說可以反思如何從自我修身的道，邁向「道德觀點的轉換」，意即建立社會制度的正義原則（頁 88），新的社會倫理和面向大眾（頁 88、92）（註：倫理學、教育哲學的內容博大精深、與價值觀教育關係甚為複雜，讀者可進一步參考相關理論的討論，例如梁福鎮、鄒慧美（2009）、簡成熙（2005）、王俊斌（2016）、李璨（2021）等。

　　總括而言，筆者在本書視生命教育較接近中義（馮建軍，2018，頁 8-10）的看法，不過包含「天、人、我、物」度向（王

秉豪等，2016；Lee, 2020a；Lee, Yip & Kong, 2021；李子建，2022），以及其他價值觀教育互相有關聯和互動（也可廣義地理解為生命教育的不同取向），包括自我、文化、社會、自然、靈性和超越等層面。如圖 1-1 所示，生命教育與價值觀教育處於廿一世紀、中華文化、國家等脈絡，基於歷史、文化和社會因素的影響，中國香港的社會和學校都反映多元的價值觀，而不同層面（由自我、家庭、學校、社區、國家、全球）等都可以對應相近的價值觀教育或者相關議題。如果以生命教育作為核心概念，圖 1-2 則顯示生命教育的不同度向，又或者不同類別價值觀教育互動，然而這些互動處於宏觀的國家國情脈絡、教育及課程改革脈絡，以及中華文化和全球脈絡。其實在全球脈絡下，單以 2019 冠狀病毒病（COVID-19）帶來的衝擊，已經對全世界教育系統做成深刻的影響（圖 1-1 及圖 1-2 曾在不少會議、論壇、研討會或講座發表，詳見自序末段部分）。

筆者雖感人生無常，但生命意義卻重大，而人間亦有情（李子建，2021；李子建，2022）。本書基於時間、資源及其他因素的限制，乃拋磚引玉之舉，筆者建議讀者可參考筆者另一本所編的拙著的《生命教育：理論基礎、取向和設計》（李子建，2022）以及本書所提及的相關理論和主題，同時亦可針對上述兩本書所載的參考文獻內生命教育和價值觀教育的其他學者的專門著作進一步研讀。

* * * * * * * * * * * * * * *

　　本文部分內容曾在《生命教育：理論基礎、取向和設計》（李子建，2022）、《21 世紀技能與生涯規劃教育》（李子建、姚偉梅、許景輝，2019）、*Soft Skills and Hard Values: Meeting 21ST Century Challenges*（Kennedy, K. J., Pavlova, M., & Lee, J. C. K）（in press），以及下列在中國香港的會議、論壇、研討會或講座發表（不包括中國內地）：

　　李子建。〈香港的生命及價值觀教育〉（主題演講嘉賓之一）。校長論壇，中華教育文化交流基金會主辦，2020 年 12 月 17 日。

　　李子建。〈生命教育・植根校園・關愛學生：三生教育・面向未來・輔導成長〉（分享嘉賓之一）。2020/21 年度「訓育及輔導工作巡禮」中、小學教師交流日，2021 年 5 月 28 日。

　　李子建。〈價值觀教育的理念、趨勢及展望〉（分享嘉賓之一）。Nineteenth Joint Conference "The New Normal of Values Education"，政府中學校長協會及官立中學副校長會。香港：伊利沙伯中學，2021 年 6 月 17 日。

　　李子建。〈生命教育遇上正向教育〉（分享嘉賓之一）。逆風高飛網上分享會，香港：行政長官卓越教學獎教師協會「當正向教育碰上生命教育」，2021 年 6 月 25 日。

　　李子建。〈生命教育〉（專題演講嘉賓之一）。2021 無錫香港校長論壇「全人教育　全面發展」，無錫教育港澳臺交流中心、香港校長專業發展促進會、香港天才教育協會合辦，2021 年 7 月 3 日，優才（楊殷有娣）書院（香港分會場）。

李子建。〈廿一世紀下生命與價值觀教育：理論、實踐及展望〉。2021-2022 年度灣仔區校長聯會會員周年大會（AGM of Wan Chai District Headmasters' Conference, WCDHC）（專題講座主講嘉賓），2021 年 10 月 5 日。

李子建。〈特殊學校生命與價值觀教育的取向〉（主題演講嘉賓）。香港特殊學校議會「2021 周年大會暨議會成立 40 周年特殊學校專業發展日」，教育論壇：大灣區教育發展帶來的機遇與挑戰」，香港教育大學，2021 年 11 月 18 日。

李子建。〈廿一世紀脈絡下生命與價值觀教育：議題與展望〉（主題演講之一）。Learning & Teaching Expo (Theme: Global Horizon on Education) 學與教博覽 2021（主題：環球視野 宏觀教育）」，香港，2021 年 12 月 8 日。

李子建。〈生命教育與價值觀教育的發展趨勢〉。教育界專業聯會未來教育改良研討會暨教育界專業聯會成立典禮（主題：未來教育改良大趨勢）（主題演講之一，以中大教育學院前院長、長江學者講座教授身份發言）。香港中文大學聯合書院，2021 年 12 月 18 日。

李子建。〈生命與價值觀教育：學校團隊建立及校本課程的視角〉（主題演講嘉賓）。教師專業交流月 2022 論壇（主題：教育轉型靠團隊 正向價值繫精英），優質教育基金主題網絡計劃，2022 年 3 月 19 日。

本文所發表內容及觀點僅代表李子建個人的意見，並不代表香港教育大學及其立場。

參考文獻

人民網（2020，10月10日）。〈後疫情時代小學「生命教育」課程建設與實踐研究成果公佈〉。取自 https://k.sina.cn/article_6456450127_180d59c4f0200186fo.html?from=news&subch=onews。

中共上海市科技教育工作委員會、上海市教育委員會（2005）。《上海市中小學生命教育指導綱要（試行）》。取自 http://www.esdinchina.org/newsitem/271029469。

中共中央、國務院（2019）。《中國教育現代化2035》。取自 https://www.shxhlu.net/static/upload/202103/0322_152059_259.pdf。

中華人民共和國教育部、國家發展改革委、財政部、國家衛生健康委、市場監管總局（2021，8月2日）。〈教育部等五部門關於全面加強和改進新時代學校衛生與健康教育工作的意見〉。《教體藝》，7。教育部網站，取自 http://big5.www.gov.cn/gate/big5/www.gov.cn/zhengce/zhengceku/2021-09/03/content_5635117.htm。

方蘭欣（2015）。〈中西文化比較視域中的儒家孝道觀〉。《鄭州輕工業學院學報（社會科學版）》，16（6），頁42-47。

王秉豪、李子建、朱小蔓、歐用生、吳庶深、李漢泉、李璞妮（主編）（2016）。《生命教育的知、情、意、行》。新北市：揚智文化事業股份有限公司。

王俊斌（2016）。〈教育制度中的社會正義理論分析多元觀點與比較基礎建構〉。《臺灣教育社會學研究》，16（2），頁29-63。

王淑慧（2008）。〈國民中學綜合活動學習領域教科書之生命教育教材內容分析〉。《教科書研究》，1（2），頁75-100。

田孟心（2020，11月3日）。〈連3年獲選企業最愛私大No.1中原：課堂學專業，通識教品格〉。《天下雜誌》，710。取自 https://www.cw.com.tw/article/5102563。

申育誠（2020）。〈日本小學生命教育之初探：以道德教育教材為分析文本〉。《國防大學通識教育學報》，10，頁 69-89。

光明日報（2019，10 月 31 日）。〈以中華傳統美德涵養新時代公民道德〉。取自 http://big5.www.gov.cn/gate/big5/www.gov.cn/zhengce/2019-10/31/content_5446954.htm。

朱永新（2020）。《拓展生命的長寬高》（卷首語）。《中國德育》，9。取自 https://www.fuyoutech.club/web/mag_article/92875/1077406

朱永新（2021，11 月 18 日）。〈生命教育，拓展生命的長寬高〉。《明教育》。取自 http://www.jnedu001.com/shownews.asp?id=2759

何懷宏（1993）。〈現代社會與道德原則的普遍化〉。《二十一世紀：人文天地》，17，頁 82-92。

佟玉英（2017）。〈積極心理學視域下大學生生命道德教育體系的構建〉。《黑龍江教育：高教研究與評估》，4，頁 91-92。

吳秀瑾（2006）。〈關懷倫理的道德蘊涵：試論女性主義的道德知識生產與實踐〉。《政大哲學學報》，16，頁 107-162。

吳昆財（2019）。〈適性揚才 vs 天人物我：評兩岸不同的教育觀〉。《海峽評論》，346。取自 https://haixia-info.com/articles/11469.html。

宋菊芳（2007）。〈大學生生命道德教育問題探析〉。《思想教育研究》，2，頁 31-33。

李子建（2020）。〈面向 2035 年的粵港澳大灣區教育及人才培養〉。《河北師範大學學報（教科版）》，22（3），頁 1-6。

李子建（2021）。〈疫情溫情：生命教育及關愛教育的視角〉。載於陳小燕（主編），《疫情亦情 —— 校園抗疫暖心故事》，序言。香港：中華書局。

李子建（2021，12 月 17 日）。〈重新思考教育的未來〉。灼見名家：灼見教育。取自 https://www.master-insight.com/ 李子建教授：重新思考教育的未來 /。

李子建（主編）（2022）。《生命教育：理論基礎、取向和設計》。臺北：元照出版有限公司。

李子建、姚偉梅、許景輝（2019）。〈全球工作趨勢及教育改革焦點：21世紀技能〉，載於李子建等（主編），《21世紀技能與生涯規劃教育》（頁1-25），臺北：高等教育出版社。

李宜涯（2008）。〈天人物我 —— 中原大學通識教育的理念與實踐〉。《通識在線》，19，頁38-41。

李偉斌、簡晉龍（2012）。〈雙元孝道的心理運作功能：對親子關係之影響暨教養行為之中介〉。《教育與心理研究》，35（2），頁55-84。

李璿（2021）。〈從制度邁向文明：約翰彌爾的完善效益論〉（未出版之碩士論文。臺北，政治大學政治學系。

肖川、曹專（合編）（2020）。《生命教育 —— 成長必修課（小學版）》。合肥：安徽大學出版社。

肖川、曹專（合編）（2020）。《生命教育 —— 成長必修課（初中版）》。合肥：安徽大學出版社。

肖川、曹專（合編）（2020）。《生命教育 —— 成長必修課（高中版）》。合肥：安徽大學出版社。

肖川、曹專（合編）（2020）。《生命教育 —— 成長必修課（中職版）》。合肥：安徽大學出版社。

肖波（2015，2月9日）。〈傳統孝道與現代孝道〉。《光明日報》，第16版。取自 https://epaper.gmw.cn/gmrb/html/2015-02/09/nw.D110000gmrb_20150209_1-16.htm。

周文祥（無日期）。〈以「生命教育」為核心的通識教育之構思〉。雲林科技大學。取自 http://cge.gec.nthu.edu.tw/wp-content/uploads/2018/03/cgenews129.pdf。

周桂鈿（2015，2月3日）。〈孝道：中國優於西方之道〉。中國共產黨新聞網。取自 http://theory.people.com.cn/n/2015/0203/c40531-26496764.html。

林文樹（2011）。〈《論語》的孝道內涵〉。《國家教育研究院（電子報）》，11。

林火旺（1999）。《倫理學》。臺北：五南。

林治平（1998）。《QQQQ 的人生：全人理念與現代化》。臺北：宇宙光。

祁培育（2019，2 月 23 日）。〈中共中央、國務院印發《中國教育現代化 2035》〉。新華社。取自 http://www.gov.cn/zhengce/2019-02/23/content_5367987.htm。

金佳緒（2019，3 月 18 日）。〈立德樹人，習近平這樣闡釋教育的根本任務〉。新華網。取自 http://www.xinhuanet.com/politics/xxjxs/2019-03/18/c_1124247058.htm。

金鈴（2021，8 月 23 日）。〈國家所需香港所長「十四五」規劃香港新機遇〉。香港文匯網，來論。取自 https://www.wenweipo.com/s/202108/23/AP612342e5e4b08d3407d5f0b2.html。

金緒澤、宋軍麗（2010）。〈關於用儒家文化對大學生進行生命道德教育的思考〉。《教育探索》，3，頁 127-129。

度陰山（2019）。《知行合一：王陽明（1472－1529）》。臺北：大都會文化事業有限公司 。

紀潔芳（主編）（2021）。《創新與傳承：大學生命教育課程規劃與教學實務》。臺北：心理出版社。

胡家祥（2016，8 月 24 日）。〈光明日報：天下興亡，匹夫有責〉。光明日報。取自 http://cpc.people.com.cn/pinglun/BIG5/n1/2016/0824/c78779-28660507.html 。

胡義祥（2016）。〈淺談當代大學生的生命道德觀教育〉。《亞太教育》，頁245-246。

香港佛教聯合會（無日期）。佛化教育。取自 https://www.hkbuddhist.org/zh/page.php?cid=3&scid=21。

香港特別行政區政府教育局（無日期）。學校課程架構：學會學習 2＋—— 香港學校課程。取自 https://www.edb.gov.hk/tc/curriculum-development/renewal/framework.html。

香港教師及校長專業發展委員會（無日期）。《香港教師專業標準參照》。取自 https://www.cotap.hk/download/T-standard/Teacher/TC/。

香港電台（2021，3 月 23 日）。〈特首稱以「國家所需、香港所長」精神融入國家發展大局〉。取自 https://news.rthk.hk/rthk/ch/component/k2/1582145-20210323.htm。

香港電台（無日期）。〈古文觀止：師説〉。取自 https://www.rthk.hk/
　　chiculture/chilit/dy04_1301.htm。

香港課程發展議會（2021）。《價值觀教育課程架構（試行版）》。香
　　港：香港特別行政區政府教育局。取自 https://www.edb.gov.hk/
　　attachment/tc/curriculum-development/4-key-tasks/moral-civic/
　　Value%20Education%20Curriculum%20Framework%20%20
　　Pilot%20Version.pdf。

孫效智（1995）。〈道德論證問題在基本倫理學上 ── 目的論與義務論之
　　爭。《哲學與文化》，22（4），頁 317-331。

孫效智（2009）。〈臺灣生命教育的挑戰與願景〉。《課程與教學季刊》，
　　12（3），頁 1-26。臺北：中華民國課程與教學學會。

孫效智（2010）。〈人生三問〉。載於孫效智等著，《打開生命的 16 封
　　信》，導言（頁 7-22）。臺北：聯經。

孫效智（2013）。〈大學生命教育的理念與策略〉。《生命教育研究》，5
　　（2），頁 1-37。

核心素養研究課題組（2016）。〈中國學生發展核心素養〉。《中國教育學
　　刊》，10，頁 1-3。

尉遲淦、邱達能、張孟桃（2020）。《生命教育研習手冊》。新北市：揚智
　　文化事業股份有限公司。

張波（2019，7 月 31 日）。〈立德樹人何以實現〉。《光明日報》。取
　　自 http://theory.people.com.cn/BIG5/n1/2019/0731/c40531-
　　31265957.html。

張碧如、孟祥仁（2012）。《生命教育（第二版）》。臺北：洪葉文化事業
　　有限公司。

曹專（2020）。〈沒有甚麼比生命更重要〉。載於肖川、曹專（主編），《生
　　命教育 ── 成長必修課（小學版）》（頁 3-7）。合肥：安徽大學出
　　版社。

曹專（2021，9 月 4 日）。〈教育部：開展生命教育、親情教育，加強重
　　大疫情、重大災害等特殊時期心理危機干預！〉。生命教育網。取自
　　https://mp.weixin.qq.com/s/t-I2ClC8DfhADIz0pebLWg

梁福鎮、鄒慧美（2009）。〈優納斯責任倫理學的環境教育涵義探究〉。《教育理論與實踐學刊》，19，頁 35-62。

許淑玫（2006）。〈國民小學教師教學倫理守則建構之研究〉（未出版之博士論文）。臺北：臺灣師範大學教育學系。

許漢（2018）。〈原則、情境與道德規範性〉。《人文及社會科學集刊》，30（3），頁 313-347。

陳立言（2004）。〈生命教育在臺灣之發展概況〉。《哲學與文化》，31（9），頁 21-46。

陳來（2017，3 月 20 日）。〈中華優秀文化的傳承和發展〉。《光明日報》。取自 http://theory.people.com.cn/BIG5/n1/2017/0320/c40531-29154921.html。

黃淼范（2020）。〈基於「知情意行」維度的高中思想政治學科核心素養培養探討〉。《新課程研究》，頁 37-38。

馮建軍（2014）。〈走向道德的生命教育〉。《教育研究》，6，頁 33-40。

馮建軍（2018）。《生命教育教師手冊》。太原：山西教育出版社。

黃堅厚（1977）。〈從心理學的觀點談孝並分析青年對孝行的看法〉。《臺灣師範大學教育心理學系（教育心理學報）》，10，頁 11-20。

黃晶榕（2020，5 月 8 日）。〈從「知情意行」滲透價值觀教育〉，《大公報》，取自 http://www.scientia.edu.hk/upload/m20200508_01_QVbOcQ.pdf。

黃鳳鳴（2018）。〈佛化生命教育 —— 以人為本的心靈環保與中華美德的結合〉。載於鄭晚莊（主編），《螢光點點：生命教育工作者的心觸》（頁 102-106）。香港：全人生命教育學會。取自 https://www.holistic-life-ed.org/firefilies-toc.html。

新華社（2010，7 月 29 日）。《國家中長期教育改革和發展規劃綱（2010-2020 年）》。中國政府網。取自 http://big5.www.gov.cn/gate/big5/www.gov.cn/jrzg/2010-07/29/content_1667143.htm。

新華社（2021，3 月 13 日）。〈中華人民共和國國民經濟和社會發展第十四個五年規劃和 2035 年遠景目標綱要〉。中國政府網。取自 http://www.gov.cn/xinwen/2021-03/13/content_5592681.htm。

葉光輝（2009）。〈華人孝道雙元模型研究的回顧與前瞻〉。《本土心理學研究》，32，頁 101-148。

葉瀾（2000）。《教育理論與學校實踐》。北京：高等教育出版社。

劉妍、馬曉英、劉堅、魏銳、馬利紅、徐冠興、康翠萍與甘秋玲（2020）。〈文化理解與傳承素養：21 世紀核心素養 5C 模型之一〉。《華東師範大學學報（教育科學版）》，38（2），頁 29-44。

劉慧（2004）。〈生命視域中的學校生命道德教育特徵〉。《瀋陽師範大學學報（社會科學版）》，6（28），頁 56-60。

蔡培村、武文瑛（2008）。《生命教育：探索與修鍊》。高雄：麗文文化事業股份有限公司。

黎建球（2001）。〈生命教育的哲學基礎〉。《教育資料集刊》，26，頁 1-26。

盧龍光（2019）。〈教育、正向教育的異同〉。香港基督教循道衛理聯合教會會訊，361（1-2），頁 5-11。

聯合國教科文組織（2015）。《反思教育：向「全球共同利益」的理念轉變？》。巴黎：聯合國教育、科學及文化組織。

聯合國教科文組織（無日期）。《聯合國教科文組織與可持續發展目標》。取自 https://zh.unesco.org/sdgs。

簡成熙（2005）。〈品格教育與人權教育的衝突與和解〉。《當代教育研究季刊》，13（3），頁 91-114。

魏銳、劉堅、白新文、馬曉英、劉妍、馬利紅、甘秋玲、康翠萍、徐冠興（2020）。〈「21 世紀核心素養 5C 模型」研究設計〉。《華東師範大學學報（教育科學版）》，38（2），頁 20-28。

羅宗毅（2021，4 月 30 日）。〈思政教育要在「知、情、意、行」上下功夫〉，《學習時報》。取自 http://jspopss.jschina.com.cn/shekedongtai/202104/t20210430_7070756.shtml。

蘭涵旗、余斌（2020）。〈從「知情意行」維度加強高校愛國主義教育探析〉。《學校黨建與思想教育》，635，頁 25-27。

顧明遠（2013）。〈教育的本質是生命教育〉。《課程·教材·教法》，9，頁 85。

顧明遠（2021，7月19日）。〈對教育本質和價值觀的再認識〉。搜狐教育。取自 https://www.sohu.com/a/478279603_484992。

Bedford, O., & Yeh, JK. H. (2019). "The History and the Future of the Psychology of Filial Piety: Chinese Norms to Contextualized Personality Construct." *Front. Psychol,* 10(100), pp.1-11.

Bentham, J. (1789). *An Introduction to the Principles of Morals and Legislation:* Printed in the year 1780, and now first published. London: T. Payne.

Chisholm R. M. (1963). "Supererogation and Offence: A Conceptual Scheme for Ethics." *Ratio (Misc.),* 5(1), pp.1-14.

Gert, B. (1988). *Morality : A New Justification of the Moral Rules.* NY: Oxford University Press.

International Commission on the Futures of Education (2021). *Progress Update of Futures of Education Learning to Become.* Retrieved from https://unesdoc.unesco.org/ark:/48223/pf0000375746/

Kant, I. (1898). Fundamental Principles of the Metaphysics of Ethics (T. K. Abbott, Trans.) In I. Kant, *Critique of Practical Reason and Other Works on the Theory of Ethics* (5th revised ed). London: Longmans, Green and Co.

Kant, I. (2004). *Critique of Practical Reason* (T. K. Abbott, Trans.). New York, NY: Dover Publications.

Kennedy, K. J., Pavlova, M., & Lee, J. C. K., (Eds.). *Soft Skills and Hard Values: Meeting 21st Century Challenges.* Routledge (in press).

Lee, J. C. K. (2020a). "Editorial: Children's Spirituality, Life and Values Education: Cultural, Spiritual and Educational Perspectives." *International Journal of Children's Spirituality,* 25(1), 1-8.

Lee, J. C. K. (2020b). "Editorial: Children's Spirituality, Life and Religious Education: Socio-Cultural and Religious Traditions and Perspectives." *International Journal of Children's Spirituality,* 25(2), 83-90.

Lee, J. C. K., Cheung, C. H. W., & Li, M. Y. H. (2019). "Life Planning Education and Life Education: Lifelong Learning Perspectives." *Hong Kong Teachers' Centre Journal*, 18, 57-77.

Lee, J. C. K., Yip, S. Y. W. & Kong, R. H. M. (Eds.) (2021). *Life and Moral Education in Greater China*. London: Routledge.

MacIntyre, A. (1984). *After Virtue: A Study in Moral Theory* (2nd ed.). Notre Dame, IN.: University of Notre Dame Press.

Mill, J. S. (1910). *Utilitarianism*. Chicago: The University of Chicago Press。

OECD (2019). *OECD Future of Education and Skills 2030 Conceptual Learning Framework: Attitudes and Values for 2030*. Retrieved from https://www.oecd.org/draft/pj54mx23oh/teaching-and-learning/learning/attitudes-and-values/Attitudes%20and%20Values%20for%202030.pdf.

Rawls, J. (1971). *A Theory of Justice*. Cambridge, Massachusetts: The Belknap Press of Harvard University Press.

Yeh, K. H.（葉光輝）(2003). "The Beneficial and Harmful Effects of Filial Piety: An Intergrative Analysis." In K. S. Yang（楊國樞）, K. K. Hwang（黃光國）, P. B. Pederson, & I. Daibo (Eds.), *Asian Social Psychology: Conceptual and Empirical Contributions*. CT: Praeger.

第二章

生命教育遇上正向教育

李子建

正向教育（positive education）（常雅珍、毛國楠，2006；
謝傳崇、巫淑芳，2020；李子建，2022，頁 94-103）近年受
到不少香港學界和教育界的重視，部分理念成為學校的校本計
劃，亦有機構和大學建立正向教育計劃，為學校提供設計和實施
的支援服務。本章探討生命教育和正向教育在理念上的異同，
以及彼此互動的可能性和空間。學者 Kwok Lai Yuk Ching（郭
黎玉晶）（2016）指出生命教育主要是學習生命（包含自我接
納和生命意義）、尊重生命（包含自我及他人／他物）、欣賞
生命（自我及生命／生活的轉變）和探索生命（自我超越、實
現生命目標和增益生命抗逆力〔resilience〕）（經筆者演繹和
修訂）。她進一步指出生命教育和正向教育的異同，例如生命
教育包括 Martin Seligman（馬汀・塞利格曼）（2012）正向成
就感（accomplishment）、正向情緒、正向健康、正向關係、
生命目的（purpose），但非強調全面而正向投入（positive

engagement）。（詳見 Kwok, 2016）。另一方面，根據黃文三（2009）的分析，正向心理學的內涵和生命教育的意涵（頁9-12；頁 15-16）分別如下（表 2-1）：

表 2-1　正向心理學與生命教育的初步比較

正向心理學的內涵	生命教育的意涵 （參考黃燕女，2008；王秉豪等，2016；李子建，2022）
1. 樂觀進取 ── 樂觀信念包含對好壞事件原因看法的永久性、對好事件原因看法的普遍性、對壞事件歸固於外在因素，而好事件則歸固自己的努力或能力（洪蘭，1997，頁 3、5-6；黃文三，2009，頁 10） 2. 正向意義 ── 探究生命體的最佳機制，以及讓生命中經常感受「心流」（或稱暢態）（flow）經歷（頁 11） 3. 正向情緒 ── 可包含「愉悅、同心、自足、自信」等元素（頁 12） 4. 內在動機 ── 透過求和、求美、自我實現和超越需求的滿足，去追求生命的意義和價值（頁 12）	1. 有關生命態度的教育（頁 15） 2. 涉及全人和完整的人的教育，包含「身心靈、知情意行」等因素（頁 15） 3. 關涉生死關懷的教育 ── 了解「善生善終、生死尊嚴」的意義，並激發學習者對生命的「愛與關懷」（頁 16） 4. 有關倫理思考與實踐的教育 ── 在多元價值的社會生活作出合宜的思考和行為（頁 16） 5. 有關知行合一的教育 ── 促進「身心靈或知情意行」上的一致和和諧（頁 16）

（黃文三，2009，頁 9-12、15-16，經筆者演繹和修訂）

一、生命教育和正向教育面對的挑戰

雖然學界對生命和正向教育有一定的重視，但 White（2016, p.5）所指出正向心理學和正向教育有一些限制，例如這些持保留態度的理由為：（一）財政 ── 缺乏預算去推行這些教育創新；（二）邊像化 ── 這些幸福感教育可帶來甚麼即時好處？會比學業的提升更加重要嗎？（三）非此即彼（either / as）的思維 ── 要重視正向教育，意味着要輕視學科學習；（四）特立獨行（maverick）提供者 ── 要通過特定訓練要推行學校的幸福感；（五）科學主義（scientism）── 透過科研佐證去支持，而可能忽略背後的假設和啟示；（六）對良好管治並非重要；（七）銀彈（silver bullet）── 正向教育並非一定和唯一處理教育問題的徹底良方；（八）社經地位及文化 ── 有時候推行學校的幸福感會被認為是成績下降的藉口（White, 2016, p.5；經筆者修訂）。

筆者認為，要進一步推行生命與價值觀教育和正向教育，宜考慮下列步驟（參考 White, 2016, p.14；經筆者調整），包括（一）領導與遠景 ── 把正向的生命和價值觀教育成為學校發展計劃的核心部分；（二）管治、策略和管理 ── 管理層的角色清楚地界定，使學生在生命和正向價值的培養上能持續地發展；（三）夥伴 ── 透過大專院校、政府、非政府組織、辦學團體、家長等協助，促進學童的生命成長和對正向生命人生的追尋，為本地國家和全球作出反思和貢獻自己的力量；（四）測量 ── 結合量化和質化的研究和評估；（五）知識轉移 ── 不但強調參與

的程度，而且重視生命和價值觀教育（和正向教育）對個人和組織所產生的正向影響（impact）；（六）干預（intervention）——發展具佐證及／或口碑（同儕和教育專家評定具教育質素）的學程或活動計劃；（七）溝通 —— 對相關計劃的目的、策略以及預期／實際成效，對不同持份者作有效的溝通。Seligman（2012）提出 PERMA 模型作為邁向正向人生的五大途徑：正向情緒（P）、全情投入（E — engagement）、正向的人際關係（R）、生命意義（M）和成就感（A — accomplishment）。其中全情投入是透過對生命設立明確目標、對生命安排具挑戰性的相關活動，同時有掌控能力，並且有即時回饋（郭黎玉晶，2016）。

基於 Seligman（2012）的 PERMA 模型，Waters（2019）開發了一個基於正向心理學和教育科學的數據驅動（data-driven）的元框架（meta-framework）。SEARCH 涵蓋了通往幸福的六個總體途徑：優勢／強項（Strength）、情緒管理（Emotional Management）、注意力和意識（Attention and Awareness）、關係（Relationships）、應對（Coping）、習慣及目標（Habits and Goals）（李子建，2021-06-25）。

二、正向教育可能存在的疑問

正向教育的理論裏，尤其是 Peterson 及 Seligman（2004, p.33）所推動的「品格優勢與德行分類」計劃，提出某些德行可能具有普世性和普遍的，最後建議 24 個品格強項／優勢，由此引入正向心理學有關「德福一體」的討論（Peterson &

Seligman, 2004, pp.8-9 & 19; Peterson & Park, 2011, pp.50-51; 陳伊琳，2018，頁 54-61；李子建，2022，第 3 章，頁 94-98、第 14 章，頁 432-434）。根據陳伊琳（2018）的分析，正向教育在「德福一體」論可能有下列需要關注之處（經筆者修訂）：（一）部分品格強項／優勢，例如創造力、領導力本身具有價值，但是否具有視乎脈絡的應用（頁 58），以及「道德上有價值的」（頁 61）仍需進一步討論？例如這些特質或有可能應用在不道德的目的而產生不道德的行為（頁 61）；（二）正向心理學傾向以實徵性研究支持招牌強項／優勢（或稱個人長處）（signature strength）（陳伊琳，2014，頁 268），某程度上也回應了「品格個人化」（individualisation of character）（Chen, 2013），意即有德行的人可能顯現多樣性，或許是個人天生或後天習得的氣質（temperament）和教養有關（陳伊琳，2018，頁 77-78）。

三、正向教育的一些重點及相關框架

基於篇幅的限制，這部分僅能把部分正向教育的重點標示出來，讀者宜進一步跟進參考文獻作探究和思考。首先，正向心理學之父 Martin Seligman（馬汀・塞利格曼）及其團隊認為正向教育是屬於「傳統技能和幸福的教育」（Seligman et al., 2009, p.293），及後強調幸福感或「福祉」（well-being）（Seligman, 2018）。正向教育基本上建基於正向心理學，其特徵包含基於證據的，有科學根據及基於價值的（White & Murray, 2015）。2000 至 2008 年，Peterson 及 Seligman（2004）提出品格強

項／優勢，以及相關的應用研究（Park, Peterson & Seligman, 2004; White, 2021；李子建，2022，第 3 章，頁 94-98；第 14 章，頁 432-434）。一方面豐富了正向心理學在教育的應用，另一方面也對品格強項／優勢與幸福感可能存在的關聯提出不少有用的研究成果。

　　除了 Seligman（2011）及相關學者提出著名的 PERMA 模型外（李子建，2022，第 3 章，頁 94-98；第 14 章），Noble 及 McGrath（2015）建議 PROSPER 正向教育框架，包括正向積極（Positivity），關係（Relationships），結果（Outcomes），強項／優勢（Strengths），目的（Purpose），以及抗逆力（Resilience）（見自序；李子建，2021-06-25）。

　　透過文獻的初步介紹，筆者認為生命教育和正向教育具有相近之處如下：（一）PERMA 模式的意義（meaning）的來源包括個人成就（與工作和學業有關）、人際關係、宗教和靈性追求（郭黎玉晶，2016; Seligman, 2012），與生命教育的「天、人、物、我」（王秉豪等，2016；李子建，2022）頗有相通之處。（二）六大美德與中國文化的傳統價值頗為兼容，而「靈性和超越」與生命教育的「天」頗有契合之處。不過生命教育與正向教育亦有相異之處。首先生命教育似乎涉及較多倫理哲學和其他學理方面的思考。除了孫效智教授（2009、2010）的「人生三問」之外（李子建，2022，第 5 章），Clayton M. Christensen 等（2012）也提出衡量人生（How will you measure your life?）的三個問題：（一）如何知道我的工作生涯可以快樂？（二）如何知道我與配偶及家庭的關係可以成為持久快樂的泉源？（三）如何知道我這一

生會堅持原則，以免牢獄之災？（Christensen et al., 2012; Hsu, 2018-04-18）。另一方面，生命教育會較重視質化的研究方式，其教育與課程範式較為統整 / 全觀式，兼重教與學的過程，以及較強調個人、學校和脈絡的影響，以及珍惜跨文化的對話（Lee, Yip & Kong, 2021）。

此外，正向教育較重視個人優勢和能力的發展、情緒管理和正向心態的培養（Positive Education Hong Kong, n.d; Seligman, 2011；李子建，2022，第 3 章，頁 94-98、第 14 章），相對而言，生命教育也關涉「天、人、物、我」中「物」，例如環境及可持續發展教育，以及愛護動物教育，而「人」也由「他人」逐漸至「社會」層面（例如公民及國民教育的元素）（詳見本書第一章；李子建，2022）。

值得注意的是，無論是 PROSPER 框架（表 2-4，Noble & McGrath, 2015），抑或是 SEARCH 的元框架（表 2-2、表 2-3；Waters, 2019; Waters & Loton, 2019）都是建基於研究和理論基礎，他們兩者都重視「關係」的建立、「強項 / 優勢」的關注、「抗逆力」或應對途徑的培養等。以 SEARCH 的元框架，他們不同途徑都與生命教育的「知、情、意、行」頗為呼應及對應（王秉豪等，2016；李子建，2022；李子建，2021-06-25）。

表 2-2

生命教育的取向 （例如李子建，2022）	SEARCH 元框架 （例如 Waters, 2019）
1. 知 —— 認識自己的優勢和強項	1. 強項 / 優勢
2. 情 —— 調節情緒及懷感恩之心	2. 情緒管理
3. 意 —— 專注、自我觀察	3. 注意力和意識
4. 情 —— 同伴與指導	4. 關係
5. 意 —— 抗逆力	5. 應對
6. 知、行 —— 後設認知（例如自我調節學習）；行動成為習慣	6. 習慣與目標

　　針對正向心理學的批判，正向心理本身也進行演化，成為正向心理學的 2.0 的理念（李子建，2022，頁 99-100），其中部分學者認為負面情緒，例如挫折和尚未滿足的需求，若處理得宜，也許會激發個人的心靈力量，成為抗逆力（Wong & Roy, 2018, p.147）。如果個人面對困難時，若以「意義」（meaning）為教向和正念（mindfulness），以慈悲、寬恕、觀功念恩（OMAK: Observe Merits and Appreciate Kindness）的心去面對不同的逆境，看待人和事，則個人的心智能正向地「轉化」（福智全球資訊網，2017）。當我們面對逆境時，可以對下列問題作出反思：（一）逆境為甚麼會出現？原因為何？有那些因素可能產生影響（人和他人的因素？脈絡環境的因素？心態和視角的因素？）？（二）我們克服逆境後，心態有沒有改變？是否感到「苦盡甘來」的快樂？與生活平順時所感受的快樂有沒有不同？（三）逆境、困難和苦難本身對你來說有何意義？（參考 Wong, 2016-07-04；李子建，2022，第 3 章，第參節，頁 94-103）

四、生命教育與正向教育的對話：邁向快樂和成功人生生命思考

　　生命教育與正向教育各有優勢和限制，但是對人生和生命價值的思考都有一定啟示和參考價值，例如甚麼是「成功」、「快樂」和「有意義」的人生，都視乎不同的價值取向。

表 2-3　SEARCH 正向教育的元框架

途徑	描述	正向教育取向的科學研究
優勢／強項 Strength	自然產生的、感覺真實的預先存在的品質，本質地使用和激勵。	• 優勢／強項意識：這些干預措施通常通過調查幫助學生識別他們的優勢。 • 優勢／強項運用：這些干預幫助學生設定如何將優勢／強項付諸行動的目標。 • 發現優勢／強項：這些干預措施教學生如何看到當他們的同齡人使用優勢時。
情緒管理 Emotional Management	識別、理解和管理自己情緒的能力。	• EI（情商）：這些干預教學生如何感知、理解、使用和調節情緒。 • 感恩：感恩干預讓學生注意到、欣賞和承認他們生活中的積極因素。

（續）

途徑	描述	正向教育取向的科學研究
注意力和意識 Attention and Awareness	能夠專注於自我的內在方面（例如情緒）或外部刺激（例如老師）。意識是指在刺激發生時注意它的能力。	• 冥想：冥想被定義為通過觀察思想、情緒和身體狀態來調節注意力的刻意行為。學校的冥想干預包括訓練學生的注意力。 • 正念：正念干預幫助學生發展自我觀察的技能，並對當下的自己保持冷靜和富有同情。
關係 Relationships	這一途徑涉及建立和支援支援性社會關係所需的技能，以及利用短暫的社會互動。	• 指導：指導是一個經驗豐富的人在很長一段時間內為經驗不足的人提供指導、支持和關懷的過程。 • 同伴支持：同伴支持可增強學校的聯繫感和歸屬感。
應對 Coping	應對被定義為不斷變化的認知和行為努力來管理自己的需求。	• 抗逆力和應對：這些干預措施旨在幫助學生培養在面臨生活挑戰後保持、恢復或改善心理健康的能力。
習慣與目標 Habits and Goals	習慣是決策和行動中的持久模式。目標是人們追求並願意投入精力的正式願望。	• 目標干預：這些干預教學生設定目標並為之奮鬥。 • 自我調節學習（SRL）干預：SRL干預教學生在學習過程中堅持所需的循環步驟：自我評估、自我監控和目標設定以及策略規劃、實施和監控。

（Waters, 2019, pp.3-4 of 8; Waters & Loton, 2019, pp.9-10；李子建，2021-06-25）

表 2-4　PROSPER 框架及學校／課室實踐結構

途徑	學校／課室實踐結構（例）
鼓勵積極性 Encouraging POSITIVITY 支持學生發展積極的技能和體驗正面情緒	• 為學生提供體驗和放大正面情緒並建立積極學習環境的機會，例如通過使用音樂、舞蹈、幽默、合作學習任務等 • 明確教授正向心態所需的價值觀和技能 　◇ 樂觀思考，正向追踪，正向對話，充滿希望的思考和感恩 　◇ 正念 • 提供練習這些技能的機會
建立關係 Building RELATIONSHIPS 支持學生發展社交技能和親社會價值觀，這些都是在學校內建立正向關係的基礎	• 發展策略 　◇ 安全和支持性的學校文化 　◇ 正向的師生關係 　◇ 正向的學生同伴關係 　◇ 正向的學校－家庭和學校－社區關係 • 明確教授社會技能和親社會價值觀 • 提供練習這些社交技能的機會 • 促進人際關係結構，例如合作學習小組、跨年齡團隊、合作遊戲、同伴支持小組
推動結果 Facilitating OUTCOMES 提供最佳學習環境和學習特定的技能的機會，以提高學生的成績和成就	• 採用實證的教學策略 • 明確教授以下技能： 　◇ 組織 　◇ 目標實現（例如努力、堅持＋意志力（毅力）和解決問題的能力） 　◇ 有效學習 • 促進成長心態 • 使用批判性和創造性的思維工具

（續）

途徑	學校 / 課室實踐結構（例）
專注優勢 / 強項 Focusing on STRENGTHS **與學生、教師和整個學校社區一起採取基於優勢的方法**	採用基於優勢的組織方法，課程和規劃： • 學生在課程、課外和領導活動中識別、探索和應用他們的性格和能力優勢 / 強項 • 教師使用基於學生性格和能力優勢 / 強項的差異化任務 • 學校心理師和教練使用基於優勢 / 強項的方法 • 認可和應用教師和家長的優勢及運用集體力量的變化策略，例如欣賞式探究（appreciative inquiry）
培養目標感 Fostering a sense of PURPOSE **支持學生發展目標感 / 意義感**	為學生提供以下機會： • 參與學生所有的 / 主導的活動 • 參與社區服務或服務學習 • 通過「學生的聲音」和參與學校各個方面的決策為學校做出貢獻 • 承擔需要同伴指導或同伴支持的角色 • 擔任領導角色 • 探索靈性
增強參與度 Enhancing ENGAGEMENT **為學生的高參與度提供機會**	採用： • 實證的教學策略 • 基於關係的教學策略 • 包含批判性和創造性思維的活動 • 課程差異化和課外活動，讓學生體驗「心流」（flow）
教授抗逆力 Teaching RESILIENCE **支持學生發展支撐抗逆行為的技能和態度**	明確的技能教學： • 在個人 / 學術環境中靈活應對和行動 • 勇敢地行動 • 良好的決策 • 自我管理

（Noble & McGrath, 2015, p.5；李子建，2021-06-25）

2.1　生命教育遇上正向教育

　　本章雖然較多從生命教育觀角度出發看正向教育（Dweck, 2006），但筆者覺得有不少共同關心的課題可以互相學習，另一方面，正向教育似乎較重視思維（例如成長性思維）（蔡進雄, 2018a; 2018b; Dweck, 2006）及品格強項的培養（Peterson & Seligman, 2014），有不少地方值得我們在生命教育的實踐上學習和深化，例如：

1.　你對自己滿意嗎？

2.　你從助人和與他人和好得到快樂嗎？

3.　你有沒有嘗試改變環境以獲得正面經驗？

4.　生命的計劃、答案和意義獨一而個人化，不一定要尋求「標準」答案；生命的成長和智慧可從宗教、靈性、文化和哲學等不同學科得到啟發。你同意嗎？為甚麼？

5.　生命的發展是否要追求平衡？是否有捨有得？放棄有時候或許會獲得「更多」（塞翁失馬、焉知非福？）中國華文教育網，2009）是否要學會多感恩？知足？惜福？行善？

6.　你能否追求你認為有意義的人生？

7.　生命的成長和發展是否要追求長度（人的健康和終身學習）、闊度（人的經驗和體驗）、深度（人生的思考）和溫度（人與人）？（上述問題參考朱永新，2020，頁107-108；李子建，2022，詳見第 1 章、第 3 章、第 5 章及第 14 章；周積昀，2018；徐峰，2020-09-09；林秋霞，無日期）

表 2-5

成功的思考 （參考及修訂自陳進隆，2021-07-06）	生命的思考 （從易經及道家小部分觀點、舉例）
1. 能否為自己定下目標？ 2. 能否做自己有興趣的事？ 3. 能否突破自己？ 4. 能否追求自己想要的人生？ 5. 能否關注自己、理解他人、貢獻社會？	• 「就生命而言，人生最有意義的是甚麼？甚麼才是值得投注全部心力、全力以赴？」（信佛人，無日期 a，九：生命智慧） • 「健康、平安、成功……是由眾多因緣的聚集造成的」（信佛人，無日期 a，九：生命智慧） • 易經的生命智慧 —— 樂天知命「樂天知命故不憂」（六十四卦） • 憂與不憂（傅佩榮教授，2015-02-16） • 道家對生態環境的高度重視 • 其他道教文化：主張「謙讓居下」、參透道與萬物的關係 • 黃至安副會長（2011）：清靜（在於淡泊明志、知足知止、靜以修德、貴生樂生）
相關概念：成功、失敗、能力、成長 失敗的價值 （教育傳媒，無日期）	相關概念：天人合一、和諧、平衡、統一的心靈、「正覺」、因果、因緣 現代禪的教育： （信佛人，無日期 b）

*　*　*　*　*　*　*　*　*　*　*　*　*　*　*

本文部分內容曾在《生命教育：理論基礎、取向和設計》（李子建，2022）（詳見第 3 章及第 5 章），以及下列在中國香港的會議、論壇、研討會或講座發表（不包括中國內地），謹此致謝（見自序）。

　　李子建。〈生命教育遇上正向教育〉（分享嘉賓之一）。逆風高飛網上分享會。香港：行政長官卓越教學獎教師協會「當正向教育碰上生命教育」，2021 年 6 月 25 日。

參考文獻

中國華文教育網（2009，7 月 21 日）。〈塞翁失馬、焉知非福？〉。取自 http://www.hwjyw.com/resource/content/2009/07/21/192.shtml。

王秉豪、李子建、朱小蔓、歐用生、吳庶深、李漢泉、李璞妮（主編）（2016）。《生命教育的知、情、意、行》。新北市：揚智文化事業股份有限公司。

朱永新（2020）。《拓展生命的長寬高》（卷首語）。《中國德育》，9。取自 https://www.fuyoutech.club/web/mag_article/92875/1077406

克雷頓‧克里斯汀生、詹姆斯‧歐沃斯、凱倫‧狄倫（Christensen, C. M., Allworth, J., & Dillon, K.）（2013）。《你要如何衡量你的人生？》（廖月娟譯）。臺北：天下遠見。（原著出版於 2012）

李子建（主編）（2022）。《生命教育：理論基礎、取向和設計》。臺北：元照出版有限公司。

周積昀（2018）。〈有溫度的生命觀照是教育的價值中心〉。《新教育》，34。

林金順（2015）。〈從習慣領域的主要概念探索生命智慧〉。《習慣領域期刊》，6（1），頁 1-17。

林秋霞（無日期）。〈教育暖實力　生命教育的時代意義〉。教育傳媒。取自 https://www.goodschool.hk/blog/0f9a80e0-0764-11ea-82a5-9d59a5756bef。

信佛人（無日期 a）。九、生命智慧。取自 https://www.masterlee.url.tw/good/zentook/zentook-009.htm

信佛人（無日期 b）。現代禪的教育。取自 https://www.masterlee.url.tw/good/zentook/zentook-list.htm。

孫效智（2009）。《生命教育的哲學基礎》。生命教育資訊網。取自 http://life.cloud.ncnu.edu.tw/images/news/00. 生命教育的哲學基礎 %20%20%20 臺灣大學孫效智教授 .pdf。

孫效智（2010）。〈人生三問〉。載於孫效智等著，《打開生命的 16 封信》，導言（頁 7-22）。臺北：聯經。

徐峰（2020，9 月 9 日）。〈李瑞鋒：做有生命溫度的教育，成就他人成長自己〉。南方＋。取自 https://static.nfapp.southcn.com/content/202009/09/c4014721.html

馬汀・塞利格曼（Seligman M.）（1997）。《樂觀學習，學習樂觀》（洪蘭譯）。臺北：遠流。（原著出版於 1991）

馬汀・塞利格曼（Seligman M.）（2003）。《真實的快樂：運用正向心理學在生活中實現個人優勢達到生命最大的成功與情緒最深的滿足》（洪蘭譯）。臺北：遠流。（原著出版於 2002）

常雅珍、毛國楠（2006）。〈以正向心理學建構情意教育之行動研究〉。《師大學報：教育類》，51（2），頁 121-146。

教育傳媒（無日期）。〈正向教育助學生認清失敗的價值〉（循道衛理優質生命教育中心、陳穗、林秋霞、亞斯理衛理小學、馬浚偉及中華基督教會全完第二小學分享）。取自 https://www.goodschool.hk/blog/47922ac0-5b47-11e9-9763-abb0018eefe5。

郭黎玉晶（2016）。〈運用正向心理學於課程及活動安排〉。香港特別行政區政府教育局。取自 https://www.edb.gov.hk/attachment/tc/teacher/student-guidance-discipline-services/lecture-notes/lecture-notes-201516/20160429_dr_kwok.pdf。

陳伊琳（2014）。〈品格優勢與德行在促成個人幸福／快樂中的角色：評介 M. E. P. Seligman 著 Authentic Happiness〉。《教育資料與研究季刊》，115，頁 253-278。

陳伊琳（2018）。〈重訪德與福的關係：正向心理學的新詮釋及其對品德教育的啟示〉。《當代教育研究季刊》，26（4），頁 47-82。

陳進隆（2021，7 月 6 日）。〈成功人生的四個層次 —— 生命教育的體現〉。《彩虹親子月刊》。取自 https://www.rainbowkids.org.tw/WordPress/rkblog/2021/07/06/ 成功人生的四個層次 - 生命教育的體現 /。

傅佩榮（2015，2 月 16 日）。〈傅佩榮：國學與人生〉。人民網 - 人民論壇。取自 http://theory.people.com.cn/BIG5/n/2015/0216/c112851-26576388.html。

黃文三（2009）。〈從正向心理學論生命教育的實施〉。《教育理論與實踐學刊》，19，頁 1-34。取自 http://ntcuir.ntcu.edu.tw/bitstream/987654321/1784/2/15.pdf。

黃燕女（2008）。〈高雄縣市高級中學生命教育實施現況及其可行策略之從正向心理學論生命教育的實施研究〉（未出版之碩士論文）。臺灣高雄師範大學教育學系生命教育班。

福智全球資訊網（2017）。〈正向心理學 2.0 與佛法 —— Dr. Paul T. P. Wong 與福智僧團法師對話〉"Positive Psychology 2.0 and Dharma - Talk between Dr. Paul T. P. Wong and Bliss & Wisdom Buddhist Sangha Community〉"。取自 https://www.blisswisdom.org/events/e/1981-40532。

蔡進雄（2018a）。〈成長型思維模式的教育新趨勢〉。《國家教育研究院電子報》，170。取自 https://epaper.naer.edu.tw/edm.php?grp_no=3&edm_no=170&content_no=2989。

蔡進雄（2018b）。〈成長型思維模式的教育新趨勢〉。《臺灣教育評論月刊》，7（6），頁 114-118。取自 http://www.ater.org.tw/journal/article/7-6/free/09.pdf。

謝傳崇、巫淑芳（2020）。〈國民小學正向教育指標的建構與重要性分析〉。《教育研究月刊》，318，頁 47-68。

Au, W. C. C., & Kennedy, K. J. (2018). "A Positive Education Program to Promote Wellbeing in Schools: A Case Study from a Hong Kong School." *Higher Education Studies,* 8(4), 9-22.

Chen, Y. L. (2013). "A Missing Piece of Contemporary Character Education Puzzle: The Individualisation of Character." *Studies in Philosophy and Education,* 32(4), 345-360.

Christensen, C. M., Allworth, J., & Dillon, K. (2012). *How Will You Measure Your Life?*. New York, NY: Harper Business.

Csikszentmihalyi, M. (2000). "The Contribution of Flow to Positive Psychology." In J. E. Gillham (Ed.), *The Science of Optimism and Hope: Research Essays in Honor of Martin E. P. Seligman* (pp.387-395). Pennsylvania: Templeton Foundation Press.

Dweck, C. (2006). *Mindset: The New Psychology of Success*. New York: Random House.

Hsu, S.（2018，4 月 18 日）。〈你要如何衡量你的人生？一生中最重要的三問〉。取自 https://medium.com/@serena841205/ 你要如何衡量你的人生 - 一生中最重要的三問 -25766b6dfb8f

Huo, Y., Xie, J., Moller, F., & Kristjánsson, K. (2021). "Character Strengths and Virtues in Chinese Moral Education: Evidence from 'The Code' and from Primary and Secondary Schools," *The Journal of Positive Psychology*, DOI: 10.1080/17439760.2021.1897870.

Kristjánsson, K. (2013). *Virtues and Vices in Positive Psychology: A Philosophical Critique*. Cambridge, UK: Cambridge University Press.

Kwok, S. L. Y. C. (2016). "Positive Education: Present and Future." Workshop Powerpoint Presentation at Boys' and Girls' Clubs Association (BGCA) 80th Anniversary Scientific Conference. Retrieved from https://sc80.bgca.org.hk/main/files/pdf/v2/Workshop_presentation_7-10_printing.pdf

Lee, J. C. K., Yip, S. Y. W., & Kong, R. H. M. (Eds.). (2021). *Life and Moral Education in Greater China*. London; New York: Routledge.

Noble, T., & McGrath, H. (2015). "PROSPER: A New Framework for Positive Education." *Psychology of Well-Being,* 5(1).

Park, N., Peterson, C., & Seligman, M. E. (2004). "Strengths of Character and Well-Being: A Closer Look at Hope and Modesty." *Journal of Social and Clinical Psychology,* 23(5), 628-634. Retrieved from https://guilfordjournals.com/doi/10.1521/jscp.23.5.603.50748.

Peterson, C., & Park, N. (2011). "Character Strengths and Virtues: Their Role in Wellbeing." In S. I. Donaldson, M. Csikszentmihalyi, & J. Nakamura (Eds.), *Applied Positive Psychology: Improving Everyday Life, Health, Schools, Work, and Society* (pp.49-62). New York: Routledge.

Peterson, C., & Seligman, M. E. P. (2004*). Character Strengths and Virtues: A Handbook and Classification*. Oxford, UK: Oxford University Press.

Peterson, C., Park, N., & Seligman, M. E. P. (2005). "Orientations to Happiness and Life Satisfaction: The Full Life Versus the Empty Life." *Journal of Happiness Studies,* 6(1), 25-41.

Positive Education Hong Kong (n.d.). *What is Positive Education*? Retrieved from https://www.positiveeducation.org.hk/what-is-positive-education/?lang=en.

Seligman, M. E. P. (2002). *Authentic Happiness: Using the New Positive Psychology to Realise Your Potential for Lasting Fulfilment*. New York: Free Press.

Seligman, M. E. P. (2011). *Flourish: A New Understanding of Happiness and Well-Being — And How to Achieve Them*. London: Free Press.

Seligman, M. E. P. (2012). *Flourish: A Visionary New Understanding of Happiness and Well-Being*. New York, NY: Free Press.

Seligman, M. E. P. (2018). PERMA and the Building Blocks of Well-Being. *Journal of Positive Psychology,* 13(4), 333—335.

Seligman, M. E. P., & Csikszentmihalyi, M. (2000). "Positive Psychology: An Introduction." *American Psychologist,* 55, 5-14.

Seligman, M. E. P., Ernst, R. M., Gillham, J., Reivich, K., & Linkins, M. (2009). "Positive Education: Positive Psychology and Classroom Interventions." *Oxford Review of Education,* 35(3), 293-311.

Waters, L. (2019). "Searching for Well-Being in Schools: A New Framework to Guide the Science of Positive Education." *Journal of Educational Psychological Research,* 1(2).

Waters, L., & Loton, D. (2019). "SEARCH: A Meta-Framework and Review of the Field of Positive Education." *International Journal of Applied Positive Psychology,* 4(1), 1-46.

White, M. A. (2016). "Why Won't It Stick? Positive Psychology and Positive Education*." Psychology of Well-Being,* 6, 2. Retrieved from https://doi.org/10.1186/s13612-016-0039-1.

White, M. A. (2021). "A Decade of Positive Education and Implications for Initial Teacher Education: A Narrative Review." *Australian Journal of Teacher Education,* 46(3). doi:10.14221/ajte.2021v46n3.5.

White, M. A., & Murray, A. S. (2015). *Evidence-Based Approaches in Positive Education: Implementing a Strategic Framework for Well-Being in Schools*. New York; London: Springer.

Wong, P. T. (2016, July 4). "PP 2.0 Summit Explores the New Vistas of Second Wave Positive Psychology: How to Embrace the Dark Side to Make Life Better." *Positive Living Newsletter*. Retrieved from http://www.drpaulwong.com/inpm-presidents-report-july-2016/.

Wong, P. T. P., & Roy, S. (2018). "Critique of Positive Psychology and Positive Interventions." In N. J. L. Brown, T. Lomas & F. J. Eiroa-Orosa (Eds.), *The Routledge International Handbook of Critical Positive Psychology* (pp.142-160). London, England: Routledge.

第三章

生命教育與健康教育

李子建、梁錦波、羅世光

2020年，香港學校課程檢討專責小組（2020）發表最後報告（簡稱「最後報告」），其中一項是建議學校優先推行價值觀教育，包括加強生命教育和德育、公民及國民教育」（頁 15）。在價值觀方面，「最後報告」建議教師加強培育學生與中國傳統道德和文化的核心價值，例如「關愛生命、堅毅精神、抗逆力、尊重他人、同理心、包容別人、責任感、家庭價值、孝順、仁慈」（頁18），這些與現時學校所要培育學生的首要正面價值觀和態度，包括堅毅、尊重他人、責任感、國民身份認同、承擔精神、關愛和誠信、以及最近所重視的「守法」、「同理心」和「勤勞」，可算是互相呼應（香港特別行政區政府新聞公報，2020-12-03；香港課程發展議會，2021；李子建，2022）。2019 年至今，2019 冠狀病毒病疫情令全世界不少地區（包括內地和香港）都受到不同程度的影響。在此期間，國家都加強了對生命教育、安全教育和

健康教育的重視，例如河南省洛陽師範學院與河南大學、中國新教育研究院新生命教育研究所聯合出版《共克時艱健康成長——新冠病毒防控背景下的生命教育》（張璟，2020-03-17），河南濟源示範區教體局利用疫情和災難作為主題，實施心理健康教育、生命教育和「三觀」教育（世界觀、人生觀、價值觀）（史曉琪，2020-03-17）。楊洲松（2020）認為2019冠狀病毒病疫情下其中一種的教育思考為強調生命教育素養（頁1、10-11）。因此，本文一方面嘗試探討疫情下的生命教育思考，另一方面初步討論生命教育與健康教育的關係，以及如何強化兩者的關聯。

一、生命教育

生命教育可說是一個涉及多學科和多角度的領域（詳見本書第一章），不同學者專家對生命教育領域和分析框架提供不同的註釋和演譯（Lee, 2020a; 2020b; Lee, Yip & Kong, 2021；李子建，2022）。在教學取向方面，黃德祥（2000）認為臺灣的生命教育包括下列取向：（一）「宗教取向」的生命教育，以安身立命、追求生命意義和終極關懷為主（Lee, 2020a; 2020b；李子建，2022）；（二）「生理健康取向」的生命教育，涉及健康與環境保護的內容，注重生理、心理和心靈的健康，反濫交、反吸毒和鼓勵可持續為取向的環境教育（李子建、黃宇、馬慶堂，2010）；（三）「志業（生涯）取向」的生命教育，一方面契合全人教育和自我實現，另一方面與生涯規劃教育有一定的關聯（Lee, Cheung & Li, 2019；李子建、姚偉梅、許景輝，2019；李子建，2022）；（四）「生

活教育取向」的生命教育，強調尊重生命、品格和品德的陶養、
生活習慣的養成和人際相處等；（五）「死亡教育或生死學取向」
的生命教育，重視認識死亡相關的意題（詳見本書第一章及第
八章；李子建，2022；黃德祥，2000）。另一種框架為生命教育
「天、人、物、我」度向（林治平，1998；林治平等，2004；梁錦
波，2016，頁 146-147）。吳庶深、黃麗花（2001）也提出臺灣實
施生命教育的不同取向，包括宗教教育、健康教育、生涯規劃、
倫理教育和死亡教育等（梁錦波，2016，頁 142-143）。「天、
人、物、我」分別涉及人與宇宙、人與他人、人與環境以及人與
自己的層面（林治平，1998；陳立言，2004；李子建，2022，頁
366），及後吳庶深（2008a；2008b）和梁錦波（2016）把這個四
元架構加以深化和完善（李子建，2022，第 14 章，第拾節），成
為「身」（個人生理）、「人」（心理層面）、「社」（社會層面）和
「靈」（靈性層面），而「身」的部分亦涉及對環境保育和物質的
人生境界的關注和關懷（梁錦波，2016，頁 148）。另一方面，
陳志威（2017）建議一個以生活經歷為本的香港生命教育課程框
架，其中內容方面借鑒臺灣的「天、人、物、我」，稱為「人與生
命」、「人與他人」、「人與環境」和「人與宇宙」四個範疇，目標
層次方面參考張永雄（2020，頁 9-12、13-15）的「認識生命」、
「欣賞生命」、「尊重生命」和「探索生命」的層次（頁 90-92），
最後的課程成果體現方面，以認知、情意和踐行三種層面（陳志
威，2017，頁 92-93）呈現出來，這些與生命教育的「知、情、
意、行」度向（王秉豪等，2016，頁 4-7；李子建，2022，第 14
章）頗為相通。

二、生命教育與健康教育

就生命教育與「健康與護理」在臺灣高中的狀況而言，孫效智（2009，頁 13）指出「健康與護理」觸及性教育有關「安全的性」，而生命教育則重視倫理的性。林治平教授從 E 世代人的失落談到 I 世代找回自我，並與「天、人、我」中重新定位（楊愛程，2022-12-19；圖 3-1）

圖 3-1 「天、人、我」中重新定位

（林治平，無日期，簡報，頁 47）（重新繪畫及修訂）

黃雅文等結合生命教育和健康促進學校所推廣的生活技能（life skills），建構一個 LEHP 生命教育生活技能模式（黃雅文，2006、2008），該模式以健康、幸福（well-being）為重心，輔以不同能力（例如社交能力、認知能力、自我管理等）。

健康教育的範圍很廣，本章以幸福（well-being）和全觀健康（holistic health）的視覺探討與生命教育的可能存在關聯。部

分學者或組織把全觀（或整全）健康大致分為身體（physical）、
情緒（emotional）、心智（mental）、社交（social）及靈性
（spiritual being）（PDHPE, u.d.; https://health99.hpa.gov.tw/
article/32）。Steven Hawks（2004）建議一個動態、功能性和多
維度的全觀健康模式，也包括靈性健康、情緒健康、社交健康、
智性健康（intellectual health）和身體健康（p.14）。美國的疾
病管制及預防中心（CDC, u.d.）對幸福感（well-being）具有下
列定義，包括身體的、經濟的、社交的、發展與活動、情緒的、
心理的、生活滿意度、特定範疇的滿意度、投入活動與工作等。

圖 3-2

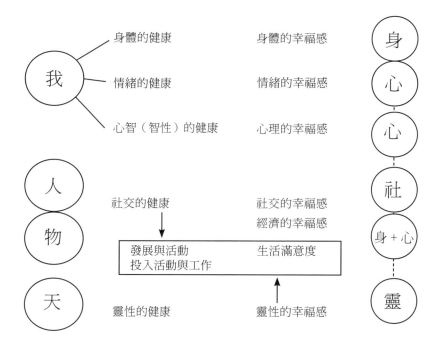

如圖 3-2 所示，這些不同維度的健康和幸福感與「天、人、物、我」和「身、心、社、靈」可能有一定的對應關係。（梁錦波，2016，頁 148-149）香港中文大學醫學院健康教育及促進健康中心（2002）曾指出十大健康主題作為中學階段的學習內容，包含「個人健康」、「食物與營養」、「心理和情緒健康」、「家庭生活與性教育」、「疾病的防治」、「吸煙、酗酒、藥物使用與濫用」、「消費者健康」、「安全與急救」、「環境健康與保護」和「生命、老化與死亡」等（頁 2-11）。

李子建（2022，頁 151-153）認為就生命與健康教育的推行而言，2019 冠狀病毒病疫情可提供了事例作為教學素材，下列題目對疫情前後以及後疫情時代的生命與健康教育都適用（舉例，參考及修訂自香港中文大學醫學院健康教育及促進健康中心，2002）：（一）個人衞生與良好的生活及飲食習慣；（二）運動與健康、（三）認識自己、處理壓力、建立自信心；（四）處理及表達情緒，建立人際關係；（五）家庭相處之道、正確性觀念的建立、認識戀愛與婚姻；（六）認識及預防疾病；（七）對病人的關懷；（八）認識吸煙、酗酒、藥物使用與濫用是健康的負面影響；（九）認識醫護人員的角色和對醫療服務的認識；（十）家居與學校安全（十一）預防欺凌與暴力；（十二）基本生命支援術的認識；（十三）大自然的認識與生態的保育；（十四）認識生命的自然現象（生、老、病、死）；（十五）如何面對死亡或失去；（十六）關懷生命行動；（十七）認識生命的爭議話題（例如愛惜身體、切勿自傷、自殘或自殺）。

2019 冠狀病毒病疫情除了對社會經濟和民生活動造成重大

影響，由於停學停課，以及實施社交距離的措施，疫情時人與人之間的心理幸福感和精神健康會造成一定的影響（Osofsky, Osofsky & Mamon, 2020; Saladino, Algeri & Auriemma, 2020）。因此不同地方都提倡在疫情期間和後都要注意教師、教育工作者、家長和學生的精神健康。其中 Coolminds（2020）出版《疫情期間的精神健康：教師和教育工作者手冊》，建議在專業、身心和情緒方面的自我照顧，例如在情緒方面可考慮正靜觀，並且為學生提供支援，鼓勵他們的希望感、安全感和聯繫感。

　　王冰（2020-03-16）建議家長可視生命教育是一種「生活即教育」，選用不同方法與孩子每日進行下列練習：（一）安定身心的練習；（二）發現日常生活中的美好事物（三）強化與家人的親密關係；（四）培養同理心與感恩心。教師也可與學生討論疫情的故事，鼓勵學生在不同崗位作出貢獻的人士，包括對前線的醫護人員表示感謝，也適宜對在家支援照顧孩童的父母表示感謝和感恩（李子建，2021，序言；李子建，2022，第 14 章）。另一方面，教師宜培養學生了解疫情可以帶來對生命的威脅，因此要珍惜自己的（及他人）的生命和健康，也適宜以正面態度和抗逆的心態面對逆境中和疫情後帶來的困難和調整（王冰，2020-03-16）。這與張亦弛（2020）所提出「以情入深」（頁 105）頗有相通之處。

　　在疫情期間，不少學校藉機會推動生命教育，例如鄭麗娟副校長及五邑鄒振猷學校（2020）以六個中華美德的字「仁、義、智、勇、惜、寬」結合西方正向心理學的品格特點，發展了六堂「疫」境中的生命課，現以表 3-1 簡要地介紹其中一些內容（經筆者整理）。

表 3-1

生命課	題目	關鍵中華美德	內容（例子）
1	愛可以令岩石開花	仁	幫助別人；小喜鵲與岩石山（劉清彥、蔡兆倫，2013）；培養同理心及惻隱心；以愛待人，愛人如己
2	良心的抉擇	義	公德心；埃姆村與黑死病（歷史塵封檔案，2020-01-28；松花芥子，2020-3-18）；重視公正，合乎道德的行為
3	末日預言	智	謠言止於智者；認真了解資訊，培養明白是非曲直，辨別正邪真偽的能力
4	明知不可為而為之	勇	迎難而上；三紋松鼠的故事（菲菲，2009）；為前線醫護人員打氣，送上祝福
5	活出生命的意義	惜	謝婉雯醫生和尼可萊男孩的故事（瓊‧穆德（著）、張子（譯），2003; Muth, 2002.）；活在當下，珍惜生命、貢獻自己的力量；三個問題（瓊‧穆德（著）、張子（譯），2003; Tolstoy, 2019.）： • 甚麼時候是做事的最佳時機？ • 甚麼人是最重要的？ • 甚麼事是最應該做的？ 訂立疫情下的時間表： • 全日上課：打通下午時間表，星期一至四，每天一節，方便外出 • 半日上課：每節減 5 分鐘，每天騰出 30 分鐘，每主題一次半天體驗日
6	心寬路自寬	寬	「井底的驢子」的故事（https://blog.xuite.net/wert6y/twblog/171845900）；利用疫情反思自己如何提高衛生意識、學習自我管理和進行戶外活動

　　朱業標、徐中收（2020）提出三維生命教育，即「活着、活好和活出價值」的課程單元設計（頁44），筆者現參考其設計並結合疫情下的教育調整內容如下：

表 3-2

三維生命	疫情下的三維生命與健康教育		
活着	生命意識教育	認識生命	1. 靜觀，愛護自己的身體 2. 認識疫情時自己、他人生命以及社會的影響
		愛護生命	3. 學會注重衛生 4. 認識遇到危險狀況應變的方法
活好	生命質量教育	健康地活着	5. 學會體育鍛煉 6. 培養良好生活及飲食習慣
		快樂地活着	7. 處理情緒 8. 培養正面價值觀及正向思維，令自己感到快樂
活出價值	生命價值教育	實現自我價值	9. 學習關心和幫助家人／他人 10. 從疫情中，思考生命的意義，規劃自己的人生（如適合）發展自己
		創造社會價值	11. 思考如何為他人、家庭、社會、國家貢獻一份力量去提升質素 12. 培養迎難而上的心志，為美好和有意義的人生努力

三、疫情之下的生命教育與健康教育

　　2020 年一場世紀 2019 冠狀病毒病疫情，正好將生命教育與健康教育緊緊扣連在一起。聯合國教育、科學及文化組織（UNESCO）在 2020 年出版了《後疫情世界的教育：推進公共行動的九個構想》（UNESCO, 2020）一書中指出，人類已不能回到之前的世界（頁 6），並提出九點具體行動建議，以促進及提升未來的教育，其中三點包括（為筆者所譯，原文的中文翻譯有所不同，詳見《後疫情世界的教育：推進公共行動的九個構想》[中文版]）：

1. 強化教育，以達致大眾利益（Strengthening education as a common good）——教育正如衛生防疫一樣，只有當大眾安全，個人才能安全；只有當眾人繁榮，個體才能昌盛；
2. 重視教育專業及教師間相互合作〈Value the teaching profession & teacher collaboration〉；
3. 促進學生及年青一代的參與和權利（Promote student, youth and children's participation & rights）；

　　聯合國教科文組織（UNESCO, 2020）在其報告書的結語中，強調 2019 冠狀病毒病雖然為人類世界帶來極大的傷害，但同時也喚醒世人對相互依存的醒覺，帶來改善不足之處的希望

（頁 24）。這種放眼人類未來的視域，正是疫後生命教育的重要根基。

四、應對疫情的生命教育架構

　　不少學校在疫情之中嘗試推行各類型生命教育的教學活動，但教育界仍欠缺一個較完整的框架。梁錦波（2016）應用「身、心、社、靈」的全人生命教育模式，引伸至現代生涯規劃的範疇之中（頁 147-149）。為提供一個較完整的疫後生命教育框架，他嘗試將「身、心、社、靈」四個維度，轉換成「物、我、人、天」的架構，如下表：

表 3-3

發展的人生境界	身、心、社、靈的維度	物、我、人、天的維度
物質的人生境界	身（＋物）	物
心性的人生境界	心	我（身＋心）
人際的人生境界	社	人
超越的人生境界	靈	天

　　並從「物、我、人、天」的架構中，提出一個應對疫情後的生命教育框架（梁錦波等，2020，11 月 21 日）。

圖 3-3　生命教育框架

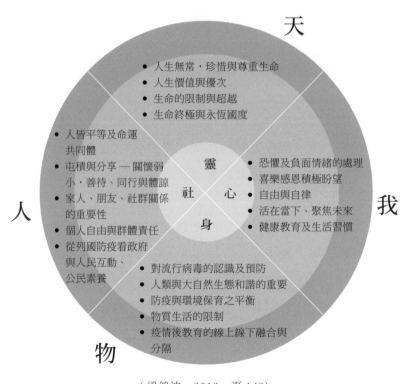

- 人生無常，珍惜與尊重生命
- 人生價值與優次
- 生命的限制與超越
- 生命終極與永恆國度

- 人皆平等及命運共同體
- 屯積與分享 — 關懷弱小，善待、同行與體諒
- 家人、朋友、社群關係的重要性
- 個人自由與群體責任
- 從列國防疫看政府與人民互動、公民素養

- 恐懼及負面情緒的處理
- 喜樂感恩積極盼望
- 自由與自律
- 活在當下、聚焦未來
- 健康教育及生活習慣

靈
社　心
身

- 對流行病毒的認識及預防
- 人類與大自然生態和諧的重要
- 防疫與環境保育之平衡
- 物質生活的限制
- 疫情後教育的線上線下融合與分隔

天

我

物

人

（梁錦波，2016，頁 148）

　　梁錦波在 2020 年 11 月 21 日在中國陶行知研究會生命教育專業委員會第八屆海峽兩岸大學生命教育高峰論壇中作報告分享。其關注點表列如下：

表 3-4　「物、我、人、天」四維度的關注重點

生命的維度	發展的人生境界	關注重點
物	物質的 人生境界	• 對流行病毒的認識及預防 • 人類與大自然生態和諧 • 防疫與環境保育之平衡 • 物質生活的限制 • 疫情後教育在線上線下的融合與分隔
我	身心的 人生境界	• 恐懼及負面情緒的處理 • 喜樂感恩積極盼望 • 自由與自律 • 活在當下、放眼未來 • 健康教育及生活習慣
人	人際的 人生境界	• 人皆平等及命運共同體 • 屯積與分享 —— 關懷弱小，善待、同行與體諒 • 家人、朋友、社群關係的重要性 • 個人自由與群體責任 • 從列國防疫看政府與人民互動、公民素養
天	超越的 人生境界	• 人生無常，珍惜與尊重生命 • 人生價值與優次 • 生命的限制與超越 • 生命終極與永恆國度

表 3-6 所列舉的議題，雖未必涵蓋全部疫情下生命教育的重要議題，卻可以為學校提供一個比較完整的結構框架。

五、疫情之後教育新常態對生命教育的需求

　　學校因着停課，科技得以強勢介入，學習從線下的、群體的課堂學習，迅速轉變成線上的、個人的學習。程介明（2020）比較了「教育常態」與「教育新常態」兩者的分別。「教育常態」是指以傳統課堂教學為主，偶爾有些學校嘗試小部分線上學習，然後還有聯課活動。「教育新常態」雖然仍要保留傳統教學的一些特色，包括考試、有系統的傳授基本知識、以及在學習過程中人與人的交往等元素，但這些元素將不斷縮小及縮減。教育新常態有以下特點（程介明，2020；朱永新，2020 年 11 月 21-22 日）：

1. 自主學習的空間和時間將迅速擴大，無論是線上的，或是線下的在家學習。因此學生的自我控制能力、自主學習能力及自我規劃能力也變得愈來愈重要。
2. 在平衡個人線上線下學習的同時，學生的群體生活（包括校內的聯課活動、及校外的社會體驗等）更形重要。因此學生的合作學習能力需要不斷提升。
3. 虛擬社會及社交平台，亦將成為學生學習及生活上不可或缺的重要部分。

　　因此，教育不僅僅局限於學校，還應該讓教育回歸家庭、回歸社會。

　　由傳統的課堂面對面授課，急劇轉變到教育新常態，究竟學生能否適應呢？杜蘭（Doolan et al., 2020, pp.4 & 16）及其研究團隊在 2020 年 4 月至 5 月期間，即歐洲多國封城時，於 41 個歐洲國家調查了 17,000 多位大學或研究院學生，發現在新常態下大學的教學模式有很大的改變，尤其講師在線即時講課在歐洲大學最普遍，也最受學生歡迎。

　　不少學者（Magson et al., 2020; Wade et al., 2020; Nearchou et al., 2020; Li, 2020）分析 2019 冠狀病毒病疫情，以至封城和學校停課等事件，令年輕人精神情緒受困擾的原因，大致可歸納出為以下六點，包括：

1. 社交孤立
   封城、禁足或因家人染疫以致需要在家中隔離等，均令青少年人失去社交機會，形成社交孤立。麥克信（Magson et al., 2020）的研究發現，引致青少年最大焦慮的因素是「不能見到朋友」。

2. 學校停課，未能適應網上學習
   學校停課令青少年失去接觸朋友及參與活動的機會，更令他們在學習上產生困難，這對弱勢而需要輔助的學生打擊尤大。學校不能再提供個別照顧或課後功課輔導，令弱勢學生更難跟上學習進度。網課只能顧及主流的學習進度，很難照顧學生的個別學習差異。由於網絡或數碼設備和技術之不足，令不少學生在網上學習上產生困難。有效的網上學習需要學生的自控能力，自主學習能力及自我規劃等能力（朱永

新，2020 年 11 月 21-22 日）。在以上能力較遜色的學生及學習進度未如理想的學生，均要面對強大的測驗及考試等壓力，百上加斤。

3. 日常生活模式的轉變

正常的學校生活停頓了，學生失去了體育活動的機會。有規律的生活變得太有彈性，以致睡眠時間被打亂，飲食變得更隨意，導致體重增加或減少。眼睛經常注視屏幕，令眼睛疲勞，更加影響視力（Nearchou et al., 2020）。一旦恢復實體上課，鬆散的生活要回復常規，令學生的焦慮感大大提升（Li, 2020）。

4. 與家人的衝突

封城禁足，令成年人在家工作，子女在家進行網課。電子資訊設備的爭逐，家庭空間不足等，令青少年與父母或家人的衝突增加（Magson et al., 2020），產生人際的巨大張力。

5. 經濟下滑、導致失業

疫情令全球經濟下滑，失業率不斷攀升，這不單影響在職的父母，當子女擔心父母失業，或不懂與失業父母相處，更擔心父母可能染疫不能照顧家人時，情緒張力無可避免地增加。而年長學生憂慮畢業後找不到工作，也成為精神壓力的源頭（Wade et al., 2020; Li, 2020）。

6. 失去生活動力

  青少年在面對種種困難及挑戰時，因缺乏身邊朋友的協助及
  鼓勵，甚至沒有幫助者的出現而被及早識別，往往令他們容
  易產生抑鬱的情緒，失去生活目的。正如弗蘭克（Frankl,
  2006）所提出意義治療法的概念 —— 推動人積極生活的動
  力來源，關鍵在於能找到人生的意義與目的。當年輕人失去
  人生意義與目的時，他們也失去生活甚或生存的動力。

六、學校在疫情下生命教育的實施例子

　　每所學校，在疫情停課期間，或短暫間斷式的復課期間，都
因應自己的校情，實施不同類型的生命教育，各有特色。香港教
育大學宗教教育與心靈教育中心（2020）於 2020 年 5 月當學界
準備復課之時際，舉辦了兩場「德不容緩 —— 停課不停品德教
育和生命教育」的網上專業交流會，分別邀請了在香港生命教育
領域比較積極進取的四所小學及兩所中學，滙報他們在疫下及疫
後生命教育的實施情況，並根據高嘉瑩及朱明霞（2020-11-21）
所提出生命教育推行的三個維度——意義、內容及形式臚列出來
（表 3-5，由梁錦波博士整理）。

表 3-5　六所中小學校分享他們在疫情下實施的生命教育

學校生命教育的意義 ── 物、我、人、天領域	學校推行生命教育的內容	學校生命教育的形式 ── 知、情、意、行
物、我	防疫、抗疫教育 • 個人衞生及公共衞生 • 環境保護及愛護地球	知、行
我	教導學生網上學習的技能與操守 • 線上學習的操作 • 互聯網世界的倫理與操守	知、行
我	強化學生的抗逆力 • 老師藉電話、網聯等照顧學生的身、心、社、靈的需要 • 校長老師郵寄家書表示關懷 • 斷捨離及適應環境的操練 • 正向教育及正念的培訓 • 教導學生正面紓發情緒方法 • 延展學生的學習動機及生命動力	知、情、行
我	建立良好的生活習慣及常規 • 訂立作息時間表 • 善用屬於自己的時間（Me time） • 建立睡眠好習慣 • 護眼運動 • 烹飪 • 運動 • 繪畫及音樂 • 鬆弛練習 • 強化閱讀常規	知、情、意、行

（續）

學校生命教育的意義 —— 物、我、人、天領域	學校推行生命教育的內容	學校生命教育的形式 —— 知、情、意、行
人	增加親子溝通 • 親子課業 • 鼓勵孩子協助家務 • 製作及贈送禮物予家人 • 慶祝父、母親節	情、意、行
人	鼓勵學生互相關顧支援 • 班級經營 • 加油站、打氣卡、互相欣賞 • 生日快樂 • 歌曲傳情 • 一人一信互相鼓勵 • 共同創作抗疫歌曲	情、行
人	建立一顆感恩的心，欣賞及感謝抗逆人員的付出 • 撰寫感謝信函 • 製作贈禮	情、行
人	傳送愛心與關懷予身邊的人，以熱以情服侍社區 • 服務社區 • 送暖行動	情、意、行
人	學校、辦學團體提供金錢或物資的支援 • 郵寄或速遞防疫物資至學生家中 • 提供金錢、電子學習器材及其他學習資源，協助貧困家庭	行
天	生死教育 • 珍惜眼前人 • 善用生命	知、情、意、行

綜觀六所學校所實施的生命教育內容主題，頗能針對前文所提及導致青少年精神情緒受困擾的因素，加以緩解及疏導，並鼓勵學生活出積極的人生。如下表：

表 3-6　學校生命教育緩解精神困擾因素對照表

導致青少年精神情緒受困擾的因素	學校推行生命教育的內容主題
1. 社交孤立	● 鼓勵學生互相關顧支援 ● 建立一顆感恩的心，欣賞及感謝抗疫人員的付出
2. 學校停課，未能適應網上學習	● 教導學生網上學習的技能與操守
3. 日常生活模式的轉變	● 防疫、抗疫教育 ● 建立良好的生活習慣及常規
4. 與家人的衝突	● 增加親子溝通
5. 經濟下滑、導致失業	● 學校、辦學團體提供金錢或物資的支援
6. 失去生活動力	● 強化學生的抗逆力 ● 傳送愛心與關懷予身邊的人，以熱以情服侍社區 ● 生死教育

當然，這六所學校的生命教育例子未必代表全港學校的實際的施行，亦未必能涵蓋表 3-5 所臚列「物、我、人、天」（梁錦波，2016；梁錦波等，2020-11-21）的各個範疇，但相信在復課之後，學校將進一步深化生命教育，從而建立更佳的生命素養。

　　疫情之中，面對親人、朋友、甚至遠方的人的生死掙扎，正是推動生死教育的良機。梁錦波（2017）建議香港的生死教育課程應包括以下四點：

1. 死亡的意義
2. 認識死亡隨時臨近，從而活出精彩的生命
3. 親友（甚或寵物）離世的哀傷處理
4. 照料老人及病者，並從中細味人生（頁 134）

　　國家教育部亦表示高度重視疫情期間全社會的生死教育，致力培養全社會對生命價值的正確理解和認知（教育部教思政提案〔2020〕349 號）。香港學校也可考慮發展生死教育，讓我們的下一代深切認識生命的無常，從而珍惜和善用他們有限的生命。

七、疫情中推動健康教育取向的生命教育學校個案反思

　　疫情肆虐世界各地已一年多，大家除關心大量人命損傷，經濟活動停擺外，教育亦是社會關注的問題！香港疫情現已進入第五波，確診染上 2019 冠狀病毒病的人數忽高忽低，以致學校一時實體授課，一時網上學習，嘗試努力維持學校的有效運作，俾讓學生的培育工作不致中斷。然而，在疫情下，學校最關切的是甚麼？有否顧及學生的身心靈健康問題？面對甚麼困難？師生及家長的需要又是甚麼……？為嘗試進一步了解學校於疫情中如何推動健康教育取向的生命教育，筆者羅世光訪問了將軍澳循道衞理小學林德育校長及基督教香港信義會元朗信義中學尹浩然校長。

訪問林德育校長，乃因林校長一向強調生命教育的重要性，於亞斯理小學任校長時，已積極透過電影觀賞，幫助小朋友對生命作出反思。其中林校長每年都舉辦的「失敗周」令人印象最為深刻，提醒師生：「有種成功叫失敗！」相信在疫情下，這失敗教育更深具意義！而尹浩然校長在基督教香港信義會元朗信義中學擔任校長剛踏入第六年，到任時該校在所處校網中本已屬收取第一組別學生的英文中學，在短短數年間，該校學生的表現更有明顯的提升。而所取得的成果，並非靠學校拼命催谷成績，乃尹校長致力提供一個安全、溫暖及關愛的學習環境予學生，提出「優越有愛」，讓學生能自愛愛人，知道為何要追求優越！在疫情下，不少人都將注意力集中追趕課程及考測時，元朗信義中學仍持守上述信念，作出努力，故筆者羅世光希望能從上述專訪中總結些有用經驗。

林德育校長訪談撮要

Q1. 林校長，你為何會有推行「失敗教育」的想法？於推行時有何心得值得分享？

　　記得於 2018 年，全港有較多學童自殺，令作為前線老師的我們感到神傷及憂慮！我在反思，小小年紀便踏上自毀之途，這可能是小朋友們經不起挫折，遇上難關找不著出路，只感到人生沒有盼望，故妄言輕生。這是剛好在網上看見外國有所謂「失敗人」的措施，故嘗試引入，於校內舉行失敗周。大方向是「做最好的我」，幫助同學正面地看待失

敗，相信每個人都有自己的長處，只要今天的我勝過昨天的我便是成功，失敗是自我進步必經之路，毋須與他人作比較。

其實道理很簡單，亦是老生常談！但這非單是課程，乃需要老師們有共同的信念，並於日常生活中的一言一行自然流露出來！例如一位同學上次考試有 52 分，今次有 58 分，老師可以說他已較上次進步，再努力少許便合格了！但亦可表示次次都不合格，仍是全班尾三。一語之差，學生日後成敗之別！這也令我有所反思！校長對於數十位老師來說，猶如班主任與班中學生，當我期望老師正面地看待學生的同時，我又如何看待自己的同事？

Q 2. 在疫情中，你與同事們首先關注些甚麼？有否刻意地加強健康教育？

我們首先想到的是防疫問題，如何讓師生在安全的環境中學習！去年一月底教育局要求學校停止面授時，大家又為網上學習的安排，如何維持學習的成效等問題而忙碌。直至二月中，我們意識到疫情不會在短時間成為過去，故大家覺得有需要照顧學生身心靈的健康。於是老師們拍了些有趣的短片，提醒學生多洗手、做運動及注意個人衛生，片末段有老師們為學生打氣！除鼓勵學生與家長一起做運動，將過程製成短片，於網上與大家分享外，亦設有學生網上論壇及祈禱會。上課時間表亦保留勞美音體，讓學生感受到老師的同在及均衡生活的重要。

老師們也定期舉行祈禱會、每星期三有家聚，大家一起查經及團契，唱詩、分享及代禱。為家長而設的有陽光電話及電郵，以便班主任為家長解答疑難及提供支援；亦有為家長舉辦網上工作坊及製作短片予以鼓勵。在疫情中，學生與家長長時間困在家中，難免易生衝突，尤其一些有特殊學習需要學生的家長，更需要支援，故學校特別讓家長安排個別有需要的學生下午回校，由老師或教學助理幫助其解決學習上的困難。我們並沒有刻意地加強甚麼健康教育，只知道學生有需要，我們便盡力去做！

Q3. 林校長今學年才轉到現校擔任校長，於疫情期間又推行上述這許多的措施，在帶領同事執行上有否遇到困難？

我畢業後便在藍田循道衞理小學當了十五老師，後轉到亞斯理小學當了六年校長，雖然今年才空降到現校，但一直都在同一辦學團體內任職。循道衞理會十分重視生命教育，屬下學校都關心學生的身心靈發展，老師們均分享着同一的信念，大家都樂意在疫情影響下多走一步，故可以說沒有多大困難！但在推行過程中不能單靠一紙行政命令，由上而下強制執行。我們絕大部分的措施都是大家商議而作出的決定，你會發覺老師們是充滿熱誠與創意的！

此外，校長亦要以身作則。以我們鼓勵師生多做運動為例，我自己也嘗試每晚跑步，初時是三公里，接着是五公里、七公里，現在已是十公里了！周六、日亦多往行山，將日出日落照片於網上與師生分享，老師因好奇也嘗試跑步及

行山，現在更成立跑步群組，建立了多做運動的文化。

　　縱使同事願意付出，校長也要多給予體諒及信任，體諒同事的辛勞，尋求方法減輕同事非必要的負擔，給予鼓勵，信任同事能自律自覺地工作。

Q4. 在疫情中，有沒有一些事情令你印象深刻？

　　當疫情告一段落，六年級學生首天回校時，學生那歡欣雀躍，喜形於色的笑臉令人感動！甚至有同學大聲說：「好想返學！」可見在疫情中，學生反而會想念及珍惜校園生活，明白到能每天上學並非必然！

　　此外，去年在亞斯理小學時，有老師知道學生住劏房，一家人在疫情中生活困苦，缺乏支援。老師特意買了許多家居需用物品，親自送給該學生並請他吃晚飯。學校並沒有要求同事們做些甚麼，這全出自老師對學生的關愛！

Q5. 在疫情中，林校長有甚麼體會，值得與大家分享？

　　面對前所未遇的事故，大家都不知所措，作為學校的領導，需要有明確的方向，帶領老師向前的同時亦要體諒老師的勞累！我時常與同事分享 N ＋ 1 的概念。所謂 N ＋ 1 就是 Now ＋ 1，如果比現在多做一件事，而會令學生有所得益的話，老師們都願意去做，但我們不能永遠都 N ＋ 1，在可行的情況下要作出取捨，不能永遠都只加不減。

　　此外，學校的力量有限，面對重大危機時，向師生及家長提供支援會力有不及，故有需要政府及社會人士提供幫

助。有危亦有機，要看我們如何看待危機，如何應變，這正是「失敗教育」的精神所在。

尹浩然校長訪談撮要

Q1. 在疫情中，你與同事們首先關注些甚麼？有否刻意地加強健康教育？

　　疫情開始時，大家都集中力量防疫，除保持校舍清潔外，行政人員每天走遍大街小巷，四出搜羅口罩及防疫用品，免費提供予師生使用。就是非因回校工作，倘教師，甚至工友及家長，需要口罩應急，學校也儘量借出，全校師生的健康是我們首要的考慮！接着是要解決學生學習的問題。初時老師們對網上教學的成效抱懷疑態度，又缺乏相關的裝備與技術，故不是十分主動，後來經過學校各方面的支援及培訓，老師已能應付自如且完全能追上進度！

　　由於信義的學生，對自己學業上有一定期望，在疫情下進行學習，會令他們信心動搖，產生焦慮不安，故與此同時，我們也着力關顧學生的情緒及心靈健康。

Q2. 正如上述，在疫情中學校有甚麼措施以關顧學生的身心靈需要？

　　雖然因疫情關係，水、陸運會被迫取消了，絕大部分的學會活動也停頓了，但我們仍盡力維持甚至加強宗教、義工服務、互相溝通鼓勵的活動！例如我校每年都為中一同學舉行祝福禮，歡迎他們加入信義大家庭並予以祝福。於疫情

稍緩時，我們儘可能以實體進行，安排中一學生分坐十個課室，除既有程序外，分別邀請會長、校監、副校長等聯同我自己，進入不同課室，給予學生祝福，以顯示學校對同學的重視！

學生義工組織並沒有停止服務他人的活動，雖然同學未能實體協助基層小學同學複習功課，又或親到老人院致送禮物及表演，我們便用 Zoom 為小學生提供功課輔導，為長者送上一份關懷與問候。

我一向定期與各級班代表舉行的圓桌會議也沒有因疫情而停頓。早期大家於會上討論校政時，同學多會提出訴求，但在疫症期間，班代表卻表示要多謝老師及工友們為同學的額外付出。而我為家長及師生所寫的「家書」，也有增無減，因我希望能與師生保持緊密溝通，解釋校政及給予支持鼓勵。在疫情期間我亦有為中一至中四每一位學生，親筆寫了心意卡。

班主任每早有半小時班主任時間與學生於網上相聚，他們可以分小組交流，或因應需要與班主任作個別傾談。此外，設有愛心熱線，班主任於兩周內致電班中每一位學生，大家閒話家常。

我校位處天水圍，一些家境較貧困的家庭，因疫情而一家被困於狹小的空間，容易出現困獸鬥的情況，有些家長因不懂處理自己及學生的情緒，情況更為惡劣！故班主任亦有為家長提供 Chit Chat Time，以保持溝通，提供支援！更令我開心的是老師約同我一起，扮演 KOL，一起唱歌，拍成短

片置於網上，給師生及家長打氣！在疫情中，我希望大家感受到上帝與我們同在；老師也與同學在一起！

Q3. 你如何帶領同事於疫情下推行健康教育？

正如剛才所說，我們原先並沒有計劃有系統地推行健康教育，只覺得學生受情緒困擾，因沒能返校而缺乏同學的互動與老師的關懷，故我們需要給予支援！

所謂帶領同事，首先校長要有清晰的方向，堅定的信念！

我初擔任教師時認為幫助學生取得優異成績，是作為老師的首要任務，然我當時所任教的中學十分重視學生的全人發展，視學生為「蚌中明珠」，說明每一顆珍珠之前都是砂石或分泌物，但經過磨練可以成為明珠，發出光芒，溫潤照亮世界；每一個學生都可以成材，但需要老師用愛心及耐性去給予包容與滋潤。後來校監、校長更帶領一眾同事往臺灣進行生命教育考察。我也記不起到訪了那些學校，但學校對生命教育的堅持與老師們對培育學生整全發展的付出，令我感到震憾！久而久之便構成了我內心的信念！

然而，單單校長一個人的信念不能成就甚麼！校長必須將這信念與同事分享，讓老師們認知認同，故我五年多前空降到元朗信義中學時，便提出「優越有愛」試圖打破第一組別學校注重成績，第三組別學校注重紀律的誤解。以今次疫症為例，所有措施都透過與同事溝通商議而達成的結果！學校剛開始停止面授課的時候，除領導層或有特別工作外，所有老師均留家工作。我與三位副校長每天返校聚首，每次花

兩小時多一起研究如何應對疫情，有了初步看法，再與相關同事商討及諮詢其他老師。

Q4. 你有提及貴校學生對自己的學業成績很有要求，在疫情中你如何處理考測評核等問題？

我們儘量減少考測，並採用家中評估的方法，評估過後，會請學生寫少許反思，讓他們沉澱一下，在整個過程中，他學了甚麼？今日剛好進入考試第四天，似乎進展順利！初時同事們都有擔心會出現作弊、是否公平等問題，但我們經過參考內地一些學校的經驗，添置所需器材及多次綵排，結果大家願意作出嘗試，這也是提供予學生於自律及誠信方面的操練！

我希望學生覺得學校是安全、充滿關愛及信任的地方；老師視他們為一個整全的人，而非單是成績名次。我們所做的一切，已告訴學生我們重視些甚麼，而非單用言語去表達。

Q5. 在疫情中，有沒有一些事情令你印象深刻？

疫情中我曾要求師生為自己及別人健康着想，假期不要外遊。有一位家長計劃於復活節假期一家往泰國旅行，副校長多方勸阻不果，最後竟在臨上機前一刻，被副校長勸回！後來知道泰國疫情轉壞，家長當然感激學校，但他所得的不單如此，因他向兒女展示了重要的一課。

此外，有一段時間學校只於上午進行實體授課，有家長

捐出蒸餾水供學生飲用。我們在早會時除向家長表示謝意外，亦提醒同學如有需要可以自由取用，但不要多取。結果同學均十分自律。

Q6. 在疫情中，你有甚麼體會，值得與大家分享？

作為學校領導要積極主動，不能光在等，等教育局指引，等疫情緩和！

面對嚴峻的疫情，讓我們有很多反思的機會：作為學校領導的我們有甚麼信念？重視些甚麼？重視學生的學業成績？生命？整全健康的成長？

自己有了明確的價值與信念，如何感染同事同行？這並非易事啊！

經過這疫情，感受到家長、校友、同事及校董會的支援，所謂人間有情，雖然辛勞也十分值得！

總結兩位校長於疫下推行健康教育取向的生命教育經驗，筆者羅世光有如下反思：

加強對生命教育的支援

在疫情的嚴重威脅下，大家關注的當然是如何防疫以保命；在學生不能回校上課期間，我們首先想到的自然是學生如何繼續學業，但現在疫情已持續一年有多，且仍反覆不定，學校全面復課無期之際，我們能否只着眼於學生的學業而忽略其他？正如梁錦波校長於上文引述香港大學的研究，指出疫情嚴重影響了青

少年的情緒及心理健康，而在兩位校長的專訪中，亦引證此等情況。與此同時，家長所面對的困擾與壓力也不容忽視，尤其是基層家庭和有特殊學習需要的學生家長，更感到求助無門。

還有一群我們容易忽略的老師們，網上網下交替教學已令他們多花時間預備教材，部分對資訊科技認識不多的老師更加吃力，再加上於網上授課時部分家長會與子女一起「觀課」，老師在沉重的工作壓力下仍需要抽空支援及關心學生與家長，我們對其需要豈能視若無睹？

兩位受訪校長雖憑着堅定的信念與同事一起在疫情中為幫助學生健康成長而作出努力，但有時亦感到勢孤力弱，這正顯示各方支援的重要性！

生活即教育

就上述兩校的情況，要有效落實生命教育，除了領導者有堅強的信念外，尚須身體力行，感染同事。無論學校的政策措施、人際關係、校內成員的一言一行、校園的一花一木，都須與學校所重視的價值與信念互相配合，形成學校整體的文化，使學生生活其中，感到安全與被愛，懂得珍情與關懷，就像我們呼吸空氣一樣，無聲無形，但卻與我們在一起，滋養着生命，這正回應王冰（2020-03-16）所謂的「生活即教育」。

尹浩然校長於訪談中提及：「我們所做的一切，已告訴學生我們重視些甚麼，而非單用言語去表達。」亦引證有關「知、情、意、行」（林治平，1998；陳立言，2004；王秉豪等，2016；李子建，2022，第 5 章、第 12 章及第 15 章）四個向度

的論述！當學校要加強生命教育時，縱使建構了一套完整的正規課程，甚至滲入各科予以推行，仍主要停留在知的層面，我個尚需要讓學生認同相關的價值，使其情意上有所觸動，願意付上代價予以實行！就如絕大部分學生都知道努力向學的好處，但又有多少學生能赴諸行動？

以往在任校長時，不少申請教職的老師在應徵信上提及希望能以生命影響生命！筆者羅世光十分贊同這話，因這是作為老師重要角色之一，但與此同時，筆者羅世光又懷着戰兢的心情作出反思！究竟筆者羅世光自己擁有甚麼樣的生命，又為校內這一群滿有朝氣希望的生命帶來甚麼？

學校／教師的功能

隨着網絡的快速發展，無論嚴肅的天文地理，或是輕鬆的烹飪旅遊知識，只要輕輕按掣便唾手可得，教師早已不再是知識主要的來源。今次來勢洶洶的疫情更給予傳統學校教育顛覆性的衝擊——原來學生可以利用網上會議應用程序進行學習，一樣可以追及課程進度而不用回校上課。

幸而，從兩位校長的分享中，我們發現學生仍十分需要老師、需要學校！愛與關懷，群體的交往互動，不可能完全由冰冷的屏幕與虛擬的世界取代；知識更不是學生成長的全部！

隨着時代的改變，教師的角色有所調整以配合學生的需要是自然且必然的！面對知識氾濫，是非混淆的社會，老師在授業的角色可能有所減輕，但傳道解惑的功能仍大有可為！因老師仍要指導學生如何判別及使用資訊、協助學生明辨是非。故此，我們

作為教育工作者需要肯定自己的角色，懷着自信與謙虛，陪伴學生成長。

　　疫情中有學校表示培育學生的工作受到很大影響，除了正規課程需要多方調整安排外，幾乎所有非正規課程都停頓！近十多年，無論中小學都十分重視體驗學習，因為我們都相信「告訴我，我會忘記；展示給我看，我會記得；讓我參與，我會徹底明白」（沈振業，無日期）這道理，故此學校老師發揮創意，舉辦不少模擬活動，如護蛋、栽花、歷奇、扮作懷孕、失明、肢體殘障等，目的是製造一個情境，讓學生感受別人的需要，又或裝備學生面對逆境。惜疫情一至，甚麼海外考察、成長營、歷奇活動、學會活動、親子旅行 …… 畢業禮也被迫取消。

　　在疫情下，學校確遇上不少困難，甚至香港教育大學宗教教育與心靈教育中心的同事，在支援學校的工作上亦遇上相同的問題！然經與兩位校長交流後，令筆者羅世光想起一則《韓非子》（先秦）的小故事（經改寫；讀古詩詞網，無日期）：

鄭人買履

　　話說有一個鄭國人，想到市集買一雙鞋。他先測量了自己雙腳的大小，將尺碼布放在坐椅上，然後往市集去。到了鞋檔，才發覺自己出門時忘了帶尺碼，故對檔主說要回家一行。待他取得尺碼趕回市集時，市集已散，鄭人只得空手而回！

在疫情下，亞斯理小學的同學渴望返學，他們學懂了珍惜；元朗信義中學的同學進行自我評估式考測，他們學懂了自律與誠信；對網上教學少有經驗的老師們，學懂了嘗新；對校長們來說，他們學懂了敢於應變，這都是疫情中的產品。現成的逆境不是比模擬的挫敗更具教育意義？這又回歸到「生活即教育」了（王冰，2020-03-16）。

　　此刻，筆者羅世光又想起了尹校長於訪談時所說的一段話：「我愛讀的其中一本書，是哈佛大學 Prof. Harry Lewis 所寫的 *Excellence Without a Soul*（譯為《失去靈魂的優秀》）（Lewis, 2007），故尹浩然校長在學校提倡「優越有愛」！

＊　＊　＊　＊　＊　＊　＊　＊　＊　＊　＊　＊　＊　＊

　　本文部分內容曾在《生命教育：理論基礎、取向和設計》（李子建，2022）（第 2 章及第 5 章）以及梁錦波博士（2015；2016；2017；梁錦波、何榮漢、吳渭濱，2020）的作品發表。

鳴謝

　　筆者李子建感謝五邑鄒振猷學校鄭麗娟副校長、沈耀光校長、將軍澳循道衛理小學林德育校長、基督教香港信義會元朗信義中學尹浩然校長、基督教宣道會宣基小學鄭堅民先生（前校

長）、劉心怡校長、佛教慈敬學校莊聖謙先生（前校長）、范秀琪校長、保良局雨川小學蔡曼筠校長、朱敏華副校長團隊、寶血會上智英文書院馮鄭惠儀校長、王傅凱恩副校長、香港神託會培敦中學倪偉玲副校長及團隊以及香海正覺蓮社佛教陳式宏學校方子蘅校長的支持及提供本書（第三章及第十章）內的校本經驗。

本文所發表內容及觀點僅代表李子建、其他筆者（梁錦波、羅世光）和其他受訪者個人的意見，並不代表香港教育大學及其立場。

參考文獻

王冰（2020，3月16日）。〈疫情期間家長如何對孩子進行生命教育的話題〉。佛門網。取自 https://www.buddhistdoor.org/tc/mingkok/%E7%96%AB%E6%83%85%E6%9C%9F%E9%96%93%E5%AE%B6%E9%95%B7%E5%A6%82%E4%BD%95%E5%B0%8D%E5%AD%A9%E5%AD%90%E9%80%B2%E8%A1%8C%E7%94%9F%E5%91%BD%E6%95%99%E8%82%B2%E7%9A%84%E8%A9%B1%E9%A1%8C 灼見名家轉載（2020-3-21）https://www.master-insight.com/%E7%96%AB%E6%83%85%E6%9C%9F%E9%96%93%E5%AE%B6%E9%95%B7%E5%A6%82%E4%BD%95%E5%B0%8D%E5%AD%A9%E5%AD%90%E9%80%B2%E8%A1%8C%E7%94%9F%E5%91%BD%E6%95%99%E8%82%B2%E7%9A%84%E8%A9%B1%E9%A1%8C/。

王秉豪、李子建、朱小蔓、歐用生、吳庶深、李漢泉、李璞妮（編）（2016）。《生命教育的知、情、意、行》。新北市：揚智文化事業股份有限公司。

史曉琪（2020，3月17日）。〈用好戰「疫」教材，培育時代新人，河南教育系統主題教育活動亮點紛呈〉。《河南日報》。取自 https://www.henandaily.cn/content/2020/0317/CCAAFH.html。

朱永新（2020，11月21-22日）。〈未來學校，我們要思考教育最根本的出發點〉（專題演講）。第三屆世界教育前沿論壇，北京。取自 https://mp.weixin.qq.com/s?__biz=MjM5NDgzODgzNQ==&mid=2650104259&idx=1&sn=9792c39acec2b30674685f4d357ab9e8&chksm=be80619f89f7e889f67c021eb85f68a29e326ea6652fa6275b0a843d8fe4df5f8cdd35793b34&&xtrack=1&scene=0&subscene=10000&clicktime=1606270456&enterid=1606270456#rd。

朱業標、徐中收（2020）。〈活著・活好・活出價值〉。中小學心理健康教育，34，頁 42-44。

吳庶深（2008a）。《心靈教育：生命教育的核心概念》。香港：宗教教育與心靈教育中心。

吳庶深（2008b）。〈尋找生命的幸福 探索生命教育的意義〉。《清流月刊》（五月號），16（11），79-82。取自 https://www.mjib.gov.tw/FileUploads/eBooks/d9979c439616434e8e17c47a3e30057e/Section_file/76dae90781ae4ec3a909e57f7ddf9a6b.pdf。

吳庶深、黃麗花（2001）。《生命教育概論》。臺北：學富文化。

李子建（2021）。〈疫情溫情：生命教育及關愛教育的視角〉。載於陳小燕（主編）《疫情亦情 —— 校園抗疫暖心故事》，序言。香港：中華書局。

李子建（主編）（2022）。《生命教育：理論基礎、取向和設計》。臺北：元照出版有限公司。

李子建、姚偉梅、許景輝（編著）（2019）。《二十一世紀技能與生涯規劃教育》。臺北：高等教育出版社。

李子建、黃宇、馬慶堂（2010）。《校本環境教育的設計與實施：邁向可持續發展》。北京：人民教育出版社。

沈振業（無日期）。〈教學資源分享：體驗真實商業環境 多元策略提升學習動機〉。行政長官卓越教學獎：教學實踐資源庫。取自 https://www.ate.gov.hk/tchinese/tp_1718_TE03.html。

松花芥子（2020，3 月 18 日）。〈埃姆村的偉大「封村」〉。堅料網。取自 https://n.kinliu.hk/kinliunviews/%E5%9F%83%E5%A7%86%E6%9D%91%E7%9A%84%E5%81%89%E5%A4%A7%E3%80%8C%E5%B0%81%E6%9D%91%E3%80%8D%E3%80%80%E6%96%87-%E6%9D%BE%E8%8A%B1%E8%8A%A5%E5%AD%90/。

林治平（無日期）。〈從宏觀的層次談臺灣的教育問題（簡報）〉「。取自 https://slidesplayer.com/slide/11364642/。

林治平（1998）。《QQQQ 的人生：全人理念與現代化》。臺北：宇宙光全人關懷機構。

林治平、潘正德、林繼偉、盧怡君、姜仁圭、李清義、蘇友瑞（2004）。《生命教育之理論與實踐》。臺北：心理出版社。

香港中文大學醫學院健康教育及促進健康中心（2002）。十大健康主題一
　　覽表。取自 http://www.wkc.edu.hk/w6/k19/ 十大健康主題 .pdf。

香港特別行政區政府新聞公報（2020，12月3日）。〈新增「守法」和「同
　　理心」作為首要培育學生正面的價值觀和態度〉。取自 https://www.
　　info.gov.hk/gia/general/202012/03/P2020120300624.htm。

香港教育大學（2020，3月3日）。〈調查：近七成家長指停課期間學童在
　　家學習遇困難〉。香港教育大學，新聞稿。取自 https://www.eduhk.
　　hk/zht/press-releases/survey-nearly-70-of-parents-find-their-
　　children-have-difficulty-learning-at-home。

香港教育大學宗教教育與心靈教育中心（2020）。「德不容緩 —— 停課不
　　停品德培育和生命教育網上專業交流」，2020年5月12及21日。
　　分享學校包括：基督教宣道會宣基小學、佛教慈敬學校、保良局雨川
　　小學、香海正覺蓮社佛教陳式宏學校、寶血會上智英文書院、香港神
　　託會培敦中學。

香港課程發展議會（2021）。《價值觀教育課程架構（試行版）》。香
　　港：香港特別行政區政府教育局。取自 https://www.edb.gov.hk/
　　attachment/tc/curriculum-development/4-key-tasks/moral-civic/
　　Value%20Education%20Curriculum%20Framework%20%20
　　Pilot%20Version.pdf

香港學校課程檢討專責小組（2020）。《優化課程迎接未來 培育全人啟
　　迪多元》。香港：香港特別行政區政府教育局。取自 https://www.
　　edb.gov.hk/attachment/tc/curriculum-development/renewal/
　　taskforce_cur/TF_CurriculumReview_FinalReport_c.pdf。

香港歷史塵封檔案（2020，1月28日）。〈355年前，英國有個「封村」
　　的「烈士」村，至今都有人去追思感慕〉。取自 https://sa.sogou.
　　com/sgsearch/sgs_tc_news.php?req=Dg4-xn0csAn6QgY0G-
　　rAuskTsh8hx_PLoAIxa-ed9wg=&user_type=1。

孫效智（2009）。〈臺灣生命教育的挑戰與願景〉。《課程與教學季
　　刊》，12（3），頁1-26。取自 http://ntur.lib.ntu.edu.tw/
　　retrieve/170477/。

健康生活（2012，3 月 20 日）。〈人生必讀的十大啟迪故事：井底的驢〉。取自 https://blog.xuite.net/wert6y/twblog/171845900。

高嘉瑩、朱明霞（2020，11 月 21 日）。〈後疫情下學校生命教育的思考與實施〉（主題演講）。中國陶行知研究會生命教育專業委員會第八屆年會暨第八屆海峽兩岸大學生命教育高峰論壇，浙江。取自 https://mp.weixin.qq.com/s?__biz=MzI0ODY3NDEzOA==&mid=2247485773&idx=1&sn=553ff74ade25ab07cb447bcc502bbe20&chksm=e99c6b78deebe26e16bc60900f2ce57e1f193c906e2690bfc9f3a0857b70bc5d3f9335af784b&&xtrack=1&scene=90&subscene=93&sessionid=1608121356&clicktime=1608121363&enterid=1608121363#rd。

國家教育部教思政提案（2020）。〈關於政協十三屆全國委員會第三次會議第 1275 號（教育類 118 號）提案答覆的函〉，349 號。取自 http://www.moe.gov.cn/jyb_xxgk/xxgk_jyta/jyta_szs/202101/t20210119_510327.html。

張永雄（2010）。〈推行生命教育初探〉。取自 http://www.edb.gov.hk/tc/curriculum-development/4-keytasks/moral-civic/Newwebsite/PDF/Life_ understanding.html。

張永雄（2010）。〈遊戲中覓方向‧體驗中悟道理 ── 生命教育互動學習教材〉。取自 http://www.edb.gov.hk/attachment/tc/curriculumdevelopment/4-key-tasks/moral-civic/NewWebsite/Life_understanding/edb_01.pdf。

張亦弛（2020）。〈新冠肺炎病疫情下生命教育的思考〉。江蘇科技大學學報（社會科學版），20（3），頁 105-108。

張璟（2020，3 月 17 日）。〈全省教育系統開展主題教育活動 用好戰「疫」教材〉。河南省教育廳。取自 http://jyt.henan.gov.cn/2020/03-17/1831687.html

「教育的未來」國際委員會（2020）。《後疫情世界的教育：推進公共行動的九個構想》。巴黎：聯合國教科文組織。

梁錦波（2016）。〈生命教育 ── 全人生命的關注〉。載於王秉豪、李子建、朱小蔓、歐用生等（編），《生命教育的知、情、意、行》（頁 137-158）。新北市：揚智文化事業股份有限公司。

梁錦波（2017）。〈自殺防治 2：從死亡窺見生命的色彩〉。載於林少峰（主編），《自殺？他殺？青少年為何走上絕路？（增訂版）》，頁 131-51。香港：三聯書店。

梁錦波、何榮漢、吳渭濱（2020，11 月 21 日）。〈抗疫、抗逆、擴翼 —— 疫後香港之生命教育〉。中國陶行知研究會生命教育專業委員會第八屆年會暨第八屆海峽兩岸大學生命教育高峰論壇，2020 年 11 月 21 日。取自 https://mp.weixin.qq.com/s?__biz=MzI0ODY3NDEzOA==&mid=2247485773&idx=1&sn=553ff74ade25ab07cb447bcc502bbe20&chksm=e99c6b78deebe26e16bc60900f2ce57e1f193c906e2690bfc9f3a0857b70bc5d3f9335af784b&&xtrack=1&scene=90&subscene=93&sessionid=1608121356&clicktime=1608121363&enterid=1608121363#rd。

陳立言（2004）。〈生命教育在臺灣之發展概況〉。《哲學與文化》，31（9），頁 21-46。取自 http://www.kyu.edu.tw/93/epaperv7/066.pdf。

陳志威（2017）。〈香港生命教育課程的框架〉。《香港教師中心學報》，16，頁 85-101。取自 https://www.edb.org.hk/HKTC/download/journal/j16/B01.pdf。

程介明（2020）。〈學校去擁抱社會，社會也要擁抱教育〉。中國教育三十人論壇，2020 年 12 月 11-13，北京。取自 https://xw.qq.com/partner/vivoscreen/20201220A01TN900?vivoRcdMark=1。

菲菲（2009，4 月 2 日）。〈寓言故事：三紋松鼠的勇氣〉。明慧學校。取自 http://www.minghui-school.tw/school/article/2009/4/22/77367.html。

黃雅（2006）。〈生命教育生活技能模式及其教學方法之探究〉。《生命教育》，1，頁 65-89。

黃雅（2008，4 月 3 日）。〈生命教育生活技能模式及其教學方法之探究（上）〉。健康九九 ＋。取自 https://health99.hpa.gov.tw/article/32。

黃德祥（2000）。〈小學生命教育的內涵與實施〉。載於林思伶（主編），《生命教育的理 論與實務》（頁 241-253）。臺北：寰宇。

楊洲松（2020）。〈學在瘟疫蔓延時：新型冠狀病毒疫情下的教育思考〉。
　　《課程研究》，15（1），頁 1-14。取自 http://www.edubook.com.
　　tw/OAtw/File/PDf/418178.pdf。

楊愛程（2002，12 月 19 日）。〈挑戰 E 世代：林治平主張「天人物我，
　　全人關心」〉。彩虹之約。取自 https://bbs.creaders.net/rainbow/
　　bbsviewer.php?trd_id=35829

臺南市光華高中（無日期）。〈生命教育在國內發展的概況：生命教育五種
　　教學取向〉。取自 http://www.khgs.tn.edu.tw/admin/counseling/
　　lifeedu/p-subject02.htm。

劉清彥（著）、蔡兆倫（繪）（2013）。〈小喜鵲和岩石山〉。臺灣彩虹愛家
　　生命教育協會。取自 https://children.moc.gov.tw/book/219273。

鄭麗娟及五邑鄒振猷學校（2020）。〈「疫」境中的生命課〉。取自
　　https://www.sspgps.edu.hk/sites/default/files/pdf/%E7%96%AB
　　%E5%A2%83%E4%B8%AD%E7%9A%84%E7%94%9F%E5%91
　　%BD%E8%AA%B2.pdf。

韓非（無日期）。〈鄭人買履〉。漢語網。取自 https://www.
　　chinesewords.org/poetry/72554-123.html。

瓊．穆德（2003）。《尼可萊的三個問題》（*The Three Questions*）
　　（張子譯）。臺灣：遠流出版社。https://www.books.com.tw/
　　products/0010236528 and https://children.moc.gov.tw/
　　book/215321。

讀古詩詞網（無日期）。〈鄭人買履〉。取自 https://fanti.dugushici.com/
　　ancient_proses/71870。

Centre for Disease Control and Prevention (CDC), US (u.d.). "*Well-Being
　　Concepts*." Retrieved from https://www.cdc.gov/hrqol/wellbeing.
　　htm.

Coolminds (2020)。《疫情期間的精神健康：教師和教育工作者手冊》。香
　　港： Coolminds 取自 https://www.coolmindshk.com/zh/resource/
　　%E7%96%AB%E6%83%85%E6%9C%9F%E9%96%93%E7%9A
　　%84%E7%B2%BE%E7%A5%9E%E5%81%A5%E5%BA%B7%E6
　　%89%8B%E5%86%8A%EF%BC%9A%E6%95%99%E5%B8%AB
　　%E6%89%8B%E5%86%8A/。

Doolan, K., Barada, V., Buric, I., Krolo, K., Tonkovic, Z., (2020). "Student Life During the Covid-19 Pandemic Lockdown — Europe-Wide Insights." University of Zadar. Retrieved from http://www.ehea.info/Upload/BFUG_DE_UK_73_11_6_students_Covid_19_survey_results.pdf.

Frankl, V.E. (2006). *Man's Search for Meaning*. Boston: Beacon Press.

Hawks, Steven (2004). "Spiritual Wellness, Holistic Health, and the Practice of Health Education." *American Journal of Health Education,* Jan-Feb., 35(1), 11-16.

Lee, J. C. K. (2020a). "Editorial: Children's Spirituality, Life and Values Education: Cultural, Spiritual and Educational Perspectives." *International Journal of Children's Spirituality,* 25(1), 1-8.

Lee, J. C. K. (2020b). "Editorial: Children's Spirituality, Life and Religious Education: Socio-Cultural and Religious Traditions and Perspectives." *International Journal of Children's Spirituality, 25*(2), 83-90.

Lee, J. C. K., Cheung, C. H. W., & Li, M. Y. H. (2019). "Life Planning Education and Life Education: Lifelong Learning Perspectives." *Hong Kong Teachers' Centre Journal,* 18, 57-77.

Lee, J. C. K., Yip, S. Y. W. & Kong, R. H. M. (Eds.) (2021). *Life and Moral Education in Greater China*. London: Routledge.

Lewis, H. (2007). *Excellence Without a Soul: Does Liberal Education Have a Future?* New York: PublicAffairs.

Li, J. (2020). "How Has COVID-19 Impacted Youth Mental Health?" Hong Kong Mental Health Conference 2020. Retrieved from https://medium.com/mindhk/how-has-covid-19-impacted-youth-mental-health-55c04c84e452.

Magson, N. R., Freeman, J. Y. A., Rapee, R. M., Richardson, C. E., Oar, E. L., Fardouly, J. (2021). "Risk and Protective Factors for Prospective Changes in Adolescent Mental Health during the COVID-19 Pandemic." *Journal of Youth and Adolescence,* 50 (1), pp.44-57.

Muth, J. J. (2002). *The Three Questions* [Based on a story by Leo Tolstoy]. U.S.: Scholastic Press.

Nearchou, F., Flinn, C., Niland, R., Subramaniam, S. S., & Hennessy, E. (2020). "Exploring the Impact of COVID-19 on Mental Health Outcomes in Children and Adolescents: A Systematic Review." *International Journal of Environmental Research and Public Health,* 17 (22), p.8479.

Osofsky, J. D., Osofsky, H. J., & Mamon, L. Y. (2020). "Psychological and Social Impact of COVID-19." *Psychological Trauma: Theory, Research, Practice, and Policy,* 12(5), 468-469. Retrieved from http://dx.doi.org/10.1037/tra0000656 https://psycnet.apa.org/fulltext/2020-41655-001.html.

PDHPE (u.d.). *Dimensions of Health.* Retrieved from https://www.pdhpe.net/better-health-for-individuals/what-does-health-mean-to-individuals/meanings-of-health/dimensions-of-health/.

Saladino, V., Algeri, D. and Auriemma, V. (2020). "The Psychological and Social Impact of Covid-19: New Perspectives of Well-Being*." Frontiers in Psychology,* 11, 577684. doi: 10.3389/fpsyg.2020.577684.

Tolstoy, L. (2019). *The Three Questions.* Retrieved from https://www.plough.com/en/topics/culture/short-stories/the-three-questions.

UNESCO (2020). *Education in a Post-COVID World: Nine Ideas for Public Action — International Commission on the Future of Education.* Paris, UNESCO. Retrieved from https://en.unesco.org/news/education-post-covid-world-nine-ideas-public-action.

Wade, M., Prime, H., Browne, D.T. (2020). Why We Need Longitudinal Mental Health Research with Children and Youth during (and after) the COVID-19 Pandemic? *Psychiatry Research, 290*, pp.113143-113143.

第四章

生命與價值觀教育的教學策略

李子建

不同學者提出不同的常用生命教育教學方式，包括講授法、欣賞討論法、就事件的隨機教學、模擬法（如角色扮演）、閱讀指導法、親身體驗法（如參觀安寧病房）、活動教學法（如戲劇）、作業／我教學法等（丘愛鈴 ，2006；明松，2010，頁37-38；李子建，2022，第 12 章）。本章初步討論一些策略，包括繪本教學、服務學習、6E 取向的品格教育等，以及動物生命教育。

繪本教學

岑麗娟、梅麗芬及文燕珊（2012-12-04，簡報）建議「以學生為本」、「以自然和生活化」、「融入日常教學活動」以及「教師的認同」作為推動生命教育的原則。

生命教育繪本圖書可以作為推動的策略之一，其理念簡化如下（岑麗娟、梅麗芬、文燕珊，2012-12-04，簡報）：

表 4-1

步驟	教與學過程
1. 引起動機	說故事，引發討論
2. 實踐經歷	親子借閱計劃
3. 深化學習	創作／改編故事

　　梁振威（2017-11-03）則指出幼兒教育運用於繪本教學包括四大策略「讀、編、講、演」，其主要理念簡化如下：

表 4-2

步驟	教與學過程的特點（經筆者修訂）
1. 讀	孩子接觸書本，從閱讀封面開始，加入引導性閱讀（配合提問，與孩子的生活經歷結合）
2. 編	孩子理解書本，可以引導孩子畫出及自編繪本故事（由讀者變為編作者）
3. 講	聆聽孩子話語，讓孩子表達他們的情意和思維
4. 演	把繪本故事排演，由靜的閱讀變為動的閱讀

（梁振威，2017-11-03）

　　生命故事的繪本的故事結構通常包括「主題」、「主角」、「背景」、「情節」和「結局」等（盧美貴、郭美雲，2008，頁2）。他們指出繪本教學策略可以包含不同的模式和活動，例如「師生對話式閱讀」、「故事結構鳥」和「網狀圖示」，也可結合

「聽」、「畫」、「唱」、「編」和「演」的故事活動（頁2）。其中對話式閱讀的 CROWD 的提問（Completion prompt；Recall prompts；Open-ended prompts；Wh-prompts；Distancing prompts）和 PEER 程序（Prompts；Evaluates；Expands；Repeats）具有下列特點（頁4；經筆者修訂）

表 4-3

CROWD 提問句	教與學過程的特點 （盧美貴、郭美雲，2008，頁4）
完成激勵（C）	說出答案
回想激勵（R）	回想情節
開放性激勵（O）	表達想法
wh- 問句（W）	推測及總結情節
融入生活經驗的激勵（D）	結合生活
PEER	激勵（P） 評估（E） 擴展（E） 重複（R）

而「聽、說、畫、唱、編」與演各有目的和互動互補的功能（盧美貴、郭美雲，2008，頁6-7）。

表 4-4

步驟	特點（盧美貴、郭美雲，2008，頁 6-8）
聽	建構幼兒繪本的情節圖像，包含聽老師說、聽如同學說、聽繪本說等元素
畫	培養幼兒的創思，包含「看」和「想」的元素
唱	引領幼兒的歡樂，讓幼兒體驗情感世界，唱跳故事（頁 7-8）
編	學習故事情節間的銜接、自編並述說所編故事（頁 8）
演	增進幼兒對故事情節的深刻印象，可包括戲劇、偶戲等

　　其實繪本的類別及內容豐富，例如香港撒瑪利亞防止自殺會生命教育中心的幼稚園教材套（無日期，https://w1.sbhk.org.hk/images/LEC/ 幼稚園教材套 .pdf）建議不同的繪本以配合生命教育，例子如下（香港撒瑪利亞防止自殺會生命教育中心，頁 4-15）：

表 4-5

生命教育度向	例子
人與自己	《笨小豬》、《雞蛋哥哥》
人與他人	《青蛙的一鍋飯》、《蘇小鴨去旅行》
人與環境	《我吃拉麵的時候》、《喬瑟夫有件舊外套》
人與宇宙	《狐狸孵蛋》、《魔法花花豬》

鄒小麗、范雪貞、王林發（2018）則提出不同的教學模式、特點與方法（經筆者整理及修訂，頁 34-35）：

表 4-6

模式及特點	方法（教師所採用）
1. 參與式（學生參與教學過程）	小組教學、課堂討論、個別化教學、網絡教學等
2. 開放式（教學過程具有聯繫性、主體性和創新性）	情境教學法、多媒體教學法、表演教學法、比賽教學法、研究性教學法等
3. 互動式（強調自主和創新）	教師引導、學生反饋、小組活動、成果展示等
4. 拓展式（延伸學習）	學生寫畫、寫上感悟、創作繪本、編講及演故事
5. 討論式（強調獨立思考和創新精神）	過程包括設計問題、資料提供、啟發思路、形成結論等

這幾種模式並非互相排斥，而是互相補足，教師可選取不同方法加以重組使用。他們更以實例建議不同繪本教學，包括背景鋪墊式、故事導入式、情境創設式、概念支架式、引導探究式和欣賞活動式等（目錄，頁 3-5）。香港黃芓程（2021）《繪本日常》選取和介紹不同的繪本，期望透過閱讀的經驗，學習「面對自己，反省自己，成為一個更好的人」（前言，頁 6-7）。筆者認為這些繪本作品，一方面可作為親子閱讀的素材，同時也可考慮成為繪本教學的教材。

針對幼兒繪本，吳庶深和魏純真（2010）建議相關內涵和教學指標，例如「人與他人」（包含社會度向）建議「認識不同家

庭的生活習慣，培養包容和欣賞能力」、「人與環境」（人與自然）
度向建議「能在照顧動植物的經驗中學習愛惜生命」，以及人與
宇宙（人與天）探討「發現生命都必需面對的生死課題，學習如
何向逝去的生命說再見」及「發現並學習表達感恩的各種方法」
（頁 25；吳庶深等，2007；王秉豪等，2016；李子建，2022，
第 12 章；李子建、胡少偉，2022）。總括而言，繪本裏的生命
教育包括不同的核心價值，例如了解他人立場、自主化思考、
明辨是非善惡、接納自己、關懷他人和環境等（許杏安、邱惠
如，2013，頁 122）。過去有不少有關生命教育繪本教學的行動
研究，例如蔡佩蓉（2014）的小學二年級研究顯示透過體驗活動
和短片欣賞能引起學生的興趣和共鳴，同時如果結合家長和同儕
的力量，能提升學生的學習成效（頁 45）。不過在實施過程宜考
慮學生的身心發展特質，鼓勵學生的發展自己的看法和感受（頁
46）。此外，繪本教學除了一般應用於幼兒及小學階段，也可應
用於中學及成人階段，另一研究結合體驗學習與生命教育繪本教
學（劉易婷，2012）。

服務學習[1]

　　另一種教育教學取向為服務學習。以往服務學習應用於大學
教育較多，但近年亦開始變到中小學的關注。服務學習（service
learning）源於美國的社區服務觀念，是「服務」和「學習」兩

---

[1]　可參看教育局〈服務學習 理念篇〉的資料。

部分互動結合而成的一種教育取向（香港特別行政區教育局，無
日期；李清偉，2013，頁 94；Wilczenski & Coomey, 2007）。
Sigmon（1996）在大學中指出服務學習具有四種型態，以服務
為重心的 service-learning，以學習為主，近似傳統社區（或志
工）服務的 service-learning；服務與學習分割（近似勞動服務）
的 service-learning（曾秋燕，2012）。就理念或理論基礎而言，
服務學習大致上有以下不同觀點作為代表，包括：（一）經驗學
習（李清偉，2013，頁 94-95）；（二）認知、結構發展（李清偉，
2013，頁 95）；（三）社會認同發展；（四）心理社會發展（劉振
維，2021，頁 123）。經驗學習的觀點很多以杜威（Dewey）的
「從做中學」"learning by doing"（杜威，1990）為其中的代表
（李清偉，2013，頁 95），另一相關的理論為庫伯 David Kolb
（1984）的「經驗學習循環」論，包含四個環節：具體經驗；觀
察與反思；形成抽象的概念；以及在新的處境進行測試，這個概
念既包括情感面、觀察面、思考面和行為面（劉振維，2012，頁
129-130；劉易婷，2012），某程度上呼應生命教育中的「知、
情、意、行」，意即涉及知識、情感、意志和行動（王秉豪等，
2016；李子建，2022），也頗配合廿一世紀的能力和核心素養
（李子建、姚偉梅、許景輝，2019）。

　　Fertman、White 及 White（1996）和 Jacoby（1996）指出
理想的服務學習宜具有五項特點，即協同合作、互惠、多元、
以學習為基礎及社會正義（黃玉等，2008，頁 23-24），而成功
的服務學習在推動和實施的過程中宜包括四個階段（Fertman,
White & White, 1996；劉若蘭、李育齊，2018，頁 143-144）：

準備、服務、反思及慶賀。

　　認知結構發展觀點其中一個理論為 Perry（1970）的智能與倫理發展理論（吳慧珠，1997），其關鍵性概念為二元化、多元化、相對化及承諾，這些概念重視學生不同的認知發展階段而對服務學習設計（例如工作的選擇和反思方式）而作出調整（徐明、林至善，2008，頁 31）。道德認知發展觀點以 Kohlberg（1975）的道德認知發展理論、Gilligan 的女性道德認知發展理論（呂瓊萱，2005；Gilligan, 1982；1987）及 Parks 的靈性發展模式（Parks, 1986；2000）為代表（徐明、林至善，2008，頁 34-36），其中 Parks 的靈性發展模式結合服務學習可能為學生透過服務和結構化的反思，促進大學生的靈性發展（徐明、林至善，2008，頁 36）。社會認同發展觀點重視族群的認同、性別的認同、能力及社會階段的認同，透過服務學習認為可以使學習者論者接觸不同族羣和人士，培養同理心和尊重多元差異，促進互惠共融（徐明、林至善，2008，頁 43）。心理社會發展觀點主要與 Chickering 的心理社會發展理論（Chickering, 1969, 1993）和 Super 的生涯發展理論（Evans, 2003）作為例子，例如透過服務學習可有助學生體驗不同行業及／或角色，並對自己的能力、興趣及社會發展加深了解（黃玉等，2008，第二章；徐明、林至善，2008，頁 45），簡而言之，不同理論為服務學習的設計與實施提供了側重點和視角，也為創造生命價值提供了基礎（黃玉等，2008，第一章；徐明，2008）。服務學習亦為青少年在角色上的可能轉變，成為資源提供者、主動學習者、服務生產者、幫助他人的人和社會轉變中的領導者（Fertman, C. I.,

White, G. P., & White, L. J., 1996, p.4）。在中小學階段推動
服務學習，其中一個環節是擬定設計和實施服務學習課程的主
軸，如果配合生命及價值教育的理念，其概念圖如下：

圖 4-1　服務學習的概念圖

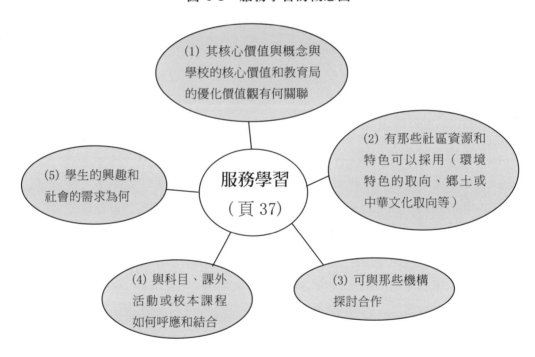

（參考徐明、林至善，2008，頁 37）

　　除了前述不同取向的服務學習外，根據學生的學習經驗，服
務學習也大致可分為四種的概念化模式，其特點和例子可見下表
（經筆者整理及修訂）：

表 4-7　以社會問題及解決方法的服務學習類型

類型	特點 （p.207）	服務學習活動例子 （p.209）	目標 （p.209）
直接 （direct） 服務學習	以面對面方式進行，學生宜直接提供支援予社區	探訪居住環境欠佳的「劏房戶」；探訪疫情下的露宿街頭者	提供（例如學校文具）予劏房戶的學童，並指導他們學習；提供食物予基層人士及露宿者
倡導 （advocacy） 服務學習	根據學生的能力，提供適切的倡導服務或輔導	為基層學生提供補習，成為義務導師，並對學生面對困難予以鼓勵	提供功課上的指導，輔以溝通互動，並安排有意義課外活動
間接 （indirect） 服務學習	間接地幫助社區	1. 在學校舉辦「關懷社區嘉年華」 2. 在學校舉辦環境教育活動	1. 安排攤位活動、購買物品、把收益捐贈予慈善機構 2. 處理及分類廢物以建立友善的校園環境
研究 （research） 服務學習	以小型調整或其他研究方式針對社會議題進行研究	在社會工作者指導下，研究街童或街童問題	把研究結果與其他社區組織或政府部門分享

（修定自 Komalasari & Saripudin, 2019, pp.207-209）

　　透過這些不同類型的服務學習，我們可以如何輔助學生反思自己的服務經歷和相關價值呢？筆者參考了「學生社會關懷問

題」（Komalasari & Saripudin, 2019, pp.207-210），初步建議一些社會行為可讓學生進行討論、反思，以及自我評估，例如完成服務（約三個月）後，我非常覺得自己在下列的行為有多少的**轉變**（不明顯、頗為不明顯、兩者皆否、頗為明顯、非常明顯）

1.　無私地幫助其他需要的人
2.　真誠地為他人做善事
3.　關心他人所遭遇的困難或苦難
4.　當他人感到傷心，我會嘗試安慰
5.　為面對困難的陌生人提供建議
6.　為需要的人或慈善機構提供捐款
7.　為他人面對的問題表現同理心
8.　積極參加學校內外的服務活動
9.　願意與不同的人共同合作去幫助和課題有需要的人
10.　尊重不同背景（尤其是基層或低下階層）的人及其意見

6E 原則的品格教育

Kevin Rayan（2006）倡導 6E 原則的品格教育，這些原則都可以應用於價值觀教育範疇上，其特點為：

表 4-8

6E	特點及例子（修訂自王金國，2007，頁 81；崔卓群、王金國，2016，頁 66-67）
楷模學習（Example）	老師自身作為例子，也可利用現今，歷史及身邊的人物作例子，學習他們的品德及行為
啟發思辨／解釋（Explanation）	教師解釋各種規範行為背後所含蘊的意義和價值；也可以師生及生生對話
勸勉（Exhortation）	從情感上激勵學生的良善動機作善行
倫理環境（Ethos / Ethics Environment）	環境氣氛的營造，令學生感受和踐行互相尊重，着重倫理的環境
體驗（Experience）	藉着實際參與活動，體驗和反思抽象的品格概念
正向期望（Expectations of Excellent）	激勵學生為自己訂定合理而優質的目標（包括品格培養），同時致力完成

　　在非正式課程或課外活動方面，王金國整理及提出不同的品格教育活動，包括：生活基本規範、繪本（或文學作品）、體驗活動、影片欣賞、歌曲教唱、楷模學習、自我成長記錄等，這亦有助學校訂立校本的生命及價值觀教育，教師和學生共同建立良善及友善的校園文化，以及校園環境（包括壁報、學校牆壁及區域）的佈置等（王金國，2007，頁 83、85）。臺灣生命教育專業發展中心（2021）提出不少生命教育融入非正式課程的策略和

範例，其活動類型包括：（一）競賽類，例如運動會；（二）宣導類，例如生命鬥士、性別平等教育、班周會／晨光時間等；（三）節慶類，例如教師節；（四）活動類，例如愛心園遊會。這些活動的設計大體上以下列圖解所示（圖 4-2；經筆者修訂，頁 11）：

圖 4-2

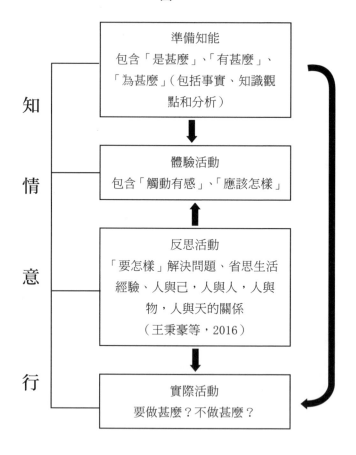

動物生命教育

　　近年來，動物福利和動物生命教育開始受到關注。例如在一份立法會文件（立法會，2021 年 5 月 11 日）指出，在課程方面，幼稚園的「大自然與生活」範疇涉及愛護動植物；小學在常識科也觸及如何愛護動物，而英文科也有與「飼養寵物」和「尊重生命」相關的內容，初中科學科和高中生物科和宗教科也着學生認識人與動物和諧共存的意義（頁 3）。臺灣生命教育方面，我們看到一些有關動物生命教育的例子，臺灣師範大學王順美副教授及其團隊參考 World Animal Protection（前稱 WSPA）有關動物福利教育的資料建議一個架構圖，包含下列元素：（一）動物的價值意義；（二）對動物的了解；（三）福利狀況的評估；（四）人和動物間的問題；（五）社會系統與規約、動物友善的行動，而動物使用的分類可分為「同伴動物」、「野生動物」、「經濟動物」、「實驗動物」和「展演動物」等（動保扎根教育平台，無日期）。

　　內地張帥等（2018）提供《尊重生命　善待動物》的課例，讓學生認清人、動物、自然之間的緊密關係，並透過「尊重、善待、共生」的理想，讓學童一方面認清「虐待動物」的不當行為，一方面加強面對動物保護的關注（中國生命教育網，2018-09-30）。筆者以張帥等的課例作基礎，初步建議香港人頗熟悉「熊貓」（香港海洋公園保育基金，無日期，https://www.

opcf.org.hk/tc/species/giant-panda；世界自然基金會，無日期 a，https://www.wwf.org.hk/reslib/species/giant_panda/）和「中華白海豚」（世界自然基金會，無日期 b，https://www.wwf.org.hk/reslib/species/chiwhitedolphin/；香港海豚保育學會，無日期，https://hk.hkdcs.org/dolphins-whales/chinese-white-dolphin/）作例子，並加入「藏羚羊」（聞華，2021-02-22，https://www.ourchinastory.com/zh/1032；社拉薩，2020-12-23，http://www.xinhuanet.com/local/2020/12/23/c_1126897322.htm）的保育故事，讓中小學生了解動物保育及生命教育相關的議題（視乎年級而調整深度）：

1. 這些動物為甚麼會遭受到捕殺或受到生存的威脅？為甚麼要保護這些動物？過去與目前野生動物生存的現狀為何？（可着學生以角色扮演方式，分別扮演動物、捕殺者、遊客、野生環境保護者）？

2. 這些動物與人類的生活和生態的平衡有甚麼關係？

3. 有甚麼組織或人士曾出力拯救這些動物？你會做些甚麼保育野生動物呢？

　　除了野生動物外，香港有不少家庭會飼養寵物，香港愛護動物協會與老師合作，發展了「關懷動物教室」的教材，着重「對動物的關愛、尊重、平等及承擔精神等」（香港愛護動物協會，無日期）。臺灣鄭雅芳（2008）以「關懷流浪狗」設計了生命教育課程（頁 6-7），包括「狗狗相見歡」、「再見了！狗狗」、「小朋友，請聽我說」、「狗狗心事」、「汪喵不流淚」（流浪動物義工

的經驗分享）等主題。林翠蓮和王秋文（2015）亦在校園中探討「動物學伴」的議題，認為校園內的動物學伴可促進人與動物的真實接觸，培養出反省和關懷，以及尊重和保護動物的態度和行為（頁 126）。

　　基於篇幅所限，讀者可參考其他學者對生命教育教學的著作、文章或網站，例如：吳秀碧（2006）的《生命教育理論與教學方案》（心理出版社）、黃智華（2021-12-23）有關電影教學的討論、紀潔芳、鄭瑋宜（2014）的《生命教育教學》（中國廣播影視出版社）、紀潔芳主編（2021）的《創新與傳承：大學生命教育課程規劃與教學實務》（心理出版社）以及臺灣生命教育資源（http://study.heart.net.tw/life.shtml）等。

＊　＊　＊　＊　＊　＊　＊　＊　＊　＊　＊　＊　＊　＊

　　本文部分內容曾在《生命教育：理論基礎、取向和設計》（李子建，2022）（第 3 章、第 5 章及第 12 章［胡少偉合著］）發表。

本文所發表內容及觀點僅代表李子建個人的意見，並不代表香港教育大學及其立場。

參考文獻

中國生命教育網（2018，9 月 30 日）。〈尊重生命 善待動物〉。2018 全國生命教育課例精選，004。取自 https://www.xuehua.us/a/5eba1 49a86ec4d39f34b4bf6?lang=zh-tw。

王秉豪、李子建、朱小蔓、歐用生、吳庶深、李漢泉、李璞妮（主編）（2016）。《生命教育的知、情、意、行》。新北市：揚智文化事業股份有限公司。

王金國（2007）。〈品格教育的實施策略與活動設計〉。《教育研究月刊》，162，頁 79-87。

世界自然基金會（無日期 a）。大熊貓。取自 https://www.wwf.org.hk/reslib/species/giant_panda/。

世界自然基金會（無日期 b）。中華白海豚。取自 https://www.wwf.org.hk/reslib/species/chiwhitedolphin/。

丘愛鈴（2006）。〈綜合活動領域「生命教育」統整課程與多元智慧教學設計〉。載於何福田（策劃主編），《生命教育》（頁 97-128）。臺北：心理。

生命教育專業發展中心（2021）。《110 年度生命教育非正式課程引導手冊》。臺北：普通型高級中等學校生命教育學科中心 / 生命教育專業發展中心。取自 https://life.edu.tw/zhTW2/sites/default/files/field/fil e/110%E5%B9%B4%E5%BA%A6%E7%94%9F%E5%91%BD%E 6%95%99%E8%82%B2%E9%9D%9E%E6%AD%A3%E5%BC%8 F%E8%AA%B2%E7%A8%8B%E5%BC%95%E5%B0%8E%E6%8 9%8B%E5%86%8A.pdf。

吳秀碧（2006）。《生命教育理論與教學方案》。臺北：心理出版社。

吳庶深（編著）、葛惠（教案設計）（2007）。《生命真精采：運用圖畫書發現生命的心境界》。臺北：三之三。

吳庶深、魏純真（2010）。〈幼兒繪本的生命力 ── 幼兒生命教育繪本的內涵及教學指標之初探〉。《幼兒教保研究期刊》，4，頁 19-34。

吳慧珠（1997）。〈PERRY 的認知與道德發展理論及其研究趨勢探討〉（*The Study of The Reasearch Trend and Perry's Theory of Cognitive and Ethical Development*）。《教育研究》，頁 143-155。

呂瓊萱（2005）。〈Gilligan 之道德發展理論及其對我國婦女教育之啟示〉，《網路社會學通訊期刊》，51。取自 https://www.nhu.edu.tw/~society/e-j/51/51-29.htm。

岑麗娟、梅麗芬、文燕珊（2012，12 月 4 日）。〈運用繪本及體驗經歷推動生命教育計劃〉（簡報）。香港小童群益會：樂緻幼稚園、樂緻幼兒園。取自 https://qcrc.qef.org.hk/Publish/upload/ei0020120298-1.ppt。

李子建（主編）（2022）。《生命教育：理論基礎、取向和設計》。臺北：元照出版有限公司。

李子建、姚偉梅、許景輝（2019）。〈全球工作趨勢及教育改革焦點：21 世紀技能〉，載於李子建等（主編），《21 世紀技能與生涯規劃教育》（頁 1-25），臺北：高等教育出版社。

李子建、胡少偉（2022）。〈生命教育的課程與教學設計〉，載於李子建主編，《生命教育：理論基礎、取向和設計》（頁 337-363），臺北：元照出版有限公司。

李清偉（2013）。〈優質公民從服務學習開始〉。《臺灣教育評論月刊》，2（2），頁 94-97。

杜威（Dewey, J.）（2009）。《學校與社會、兒童與課程（合訂本）》（*The School and the Society & The Child and the Curriculum*）（林寶山、康春枝譯）。臺北：五南圖書公司。（原著出版於 1990）

林翠蓮、王秋文（2015）。〈校園中生命教育的潛在課程 ── 動物學伴〉。《臺灣教育評論月刊》，4（2），頁 123-126。

社拉薩（2020，12 月 23 日）。〈西藏藏羚羊種群數量已超過 20 萬隻〉。新華網。取自 http://www.xinhuanet.com/local/2020-12/23/c_1126897322.htm

紀潔芳（主編）（2021）。《創新與傳承：大學生命教育課程規劃與教學實務》。臺北：心理出版社。

紀潔芳、鄭瑋宜（2014）。《生命教育教學》。中國：中國廣播影視出版社。

香港食物安全及環境衛生事務委員會、研究動物權益相關事宜小組委員會
　　（2021）。〈有關推廣動物福利及盡責寵物主人的信息的宣傳及公眾教
　　育工作〉（立法會 CB(2)1060/20-21(01) 號文件）。香港：香港特區
　　政府食物及衞生局、教育局、保安局、漁農自然護理署、香港警務處。

香港海洋公園保育基金（無日期）。〈大熊貓〉。取自 https://www.opcf.
　　org.hk/tc/species/giant-panda。

香港海豚保育學會（無日期）。〈中華白海豚〉。取自 https://hk.hkdcs.
　　org/dolphins-whales/chinese-white-dolphin/。

香港特別行政區政府教育局（2014，1 月 29 日）。〈服務學習　理念篇〉。
　　取自 https://www.edb.gov.hk/tc/curriculum-development/4-key-
　　tasks/moral-civic/Newwebsite/flash/servicelearning/service.html。

香港愛護動物協會（無日期）。〈關懷動物教室〉。取自 https://www.
　　spca.org.hk/ch/education-and-outreach/education/humane-
　　education-package。

香港撒瑪利亞防止自殺會（無日期）。〈生命教育中心的幼稚園教材套〉。
　　取自 https://w1.sbhk.org.hk/images/LEC/ 幼稚園教材套 .pdf。

徐明（2008）。〈創造生命價值的 Moment：服務學習心聲〉。載於黃玉
　　總校閱，《從服務中學習：跨領域服務 —— 學習理論與實務》（頁
　　1-18）。臺北：洪葉。

徐明、林至善（2008）。〈服務 —— 學習的基本概念與理論基礎〉。載於
　　黃玉總校閱，《從服務中學習：跨領域服務 —— 學習理論與實務》（頁
　　19-56）。臺北：洪葉。

動保扎根教育平台（無日期）。〈教學包〉。取自 https://awep.org.tw/
　　teaching-package.html。

崔卓群、王金國（2016）。〈結合楷模學習與體驗實踐，提升品格教育成
　　效〉。《臺灣教育評論月刊》，5（7），頁 66-67。

梁振威（2017，11 月 3 日）。〈如何運用繪本進行教學：幼兒教育篇〉。
　　灼見名家：教評心事。取自 https://www.master-insight.com/ 如何
　　運用繪本進行教學：幼兒教育篇 /。

許杏安、邱惠如（2013）。〈繪本裏的生命教育〉。《臺灣教育評論月刊》，2（12），頁 122-125。

陳美玲（2014）。〈生命教育繪本製作〉。《遠東通識學報》，8（2），頁 27-45。

曾秋燕（2012）。〈融入服務學習內涵之環境教育 —— 環境解說〉。取自 https://www.nhu.edu.tw/~society/e-j/102/a33.htm。

黃玉、徐明、楊昌裕、劉杏元、劉若蘭、林至善、楊仕裕、葉祥洘、邱筱琪（2008）。《從服務中學習——跨領域服務學習理論與實務》。臺北：紅葉文化。

黃芋程（2021）。《繪本日常》。香港：香港繪本文化。

黃智華（2021，12 月 23 日）。〈從電影教學到生命教育〉。灼見名家：教育。取自 https://www.master-insight.com/ 從電影教學到生命教育 /。

鄒小麗、范雪貞、王林發（2018）。《繪本教學策略的探索與實踐》。重慶：西南師範大學出版社。

聞華（2021，2 月 22 日）。〈30 萬隻藏羚羊 —— 十大中國瀕危動物：「可可西里的驕傲」藏羚羊〉。當代中國：趣味數字。取自 https://www.ourchinastory.com/zh/1032。

劉明松（2010）。〈論生命教育與身心障礙學生之教育〉。《臺東特教》，32，頁 35-38。

劉易婷（2012）。〈體驗學習國小三年級生命教育繪本教學實施成效之研究〉（未出版之碩士論文）。臺灣中山大學教育研究所。

劉若蘭、李育齊（2018）。〈國中生參與服務學習課程方案歷程經驗、服務投入態度與學習成果之研究〉。《課程與教學季刊》，21（2），頁 141-168。

劉振維（2012）。〈服務 — 學習課程理論之芻議〉。《止善》，13，頁 121-144。

蔡佩蓉（2014）。〈國小二年級生命教育繪本教學之行動研究〉。《幼兒教育研究》，6，頁 30-52。

鄭雅芳（2008）。〈「生命教育」課程設計與應用，以自編教材「狗狗這一家」為例〉。《教師之友》，49（5），頁 4-15。

盧美貴、郭美雲（2008）。〈幼兒生命「故事」的編織 —— 幼稚園繪本教學策略的運用〉。《臺灣教育》，654，頁 2-9。

Chickering, A.W. (1969) *Education and Identity*. San Francisco: Jossey-Bass.

Chickering, A.W. (1969) *Education and Identity* (2nd Edition). San Francisco: Jossey-Bass,.

Evans, N. J. (2003). "Psychosocial, Cognitive, and Typological Perspectives on Student Development." In S.R. Komives & D. B. Jr. Woodard, *Student Services: A Handbook for the Profession* (4th ed., pp.179-202). San Francisco: Jossey-Bass.

Fertman, C. I., White, G. P., & White, L. J. (1996). *Service Learning in the Middle School: Building a Culture of Service*. Columbus, OH: National Middle School Association.

Gilligan, C. (1982) . *In a Different Voice*. Cambridge, Mass：Harvard University Press.

Gilligan, C. (1987) . "Moral Orientation and Moral Development." In E. Kittay &　D., Meyer（Eds.）, *Women and Moral Theory* (pp.19-33), Totowa, NJ：Roman & Littlefield.

Jacoby, B. (1996). *Service-Learning in Higher Education: Concept and Practice*. San Francisco, CA: Jossey-Bass.

Kohlberg, L. (1975). "The Cognitive-Developmental Approach to Moral Education." *The Phi Delta Kappan*, 56(10), 670-677.

Kolb, D. A. (1984). *Experiential Learning: Experience as the Source of Learning and Development*. Englewood Cliffs, NJ: Prentice Hall.

Komalasari, K. & Saripudin, D. (2019). "Service Learning Model in Social Studies to Foster Student Social Care." *The New Education Review,* 56, 204-214.

Parks, S. (1986). *The Critical Years: Young Adults and the Search for Meaning, Faith, and Commitment*. New York: HarperCollins.

Parks, S. (2000). *Big Questions, Worthy Dreams: Mentoring Young Adults in Their Search for Meaning, Purpose, and Faith*. San Francisco: Jossey-Bass.

Perry, W. G. (1970). *Forms of Intellectual and Ethical Development in the College Years: A Scheme*. New York: Holt, Rinehart, & Winston; reprinted November 1998; Jossey-Bass.

Rayan, K. (2006). *The Six E's of Character Education*. Retrieved from https://www.scu.edu/character/resources/the-six-es-of-character-education/.

Wilczenski, F. L., & Coomey, S. M. (2007). "Basics of Service Learning." In F. L., Wilczenski & S. M., Coomey, *A Practical Guide to Service Learning* (pp.3-20). Boston, MA: Springer

第二篇

議題與實踐篇

第五章

生命教育與價值觀、成長課與校本課程

李子建

一、從課程性質的改變談生命教育與價值觀教育課程

　　課程的定義和分類十分多元化，不同學者認為「課程」可包含學科、學程、教材、計劃、目標、經驗等（李子建、黃顯華，1996，頁 2-8）。此外，部分學者也提出不同的課程取向，例如認知發展過程、社會重建 —— 關聯及學術理性主義等（Eisner & Vallance, 1974, pp.1-18）。這些不同課程的定義和取向都可能對生命教育與價值觀教育的性質有所啟示（表 5-1）。

表 5-1

課程的定義或取向	對生命教育與價值觀教育的啟示（舉例）
1. 學科、學程	• 成長課（小學）（香港特別行政區教育局，2020-09-29，https://www.edb.gov.hk/tc/teacher/student-guidance-discipline-services/gd-resources/resources-personal-growth-edu/resources-personal-growth-edu.html）、校本價值教育課程（見本書第十章及十一章） • 校本生命教育課

（續）

課程的定義或取向	對生命教育與價值觀教育的啟示（舉例）
2. 教材	<ul><li>生命教育傑出教案（香港教育大學第二屆「點滴成河 —— 傑出生命教育教案設計獎」，https://www.eduhk.hk/crse/tc/project/convergence-the-2nd-award-for-outstanding-life-education-teaching-plan/）</li><li>品德與生命教育動漫系列（香港教育大學「看動畫、悟生命、學品德」項目，https://crse.eduhk.mers.hk/）</li><li>成長路（香港電台，無日期，https://www.rthk.hk/tv/dtt31/programme/ontheroad）</li><li>生命教育繪本（親子共讀 ，2022-03-10，https://mindduo.benq.com/life_education_booklist/）</li></ul>
3. 計劃	優質教育基金下的生命教育計劃（識生命・惜生命 —— 生命教育計劃，https://qcrc.qef.org.hk/tc/promote/theme_detail.php?cate=1&id=101；3D 教室，https://qcrc.qef.org.hk/tc/promote/theme_detail.php?cate=1&id=102）
4. 目標	學科或校本計劃的目標；目標所重視的價值觀
5. 經驗	學習者參與生命教育課程或活動的學習經歷及成果
6. 其他	跨地域的生命及德育教育經驗交流和作文比賽
7. 認知發展過程取向	認知發展傳統下的道德教育（Snarey & Samuelson, 2008）<ul><li>皮亞傑（Piaget, 1932）指出有兩種道德思維（moral reasoning）：他律道德 heteronomous morality）及自主自律道德</li><li>涂爾幹（Durkheim, 1925）的文化社會化取向 —— 紀律的精神、利他精神及與社會組別的依附（attachment）；自主（陳海文，2005；江衍良，2000）</li><li>Kohlberg 的道德認知及發展 (Kohlberg, 1975; 1984)</li></ul>

（續）

課程的定義或取向	對生命教育與價值觀教育的啟示（舉例）
8. 科技取向	• 如何利用科技進行生命教育及價值觀教育（Mulyani et al., 2017） • 數碼倫理（digital ethics）（Floridi, Cath, Taddeo, 2019；Bynum, 2015） • 數碼素養的價值觀（Herescu, 2021-10-29）
9. 自我實現或完全經驗	全觀取向教育（holistic education）（John Miller）（Miller, 2019; Miller et al., 2018）
10.社會重建與關聯	• 生活事件取向的價值觀教育（香港特別行政區教育局，2014） • 國民教育（國民教育一站通，2021，https://cbleportal.edb.edcity.hk/index.php?class=index&func=cate）；公民與社會發展學科（香港課程發展議會、香港考試及評核局，2021）；國家安全教育（香港特別行政區教育局，2022-01-10，https://www.edb.gov.hk/tc/curriculum-development/kla/pshe/national-security-education/index.html）
11.學術理性主義	中國傳統文化 —— 經典學習及各人作為生命及價值觀教育的典範（Schubert, 2018；Lee, 2020c；李子建，2022；香港教育大學「看動畫・學歷史」項目，https://achist.mers.hk/chihistoryanime/；香港教育大學「看動畫、悟生命、學品德」項目，https://crse.eduhk.mers.hk/）

（參考李子建、黃顯華，1996；Eisner & Vallance, 1974）

二、小學成長課作為生命教育的載體和平台

　　根據香港特區政府教育局的建議，個人成長教育（香港特區政府教育局，2012）包含四個學習範疇及相關學習重點，這些內容與生命教育和廿一世紀技能頗有關聯（表 5-2）。

表 5-2

範疇	相關學習重點	與生命及價值觀教育及廿一世紀技能的可能關係
個人發展	自我概念	生命教育的「我」
	解決問題	其中一個共通能力
	自我管理	生命教育的「我」、關鍵能力
群性發展	尊重及接納他人	「尊重」的價值觀、生命教育的「人」
	溝通及人際關係	廿一世紀的「4Cs」之一（李子建、姚偉梅、許景輝，2019）
	應變及處理衝突	生命教育的「天」、「人」、「我」、「物」（王秉豪等，2016）
學業	學習技巧及態度	關鍵能力（例如學會學習）（香港課程發展議會，2014，https://www.edb.gov.hk/tc/curriculum-development/doc-reports/guide-basic-edu-curriculum/index.html）
	成就感	生命教育的「我」、正向教育
	愉快的學校生活	正向教育及生活

（續）

範疇	相關學習重點	與生命及價值觀教育及廿一世紀技能的可能關係
事業	生活計劃	生命教育的「天」、「人」、「我」、「物」
	處事態度	正向價值觀
	認識事業	生涯規劃教育（香港特別行政區教育局，2021，https://www.edb.gov.hk/attachment/tc/teacher/student-guidance-discipline-services/projects-services/2122/20210929_Framework_for_LPE_for_Primary_Students_tc.pdf；生涯規劃資訊，2021a，https://lifeplanning.edb.gov.hk/tc/；生涯規劃資訊，2021b，https://lifeplanning.edb.gov.hk/tc/school-administration/six-recommended-principles-of-life-planning-and-career-guidance.html）

（香港特區政府教育局，2012，頁 3-6；王秉豪等，2016；李子建，2022）

　　如第一章所述，發展廿一世紀技能及核心素養的培養（李子建，2017；李子建，2022），以及生涯規劃教育（李子建、姚偉梅、許景輝，2019；李子建，2022）逐步受到重視，個人成長教育課在內容也似乎有些變化，加上香港校本課程的特色，令個人成長教育課有多姿多采的例子。根據香港明愛（https://ycs.caritas.org.hk/ps/html/service/teacher/self_gowth.htm）的分析，成長課較重視學童對自我、他人及情況的了解，學習強調內容、過程和體驗，也包括同儕交流和學習，同時着重正

面態度，例如尊重、樂觀、欣賞、負責任，以及生命神聖、善良、勇氣、寬容、仁慈等核心價值觀。以聖公會青衣邨何澤芸小學為例，2020-2021 的成長課配合該年主題「彩虹的未來，迎接成長挑戰」（聖公會青衣邨何澤芸小學，2021，https://drive.google.com/file/d/1HMKk9GUzvOdc5Ztss5YeQKredZDnF3h5/view），建立「學生愛人愛己、愛師愛校及班的歸屬感，營造良好的學習環境」，而課程由小一至小六以螺旋式淺進深設計，逐漸使學生對生命教育的理念加深理解。聖公會榮真小學採用《新編成長列車》（https://www.skhwc.edu.hk/ican.html）作為主要教材，把個人成長教育與「反思學習、情緒教育、品格教育、心靈教育及公民教育」結合。北角循道學校則以學生生活作為題材，透過生命成長課培養學生認識個人、家庭、國家及世界不同範疇，其中小學一至三年級加入家校合作元素。東莞學校以「我做得到」（一年級）、「童樂世界」（二年級）、「惜食天使」（三年級的）、「逆境當挑戰」（四年級）、「物質的主人」（五年級）及「錢家有道」（六年級）等為單元作內容。

　　2021 年香港特區政府教育局發表小學生涯規劃教育的文件（香港特別行政區政府教育局，2021），初高小階段逐漸把生涯規劃教育推廣至初中及高中階段，就文件初步觀察，高小階段較強調自我認識和發展，對自己的能力和理想作初步的認識，並為學習及未來生活作準備和訂立目標，初中階段則較強調自我評估和訂立學業與事業的目標（頁 11）。事業及升學探索方面，高小年級重視對職場及變化中環境的認識，以及與家人和重要人物分享自己的理念和計劃等（頁 12），初中年級期望學習者留意世界

發展趨勢和變化，並對周遭環境事物的探索等（頁12），從生命
教育的視覺而言，生涯規劃教育可理解為較寬廣的人生規劃（參
考及修訂自 Ontario Ministry of Education, 2013, p.13, figure
2; 華人生涯發展中心教材工作團隊，2015）三問：

1. 我是誰？（我的特質和性格為何？有何潛力可發揮？）
2. 我的理想或夢想為何？（有甚麼計劃和途徑可以達致這些理
   想？）
3. 我有甚麼機會？（可以從那些人和渠道知道和發展這些機
   會？）

三、發展校本價值觀課程的途徑

校本課程發展的模式很多，不過從實務的角度出發，都可以考
慮一些可能的進路：（一）從辦學團體及／或學校本身的校訓出發。
香港中小學有不同的辦學理念，例如部分來自《聖經》的金句經文
或其他宗教經典理念，部分來自儒家經典或中華傳統文化的智慧，
部分來自拉丁文等，都深具意義，頗具啟發性（表5-3）。

表 5-3 辦學團體／學校的校訓

學校	校訓
皇仁書院	勤有功（拉丁語：Labor Omnia Vincit）
英皇書院	慎思篤行（源自《禮記中庸》）
伊利沙伯中學	修己善群（拉丁語：Vos Parate Ut Serviatis）

（續）

學校	校訓
寶覺小學	慈悲博愛
聖公會聖雅各小學	非以役人，乃役於人
保良局屬下學校	愛、敬、勤、誠（https://www.poleungkuk.org.hk/service/education#tab-sch_kindergarten）
喇沙書院	克己復禮（拉丁語：Fides et Opera）
英華小學	篤信善行
嗇色園屬下學校	普濟勸善
東華三院	勤、儉、忠、信

　　嘉諾撒小學的校訓為「仁愛、正義、謙誠」的三大精神，並發展出六個「嘉諾撒人」的素質，包含「堅毅、尊重、忠信、承擔、正義、感恩」等特質，同時發展一套很有特色而系統的生命教育課程（https://sites.google.com/cpswts.edu.hk/life/%E9%A6%96%E9%A0%81）。

四、從品格特質（強項）或正向價值觀建立不同主題的校本課程

　　以救世軍韋理夫人紀念學校為例，該校在 2017 年期間把香港特區政府教育局的七個首要培育價值觀透過三年的校本主題培養學生的正向人生，這些主題為「勤奮自學，自律守規」、「堅毅不屈，誠信可靠」及「富責任感，勇於承擔」，並透過不同形式的課程、課程統整和全方位學習作為實施策略。九龍真光中學在中一、中二推行「真光人課程」，藉此強化品德教育和情意教

育。該校並多次得到優質教育基金的支持，發展了校本正向教育
及生命教育課程。聖公會天水圍靈愛小學以基督教的教育價值和
正向教育（Seligman 沙尼文的 PERMA 五大核心原素）為基礎，
透過五個天靈 Buddies，包括才能（Talent）、堅毅（Strong）、
智慧（Wise）、仁愛（Love）和樂觀（Optimism），在 2019-
2020 年度分別強調領導才能、忍耐、勇於發問、感恩與和平
等特質。浸信會沙田圍呂明才小學榮獲 2016/2017 年的行政
長官卓越教學獎，該校重視建立正向文化，並以系統方式成立
「PERMA+H」（浸信會沙田圍呂明才小學，頁 24），包含人生意
義、全情投入、人際關係、正向情緒、正向成就及身心健康作為
六大支柱（頁 94）。基督教宣道會宣基小學以生命教育為基礎，
加入正向教育元素，推廣耶穌具有二十四個品格強項，以靈性及
超越、謙恭節制、公義、仁愛、智慧與知識和勇毅六大主題統攝
一起，並以 SK 五種特質的美德小偵探（如下表所示）：

表 5-4

SK 小偵探	特質及價值
智慧與知識小偵探	好學、判斷力、洞察力、創意、好奇心
仁愛小偵探	關愛、仁慈、社交智慧
謙恭節制小偵探	審慎、寬恕、謙虛、自律
靈性及超越小偵探	感恩、幽默感、對優美事物的賞識、希望、靈性
勇毅小偵探	勇氣、毅力、真誠、幹勁
公義小偵探	團隊精神、公平、領導才能

佛教慈敬學校以校本生命教育課程，實施德育及公民教育，每年並以不同的「正向品格」，例如「自律」、「感恩」、「珍惜」等作為校本主題的全方位學習周，並在學科課程加入「同理心」、「堅毅」、「愛」等價值觀。此外，學校透過不同人物（歷史、現代），讓學生學習不同範疇的正向價值：智慧與知識、慈悲與仁愛、公義、節制、正念與超越、勇氣等。讀者想進一步了解不同生命教育與價值觀教育計劃，可參考其中一些網絡資料或其他刊物（項目及網絡太多資料，未能盡錄）：

- 華永會 —— 生命教育（華永會 — 關愛社會　大型項目，https://www.bmcpc-shine.org.hk/clproject）
- 香港大學香港賽馬會防止自殺研究中心（2014、2019）。《培養學生正面態度和價值觀資源冊》。香港：優質教育基金秘書處。
- 胡少偉編（2015）。《支援小學推行校本價值教育計劃專集》。香港：香港初等教育研究學會（優質教育基金贊助）。
- 香港教育大學宗教教育與心靈教育中心（CRSE）
- 香港教育大學 CoP（Positive Education & Life Education）（https://lifeedu.eduhk.hk/lifeedu/ 教大重點項目 / 教師 - 學生 - 家長 / community-of-practice-in-life-education-and-positive-education/）
- 香港教育大學國學中心
- 香港城市大學正向教育研究室（http://www.cityu.edu.hk/ss_posed/）
- 「成長的天空計劃」（小學）（EDB）（https://www.edb.gov.hk/tc/teacher/student-guidance-discipline-services/projects-services/understanding-adolescent-project-primary/index.html）

- 「多元智能躍進計劃」（中學）（EDB）（https://www.edb.gov.hk/
  tc/teacher/student-guidance-discipline-services/projects-services/
  enhanced-smart-teen-project/index.html）
- 循道衞理優質生命教育中心（https://www.mcqle.org.hk/）

五、全校取向的生命教育與價值觀教育

　　部分學校採取一種全校取向的價值觀教育模式，例如粉嶺救恩書院以「豐盛生命」作為校本生命教育的願景，包括「認識生命」、「尊重生命」、「欣賞生命」、「探索生命」和「發揮生命」的元素，該校以四大策略包括：（一）強調啟發 5P 取向的潛能教育，營造正向氛圍；（二）推展多元化學習活動和學習經歷；（三）全校參與模式及（四）連繫社區資源。路德會梁鉅鏐小學重視全校參與的生命教育課程與活動，包括：（一）成長課 ——「人與自己」、「人與他人」、「人與環境」及「人與宇宙」四個面向實施（李子建，2022，第 12 章）；（二）多元活動 —— 包括專題講座、小一至小六生命教育單元課程及班級經營；（三）周會及佈道會；（四）結合中國文化，安排「承傳節令風俗，傳講生命教育」每月一講；（五）早會、周訓配合主題分享；（六）校園佈置、課室主題壁報；（七）以環境教育為導向的種植及魚菜共生計劃；（八）在各科強化品德情意教育等。匡智張玉瓊晨輝學校（2016）由 2014 年至 2016 年得到優質教育基金的資助以全校協作模式推行「愛與生命在晨輝 —— 生命教育深化發展計劃」，計劃以「試行、研究、修訂、實踐」方式在每年一次在該課程統

整，逐步建立十二年一貫的校本「愛與生命教育」課程，並開發了校本的動畫故事和運用了戲劇教育和繪本教育的策略，同時得到家長在親子閱讀的參與，讓智障學童在多元策略下體驗生命教育的學與教。寶血會培靈學校的校本生命教育課程期望「學生成為心靈健康、懂得愛惜、關懷和分享生命的孩子」，其取向為「多感官」、「重體驗」、「重反思」、「常感恩」等，並以全方位滲透，不同科組、年級、主題和全體及家校合作作推行。

六、透過「生活事件」或生活教育課程推行生命教育及價值觀教育

　　香港特區政府教育局就德育、公民及國民教育提供不少學與教資源，其中包括「生活事件」教案、「生活」的類別或主題很多，例如「個人成長及健康生活」「家庭生活」、「學校生活」、「社交生活」、「社會及國家生活」、「工作生活」等（香港特區政府教育局，2014）。此外，個別學校透過「生活教育科」結合個人及群體層面的價值判斷、自己與他人和環境的相處、自己的情緒管理和品格培育，以及對生命成長和價值的探索等，例如基督教粉嶺神召會小學（無日期）。聖公會何澤芸小學則把生活教育連結六大教育領域，包括生活技能教育、生命教育、環境教育、德育及公民教育、國情教育、健康教育（https://www.skhhcw.edu.hk/校風及學生支援/生活教育/）。此外，香港也設有生活教育活動計劃（2014），它的內容主要關涉兒童及青少年的健康生活和預防藥物濫用，設計初中藥物教育課程，同時透過流動

課室和固定中心為小學提供教育課程。

　　就生活教育的概念而言，杜威（John Dewey）提出「教育即生活」的想法（Dewey, 1916），而生活教育宜具有「生活的適應」、「生活的知能」、「行中求知」和「完整人格的培養」（沈六，2000）。祖國教育家陶行知（杜威的學生）也提出「生活教育」作為他的教育理念，其中包括「生活即教育」、「社會即學校」、「教學做合一」，與生命教育頗有一定的關聯（許佳琪，2011，頁167-169）。羅崇敏（2013；2015；2019）及後提出三生教育概念，即包括生命教育、生活教育和生存教育（李子建，2022，第1章）。臺灣吳清山提倡以愛為核心的「三生六零」教育理念，其中三生為「生命教育」、「生活教育」和「生態教育」，六零為「零歧視」、「零拒絕」、「零體罰」、「零霸凌」、「零障礙」和「零污染」（吳清山，2011）。筆者初步建議把「生命教育」、「生活教育」、「生存教育」、「生涯教育」、「生態教育」再加上「生趣教育」成為「六生教育」，可作為生命及價值觀教育的參考。唐文紅校長認為美好教育宜包括「生命、生活、生趣」，所謂生趣，它含蘊着快樂、多元化的選擇、深度的學習、正向包容的氛圍（參考及修訂自唐文紅，每日頭條，2019-06-06）。傅斯年（2015）認為美感源於趣味，而人生與趣味有一定的關係。筆者個人的理解是我們也許思考如何活出有趣味（有生趣）的生命、生活和生涯，如何從與他人和大自然生態的互動交往發現生趣和意義，如何在面對生命和生活上挑戰發展生存的能力和享受生趣？

七、課程設計模式的應用

　　課程設計的模式眾多，其中三個較常提及的為「目標模式」、「歷程模式」和「情境模式」（黃光雄，1996；黃光雄、蔡清田，1999；李子建、黃顯華，1996）。目標模式以泰勒（Tyler, 1949）的模式為其中代表，以「目標」、「選擇」、「組織」和「評鑑」四個步驟作為實施和設計流程。歷程模式較受Peters（Peters, 1959, 1966；胡嘉智，2008；詳見李子建、黃顯華，1996）及 Bruner（Bruner, 1960, 1966)的影響，重視學習者的互動學習和教師的專業思考判斷，強調設計原則及和探究學與教的歷程，例如以螺旋式、師生互動等。情境模式又可稱為「文化分析模式」（Lawton, 1989），考慮個別學生的特點，知識的本質和社會情境作為設計的面向。筆者認為利用這三種模式於生命教育和價值教育課程設計宜留意下列情況：（一）以目標模式而言，價值觀、情意、態度和行為不容易簡單化約為可測量的目標作為評量和評鑑的基礎；（二）以歷程模式而言，教學材料和內容成為學習者的探究對象和所衍生的證據，較偏向學習者的認知發展，而較少重視情意發展，同時可能會流於價值的相對性（甚至對立），如果邁向一種理性而合宜社會正向價值的討論則期望教師有較足夠的專業能力和個人的修養；（三）文化分析模式則似乎強調社會的需求，而較少重視學習者的能力、興趣和對社會文化規範的理解。就生命教育的領域而言，蔡明昌和吳瓊洳（2004）指出生命教育的實施大致可分為主題式和融入式

（頁 159），而融合式（infusion）的設計共為八個步驟（頁 169-171；楊冠政，1991），筆者嘗試簡化為「選擇」、「發展」和「增加」三個部分。

圖 5-1　融入式生命教育課程設計

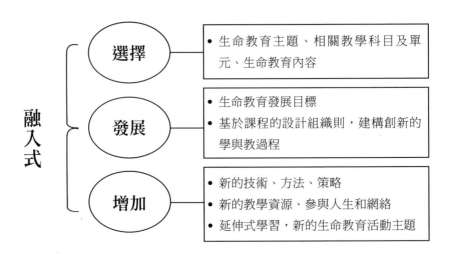

（參考及修訂自蔡明昌和吳瓊洳，2004，頁 169-171）

如圖 5-2 顯示，校本生命教育及價值觀教育的課程發展模式，包括三個度向：投入、活動及課程類型，以及參與人士。

圖 5-2　校本生命教育及價值觀教育的課程發展模式

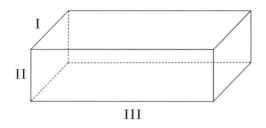

I　投入（時間、資源、網絡及計劃規模）
II　活動及課程類型（創新性活動、教材、校本課程、專題周或其他非正式課程或體驗活動、學校氣氛、校本課程發展模式）
III　參與人士（由個別、小組教師至全體教師、家長及社區人士）調適及使用

（修定自李子建，2002，頁 37-38；李子建、黃顯華、宋萑，2010，頁 25-26；Marsh et al., 1990）

　　此外，他們建議生命教育課程設計宜考慮統整原則、文化情境原則、積極性（正向）原則、銜接性原則（社會關聯性）和活動課程取向（頁 171-172）。

　　黃政傑（2004）更建議了 27 種生命教育課程設計的程序，以及不同設計理念，大體而言（參考及修訂黃政傑，2004），從學校本位課程發展視角來說，學校和教師團隊宜反思：（一）如何容許一定程度的調適空間讓學校和教師團隊把生命教育課程設

計與實施得以貫通（李子建、黃顯華，1996）；（二）如何平衡不同持分者（學生作為使用的對象、設計人員包括學者、專家、校本教師團隊、家長）對生命教育課程設計的側重點？（三）如何兼顧和平衡生命教育課程在過程形成性和總結性評鑑、進度、監控、回饋和改善等不同的環節？（四）學校的領導如何在生命教育課程的行政、經費、時間表和活動籌劃與家長溝通方面如何爭取同事、同學、家長、校董會和社會人士的支持？總括來說，生命教育課程的推行，正如環境教育或其他價值觀教育作為課程創新一樣，似乎要考慮（Waugh & Punch, 1987; Lee, 2000/2018; Wong, Lee, Kennedy & Chan, 2015; 李子建、尹弘飈，2005）學校人員對生命教育的認同感，其因素可能包括：（一）生命教育為學生帶來的好處是否多於工作量和辛勞付出（非金錢成本效益評估）；（二）學校及校外對生命教育的支持；（三）生命教育的課程的實用性，例如是否與教師的教育理念、課程教學風格、教師的生命教育方面的知識與能力相配合等（參考 Lee, 2000, p.113），這些因素仍有待日後的實徵研究加以確認和進一步探究。

* * * * * * * * * * * * * * *

本文部分內容曾在《生命教育：理論基礎、取向和設計》（李子建，2022）（可參看第 1 章、第 4 章及第 12 章）以及下列在中國香港的會議、論壇、研討會或講座發表（不包括中國內地）。

李子建。〈生命教育‧植根校園‧關愛學生：三生教育‧面向未來‧輔導成長〉（分享嘉賓之一）。2020/21 年度「訓育及

輔導工作巡禮」中、小學教師交流日，2021 年 5 月 28 日。

　　李子建。〈價值觀教育的理念、趨勢及展望〉（分享嘉賓之一）。Nineteenth Joint Conference（"The New Normal of Values Education"），政府中學校長協會及官立中學副校長會。香港：伊利沙伯中學，2021 年 6 月 17 日。

鳴謝

　　筆者李子建感謝以下辦學團體及學校的支持及提供本書（第五章）內的校訓資料及校本經驗（按筆畫排序）：

九龍真光中學

北角循道學校

伊利沙伯中學

匡智張玉瓊晨輝學校

佛教慈敬學校

東莞學校

東華三院

保良局屬下學校

皇仁書院

英皇書院

英華小學

浸信會沙田圍呂明才小學

粉嶺救恩書院

基督教宣道會宣基小學

基督教粉嶺神召會小學

救世軍韋理夫人紀念學校

喇沙書院

嗇色園屬下學校

聖公會天水圍靈愛小學

聖公會何澤芸小學

聖公會青衣邨何澤芸小學

聖公會聖雅各小學

聖公會榮真小學

路德會梁鉅鏐小學

嘉諾撒小學

寶血會培靈學校

寶覺小學

本文所發表內容及觀點僅代表李子建個人的意見，並不代表香港教育大學及其立場。

參考文獻

九龍真光中學（無日期）。〈真光人課程〉。取自 https://www.ktls.edu.hk/zh/academics-zh/subjects/true-light-bearers-course/。

上水東莞學校（無日期）。〈成長課〉。取自 https://www.tks.edu.hk/tc/%E6%88%90%E9%95%B7%E8%AA%B2。

王秉豪、李子建、朱小蔓、歐用生、吳庶深、李漢泉、李璞妮（主編）（2016）。《生命教育的知、情、意、行》。新北市：揚智文化事業股份有限公司。

北角循道學校（無日期）。〈生命成長課〉。取自 https://www2.cmsnp.edu.hk/%E7%94%9F%E5%91%BD%E6%88%90%E9%95%B7%E8%AA%B2。

生活教育活動計劃（無日期）。〈流動課室及嶄新教學科技。取自 https://www.leap.org.hk/tc/programme.php.

生涯規劃資訊（2021a）。職業資訊。香港特別行政區教育局。取自 https://lifeplanning.edb.gov.hk/tc/。

生涯規劃資訊（2021b）。六項生涯規劃教育及升學就業輔導的建議原則。香港特別行政區教育局。取自 https://lifeplanning.edb.gov.hk/tc/school-administration/six-recommended-principles-of-life-planning-and-career-guidance.html。

伊利沙伯中學（無日期）。〈辦學宗旨〉。取自 https://www.qes.edu.hk/index_c.html#。

匡智張玉瓊晨輝學校（2016）。〈優質教育基金計劃總結報告〉。取自 https://qcrc.qef.org.hk/Publish/project_information/201702/20170228140241_59fadMjAxM.pdf。

江衍良（2000）。〈涂爾幹的社會學方法論〉。《元培學報》，7，頁 109-122。

佛教慈敬學校（無日期）。〈校本課程特色〉。取自 https://www.bckps.edu.hk/buddist-chi-king-primary-school/ 學與教 / 校本課程特色 /。

吳清山（2011）。〈校園零霸凌〉。《國家教育研究院電子報》，1。

李子建（2002）。〈香港課程變革與實施：回顧及前瞻〉。載於李子建（主編），《課程、教學與學校改革》（頁 27-42）。香港：中文大學出版社。

李子建（2017）。〈21 世紀技能教學與學生核心素養：趨勢與展望〉。河北師範大學學報（教育科學版），19（3），頁 72-76。

李子建（主編）（2022）。《生命教育：理論基礎、取向和設計》。臺北：元照出版有限公司。

李子建、尹弘飚（2005）。〈教師對課程變革的認同感和關注：課程實施研究的探討〉。《教育研究與發展期刊》，1（1），頁 107-128。

李子建、姚偉梅、許景輝（2019）。〈全球工作趨勢及教育改革焦點：21 世紀技能〉，載於李子建等（主編），《21 世紀技能與生涯規劃教育》（頁 1-25），臺北：高等教育出版社。

李子建、黃顯華（1996）。《課程：範式、取向和設計（第 2 版）》。香港：中文大學出版社。

李子建、黃顯華、宋萑（2010）。〈校本課程發展、教師發展與伙伴協作〉。載於李子建（主編），《校本課程發展、教師發展與伙伴協作》（頁 17-41）。北京：教育科學出版社。

沈六（2000）。〈生活教育 Life Education〉。《教育大辭書》。臺灣：國家教育研究院。取自 https://terms.naer.edu.tw/detail/1304160/。

明報新聞網（2020，11 月 16 日）。〈中小學校訓逾半揚儒 教大學者：基督宗教背景亦用 華人易接受〉。取自 https://news.mingpao.com/pns/%E6%95%99%E8%82%B2/article/20201116/s00011/1605465328431。

東華三院（無日期）。〈辦學宗旨〉。取自 https://www.tungwah.org.hk/education/overview-of-tung-wah-schools/。

保良局（無日期）。〈教育服務〉。取自 https://www.poleungkuk.org.hk/service/education#tab-sch_kindergarten。

胡嘉智（2008）。〈從泰勒課程設計架構，檢視教學目標及學生學習經驗之教育教學個案〉。《傳播與管理研究》，7（2），頁 107-148。

英華小學（無日期）。〈辦學願景及使命〉。取自 https://www.yingwaps.edu.hk/CustomPage/paragraphGroup.aspx?ct=customPage&webPageId=2&pageId=2&nnnid=4。

香港明愛青少年及社區服務（無日期）。〈個人成長教育課〉。取自 https://ycs.caritas.org.hk/ps/html/service/teacher/self_gowth.htm。

香港城市大學正向教育研究室（無日期）。〈正向教育研究室〉。取自 http://www.cityu.edu.hk/ss_posed/。

香港特別行政區政府教育局（2014）。〈價值觀教育 ──「生活事件」教案〉。學與教資源。取自 https://www.edb.gov.hk/tc/curriculum-development/4-key-tasks/moral-civic/lea/index.html。

香港特別行政區政府教育局（2014）。〈德育、公民及國民教育 ──「生活事件」教案〉。取自 https://www.edb.gov.hk/tc/curriculum-development/4-key-tasks/moral-civic/lea/index.html。

香港特別行政區政府教育局（2020，9 月 29 日）。〈個人成長教育資源〉。取自 https://www.edb.gov.hk/tc/teacher/student-guidance-discipline-services/gd-resources/resources-personal-growth-edu/resources-personal-growth-edu.html。

香港特別行政區政府教育局（2021）。《小學生涯規劃教育推行策略大綱》。香港：香港特別行政區政府教育局。取自 https://www.edb.gov.hk/attachment/tc/teacher/student-guidance-discipline-services/projects-services/2122/20210929_Framework_for_LPE_for_Primary_Students_tc.pdf。

香港特別行政區政府教育局（2022，1 月 10 日）。〈香港國家安全教育〉。取自 https://www.edb.gov.hk/tc/curriculum-development/kla/pshe/national-security-education/index.html。

香港特別行政區政府教育局（2022，4 月 4 日）。〈成長的天空計劃（小學）〉。取自 https://www.edb.gov.hk/tc/teacher/student-guidance-discipline-services/projects-services/understanding-adolescent-project-primary/index.html。

香港特別行政區政府教育局（2022，4 月 28 日）。〈多元智能躍進計劃〉。取自 https://www.edb.gov.hk/tc/teacher/student-guidance-discipline-services/projects-services/enhanced-smart-teen-project/index.html。

香港特別行政區政府教育局學校行政及支援分部（2012）。《個人成長教育》（二零一二年修訂本）。香港：香港特別行政區政府教育局。

香港教育大學（無日期）。「看動畫、悟生命、學品德」項目。取自 https://crse.eduhk.mers.hk/。

香港教育大學（無日期）。「看動畫・學歷史」項目。取自 https://achist.mers.hk/chihistoryanime/。

香港教育大學宗教教育與心靈教育中心（2021，8 月 13 日）。〈第二屆「點滴成河 — 傑出生命教育教案設計獎」〉。取自 https://www.eduhk.hk/crse/tc/project/convergence-the-2nd-award-for-outstanding-life-education-teaching-plan/。

香港電台（無日期）。《成長路》。取自 https://www.rthk.hk/tv/dtt31/programme/ontheroad。

香港課程發展議會（2014）。《基礎教育課程指引—聚焦・深化・持續（小一至小六）》。香港：香港特別行政區政府教育局。取自 https://www.edb.gov.hk/attachment/tc/curriculum-development/doc-reports/guide-basic-edu-curriculum/becg_2014_Full.pdf。

香港課程發展議會、香港考試及評核局（2021）。《公民與社會發展科課程及評估指引（中四至中六）》。香港：香港特別行政區政府教育局。

唐文紅（2019，6 月 6 日）。〈一位校長眼中的美好教育：生命、生活、生趣〉。每日頭條：教育。取自 https://kknews.cc/education/ey2akjr.html。

粉嶺救恩書院（無日期）。〈全校模式推動生命教育規劃及策略〉。取自 https://www.edb.gov.hk/attachment/tc/teacher/student-guidance-discipline-services/lecture-notes/lecture-notes-202021/20210629_School_Sharing_Fanling_Kau_Yan_College_tc.pdf。

國民教育一站通（2021）。〈主頁〉。香港特別行政區教育局。取自 https://cbleportal.edb.edcity.hk/index,php?class=index&func=cate。

基督教宣道會宣基小學（無日期）。〈正向教育〉。取自 https://www.sunkei.edu.hk/tc/%E6%AD%A3%E5%90%91%E6%95%99%E8%82%B2。

基督教粉嶺神召會小學（無日期）。〈課程目標〉。取自 https://www.fagps.edu.hk/CP/pG/46/161/54

救世軍韋理夫人紀念學校（無日期）。〈校本主題：「推出價值教育　建立正向人生」〉。取自 https://www.annwyllie.edu.hk/site/view?name=推行價值教育，建立正向人生。

許佳琪（2011）。〈杜威的教育哲學對於終身學習之啟示〉。《育達科大學報》，29，頁 163-176。

陳海文（2005）。〈晚期塗爾幹 —— 社會學理論體系的完成〉。《人文天地》，99，頁 105-115。

傅斯年（2015）。《傅斯年談教育》。遼寧：遼寧人民出版社。

循道衛理優質生命教育中心（無日期）。〈循道衛理優質生命教育中心〉。取自 https://www.mcqle.org.hk/。

華人生涯發展中心教材工作團隊（2015）。〈生命探索發展與實踐課程之生命教育、生涯發展、服務學習相互融入式課程設計〉。取自 http://iserve2.ncue.edu.tw/web/life_new/data/books/b2-5.pdf。

華永會（無日期）。〈關愛社會　大型項目〉。取自 https://www.bmcpc-shine.org.hk/clproject。

黃光雄（1996）。《課程與教學》。臺北：師大書苑。

黃光雄、蔡清田（1999）。《課程設計》。臺北：五南。

黃政傑（2004）。《生命教育之課程設計》。取自 http://www.yct.com.tw/life/93drum/93drum-04.doc。

嗇色園（無日期）。〈教育概況〉。取自 https://www2.siksikyuen.org.hk/education-services/overview。

楊冠政（1991）。〈環境課程發展模式與程序〉。《環境教育》，9，頁 3-19。

聖公會天水圍靈愛小學（無日期）。〈正向教育〉。取自 https://www.skhtswlo.edu.hk/tc/%E6%AD%A3%E5%90%91%E6%95%99%E8%82%B2。

聖公會何澤芸小學（無日期）。〈生活教育〉。取自 https://www.skhhcw.edu.hk/ 校風及學生支援 / 生活教育 /。

聖公會青衣邨何澤芸小學（無日期）。〈成長課〉。取自 http://www.tyehcw.edu.hk/it-school/php/webcms/public/index.php3?refid=1493&mode=published&nocache&lang=zh。

聖公會青衣邨何澤芸小學（2021）。學校報告（2020 / 2021）。取自 https://drive.google.com/file/d/1HMKk9GUzvOdc5Ztss5YeQKredZDnF3h5/view。

聖公會榮真小學（無日期）。〈學科簡介：成長課〉。取自 https://www.skhwc.edu.hk/ican.html。

路德會梁鉅鏐小學（無日期）。〈全校參與〉。取自 http://www.lkklps.edu.hk/zh-tw/learning-and-teaching/life_edu/whole-school/。

嘉諾撒小學（無日期）。〈嘉諾撒小學生命教育〉。取自 https://sites.google.com/cpswts.edu.hk/life/%E9%A6%96%E9%A0%81。

蔡明昌、吳瓊洳（2004）。〈融入式生命教育的課程設計〉。高雄師範大學教育學系（教育學刊），23，頁 159-182。

親子共讀（2022，3 月 10 日）。〈10 本最佳生命教育繪本故事：只要生命愛過，溫暖將永遠被記得〉。取自 https://mindduo.benq.com/life_education_booklist/。

優質教育基金網上資源中心（2014，2 月 12 日）。〈3D 教室〉。取自 https://qcrc.qef.org.hk/tc/promote/theme_detail.php?cate=1&id=102。

優質教育基金網上資源中心（2014，10 月 22 日）。〈識生命・惜生命 ─ 生命教育計劃〉。取自 https://qcrc.qef.org.hk/tc/promote/theme_detail.php?cate=1&id=101。

羅崇敏（2013）。《三生教育論》。北京：人民出版社。

羅崇敏（2019）。《教育元典》第四講：三生教育。三生教育。取自 https://www.xuehua.us/a/5eb7db0086ec4d5dfaecc8df?lang=zh-cn。

羅崇敏（主編）（2015）。《三生教育社會讀本》（15 冊）。北京：人民出版社出版。

Bruner, J. S. (1960). *The Process of Education*. Cambridge, MA: Harvard University Press.

Bruner, J. S. (1966). *Toward a Theory of Instruction*. Cambridge MA: Harvard University Press.

Bynum, T. (2015). "Computer and Information Ethics." In *The Stanford Encyclopedia of Philosophy*. Retrieved from http://plato. stanford.edu/archives/win2015/entries/ethics-computer/.

Dewey, J. (1916). *Democracy and Education: An introduction to the Philosophy of Education*. New York, NY: MacMillan.

Durkheim, E. (1925). *Moral Education: A Study in the Theory and Application of the Sociology of Education*. New York: Free Press.

Eisner, E., & Vallance, E. (1974). "Introduction - Five Conceptions of Curriculum: Their Roots and Implications for Curriculum Planning." In *Conflicting Conceptions of Curriculum* (pp.1-18). Berkeley, CA: McCutchan.

Floridi, L., Cath, C., Taddeo, M. (2019). "Digital Ethics: Its Nature and Scope." In C. Öhman, & D. Watson (eds), *The 2018 Yearbook of the Digital Ethics Lab*. Digital Ethics Lab Yearbook. Cham: Springer.

Herescu, R. (2021, October 29). "What is the Value of Teaching Digital Literacy?" Retrieved from https://www. cambridge.org/elt/blog/2021/10/29/value-teaching-digital-literacy/#:~:text=Digital%20literacy%20is%20a%20lifelong,with%20others%20through%20various%20platforms.

King's College (n.d.). *School Mission*. Retrieved from https://www. kings.edu.hk/school-mission.

Kohlberg, L. (1975). *The Cognitive-Developmental Approach to Moral Education*. The Phi Delta Kappan, 56(10), 670-677.

Kohlberg, L. (1984). *The Psychology of Moral Development: The Nature and Validity of Moral Stages* (Essays on Moral Development, Volume 2). New York, NY: Harper & Row.

La Salle College (n.d.). *Badge*. Retrieved from https://www.lasalle.edu.hk/eng/badge.html.

Lawton, D. (1989). *Education, Culture and the National Curriculum*. London: Hodder and Stoughton.

Lee, J. C. K. (2020c). "Curriculum Paradigms and Perspectives of Life and Spiritual Education: Contrast and Diversity." *International Journal of Children's Spirituality, 25*(3-4). pp.175-186.

Lee, J. C. K. (2000, 2018). "Teacher Receptivity to Curriculum Change in the Implementation Stage: The Case of Environmental Education in Hong Kong." *Journal of Curriculum Studies, 32*(1), pp.95-115 Also in Alan Reid (Ed.) (2018). *Curriculum and Environmental Education: Perspectives, Priorities and Challenges* (Chapter 20, pp.350-370). London: Routledge.

Marsh, C., Day, C., Hanny, L., & McCutcheon, G. (1990*). Reconceptualizing Schoolbased Curriculum Development*. London: Falmer Press.

Miller, J. P. (2019). *The Holistic Curriculum* (3rd Edition). Toronto: University of Toronto Press.

Miller, J. P., Nigh, K., Binder, M. J., Novak, B., & Crowell, S. (Eds.). (2018). *International Handbook of Holistic Education* (1st Edition). New York, NY.: Routledge.

Mulyani, S. H., Hendrik, B., Putra, M. R., Naf'an, E., Ali, N. M., & Ismail, K. (2017). "Technological Intervention for Moral Education Among Teenagers: A Review." In Badioze Zaman H. et al. (Eds), *Advances in Visual Informatics.* (Vol.10645, pp.647—657). Cham: Springer.

Ontario Ministry of Education (2013). *Creating Pathways to Success: An Education and Career/Life Planning Program for Ontario Schools, Policy and Program Requirements, Kindergarten to Grade 12*. Ontario: Queen's Printer for Ontario.

Piaget, J. (1932). *The Moral Judgment of the Child*. New York: Free Press.

Peters, R. S. (1959). *Authority, Responsibility and Education*. London: George Allen & Unwin.

Peters, R. S. (1966). *Ethics and Education*. London: George Allen & Unwin.

Queen's College (n.d.). *Mission Statement*. Retrieved from https://www.qc.edu.hk/en/site/index.

Schubert, W. (2018). "Perspectives on Evaluation from Curricular Contexts." *Education Policy Analysis Archives,* 26(47), pp.1-28.

Snarey, J. & Samuelson, P. (2008). "Moral Education in the Cognitive Development Tradition: Lawrence Kohlberg's Revolutionary Ideas." In L. Nucci & D. Narvaez (Eds.), *Handbook of Moral and Character Education* (pp.53- 79). New York: Routledge

Tyler, R. W. (1949) *Basic Principles of Curriculum and Instruction*. Chicago: University of Chicago Press.

Waugh, R. F., & Punch, K. F. (1987). "Teacher Receptivity to System-Wide Change in the Implementation Stage." *Review of Educational Research,* 57 (3), 237-254.

Wong, K. L., Lee, J. C. K., Kennedy, K. J., & Chan, K. S. J. (2015). "Hong Kong Teachers' Receptivity Towards Moral, Civic and National Education." *Citizenship Learning and Teaching,* 10(3), 271-292.

第六章

中國書法教育與武術教育：
中國文化教育的示例

李子建

一、中國書法教育

2021 年中國教育部成立三個教育指導委員會，包括教育部中國書法教育指導委員會、教育部中國武術教育指導委員會和教育部中國戲曲教育指導委員會。這些委員會期待透過中國書法、武術和戲曲的推動進入校園和課堂，強化中華優秀傳統文化的傳承發展（http://www.xinhuanet.com/2021-05/19/c_1127466656.htm）。2013 年，中國教育部印發了《中小學書法教育指導綱要》（http://www.moe.gov.cn/srcsite/A26/s8001/201301/t20130125_147389.html），強調「面向全體」、「硬筆與毛筆兼修，實用與審美相輔」、「遵循書寫規範，關注個性體驗」，以及「加強技能訓練，提高文化素養」等。除了學習書寫姿勢和運筆方法外也學不同的字體（例如初中階段嘗試學習隸書、行書等）。此外也有不同階段的特色如下（中華人民共和國教育部，2013）：

表 6-1

階段	特點（其中例子）
小學三至四年級	開始接觸楷書經典碑帖，有初步的感性認識
小學五至六年級	學習欣賞書法作品，初識篆、隸、草、楷、行五種字體，感受不同字體的美
初中階段	了解一些最具代表性的書法家和作品，初步感受書法之美
高中階段	結合語文、歷史、美術、藝術等學科的學習，可嘗試書法作品的創作

　　白鶴（趙偉平）教授認為小學生一開始，最好簡要地從漢字的造字法同書法之間的關係入手，形象地激發學生的興趣，了解書法之源。[1] 根據白鶴教授的看法，以及其《中國書法藝術學》的部分觀點，高境界的書法藝術反映天人合一的精神，與生命教育頗有契合之處，正如他所言「書法能在平心靜氣中，暫且忘卻沉重的肉身的同時獲得一種生命意識超越」（引自白鶴，2017，頁 9）[2]。

　　楊念魯先生指出：「書法不僅是美的教育，它還具「育德、啟智、健體、審美」等效果，是一種文化修煉（福建書法教育網，2017）。熊秉明先生指出，中國文化核心之核心，與西方的雕刻繪畫互相輝映。中國書法的「一點一畫」反映中國傳統文化的道，而傳統書法的九宮格，似乎與九宮八卦的象互相呼應。此

1　白鶴教授提供的意見，微信，2022-01-12。

2　同上；上海大學推行素質教育時，白鶴教授曾提出六字方針：怡情（寓教於樂，淨化心靈和情感）、啟智（啟發感性認知、審美和創造力）、育德（培育高尚的道德人格魅力）。健體則沒特殊意義，這是體育課的功能。微信，2022-01-12。

外，中國書法的三要素，可謂講求虛實輕重、點畫呼應、佈局協調等，體現了中國文化中陰陽調和、剛柔相濟和中和之美（郭振有，2015，頁27）。劉守安教授認為書法教育是基本素質教育，它不僅是一種藝術教育，也是一種與語文學習有密切關聯的「漢字書寫教育」、技能教育、書法教育文化等（中國教育新聞網，2020-09-28）。總括而言，書法教育令我國學習者具有文化自信，通過書法修養，邁向「寫好中國字，做好中國人」的理想，並透過優美的漢字書寫傳播優秀的中國文化，讓世界的朋友認識中華文化（文匯報，2017-08-10）。

書法教育的推廣有助於學生在語文能力方面的提升，也對品德素養的培育具有一定作用（吳善揮、張福雄，2020，頁80），正如吳善揮和張福雄（2020，頁80）指出：「所謂書法，就是書道、書品及人品的具體呈現。」

臺灣方面也推出了《書法教學改進方案》（2009年），在九年一貫課程綱要（1-4年級）也提及書法教育，例如「能欣賞楷書各家碑帖，並辨識各種書體（篆、隸、楷、行）的特色」（4-3-5）（倪雨平，2017-12-06）。

根據不同的文獻，筆者根據不同學者的意見建議一個初步的書法概念圖（郭振有，2015；彭祥瑀，2010；莊訪祺，2006；林沛慈，2015；劉守安訪談）：

圖 6-1

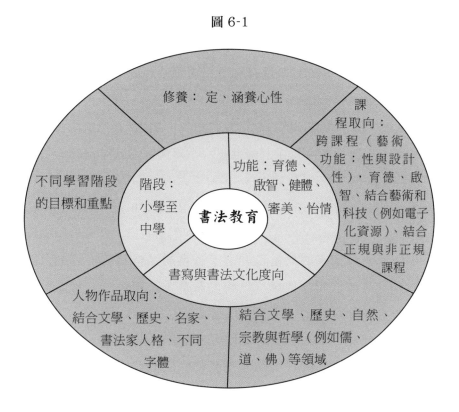

　　這個概念圖顯示如果我們要進一步全方位推動書法教育，需要考慮不同學習階段的目標和重點，並適宜採用一個全面的跨學科取向，以及書法與書寫文化並重的書法教育。此外，書法教育宜結合人物和作品，以及善用科技開拓教學資源，並從書法教育作為一種技能擴展成為一種修身靜定涵養的生命教育（個人層次），並且建構書法的校園文化（集體／他人層次），讓師生、家長和其他教育持分者親近和感受書法的美，以及透過中國書法讓社會各界以至其他國家認識中國的優秀傳統文化。

二、中國武術教育

　　中國武術方面也是中華民族文化所累積的優秀技藝，除了不同的技擊動作（例如踢、打、摔、拿、擊、刺），徒手技法，以及器械武藝（高小教育局體育組，無日期），中國武術源遠流長，博大精深，且種類繁多。在上個世紀八十年代官方就有統計，中國武術約 120 種之多。[3] 根據 1985 年習雲太所著《中國武術史》，拳種部分有 46 節計 75 種，器械部分則有 27 節（https://www.3du.tw/knowledge/anNsYw==.html）。[4] 每個門派有自己的一套訓練體系，因此表現出來的武術也就有了各自的風格特色，但是大體上以外家拳（例如少林拳等）和內家拳（太極拳等）為主。中國武術也會分區域性，所謂「南拳北腿」（歷史大學堂，2020-03-25），即指南方人所擅長的武術以拳為主，而北方人所擅長的武術以腿為主。中國武術除了本身的傑出成就外，以武俠為題材的文學作品（例如查良鏞先生［金庸］的武俠小說，https://www.heritagemuseum.gov.hk/zh_TW/web/hm/exhibitions/permanent_exhibitions/permanent_jin-yong-gallery.html）[5]，以武術電影（功夫片）（例如以黃飛鴻［https://www.info.gov.hk/gia/general/201203/31/P201203300454.htm] [6]、葉問［https://www.

3　黃宇帆師傅提供的意見，WhatsApp 通訊，2022-01-21 及 2022-01-22。

4　習雲太（1985）。中國武術史。中國：人民體育出版社。

5　香港文化博物館（2022，5 月 10 日）。金庸館。康樂及文化事務署。取自 https://www.heritagemuseum.gov.hk/zh_TW/web/hm/exhibitions/permanent_exhibitions/permanent_jin-yong-gallery.html

6　香港特別行政區政府新聞公報（2012，3 月 31 日）。〈「仁者風 • 浩氣揚——黃飛鴻的電影世界」展覽？ 電影資料館重溫光影中黃師傅不同形象及仁義精神〉。取自 https://www.info.gov.hk/gia/general/201203/31/P201203300454.htm。

filmcritics.org.hk / zh-hant / 電影評論 / 會員影評 / 葉問我是誰（一）] [7]、李小龍等為人物主角的一系列作品）等都對武術及其精神（甚至是武道或武學，https://kknews.cc/culture/l8oe3v2.html）有一定的弘揚。武術事實上並不僅是技藝，也包含武德，即習武者體現的禮儀和道德修養，以及尊師重道的重要性（頁6-8）。就學校武術教育而言，王登峰（2017）認為知識宜包括三部分：健身、防身和養生（頁72）。他並建議課堂教學和課外活動有機銜接，學習興趣和學習技能相互促進、群體活動和運動競賽互相協調，以及全面推進和分類指導互相結合等，從而促進青少年認識中華優秀傳統文化，以及提升中國武術在世界方面的影響力（頁73-74）。王天明院長建議武術宜實現「育人、育心、育德、育行、育體、育智」的教育目標（2021-06-18），楊惠燕（2019）建議武術教師宜具備武德、武術文化、運動、教育教學和教師情感等素養（頁274）。根據盧飛宏先生的分析，中國武術以「道」作為武術文化和精神的最高追求（2020-04-08），以「道、意、法、功、拳」作為五個層次，並具有下列特徵和可能性（2016-11-30）：

1.　武「道」可以參考儒釋道的思想文化，以及其他學說（例如兵家、墨家和陰陽家）等思想精神；

2.　武術的理論內涵包括「陰陽變化觀」、「整體運動觀」、「形神兼備論」，亦受到「天人合一」整體觀的影響；

7　羅卡（2014，6月30日）。〈葉問我是誰——五部葉問影片中的神話建構和香港身份（一）〉。香港電影評論學會：會員評論。取自 https://www.filmcritics.org.hk/zh-hant/ 電影評論 / 會員影評 / 葉問我是誰（一）

3. 武術教育以道德禮儀為本，可包括強身祛病的養生作用、自衞防身的格鬥作用、民族素質提高的教化作用，以及傳統文化的傳承作用；

4. 武術作為國術、國粹和國魂，它所含蘊的尚武精神對中華民族的偉大復興，武術具有多文化的特質（例如體育性、文化性、教育性、科學性、藝術性、民族性等）和功能。

不同學者對武功、武術等相關各詞都有不同的註釋。例如王鴻泰（2014，頁50）指出武術有「武功」、「武學」和「武藝」等多元面向。「武功」具現實性，以武術救濟和改變現實；「武學」與「實學」關係密切，於現實世界之外，包含浪漫及文人的元素，頗為呼應「武俠」文化。至於「武俠」，盧亮廷（2019，頁18）認為包含「武術」和「俠義」，「武術」是指具備武術和技能力，至於「俠義」，可以包含「經驗」和「歷史」，亦含蘊正義的價值角度分析（詳見林保淳，2016；盧亮廷，2019）。許光麃（2002）認為武俠文化具有三個層次，包括外顯行為、技術、格式、規範、組織、制度，以及內核的理論和價值觀（頁62），其中儒家的「尚柔」、「貴和」和道家的「寡欲不爭」和「以柔制剛」等思想（曹守詠，1993，頁10；許光麃，2002，頁65）影響古代和傳統體育的發展，以至後來武術文化的取向。

至於武德，大體可概括為「尚武崇德，修身養性」，其中部分武禮的規範作為表現，包括抱拳禮（拱手禮）、持槍（棍）禮、持刀禮、持劍禮等（復旦大學課程標題，無日期；河南省數位化武術博物館，2017-06-20）。在中國文學史中，有部分作家和作者懂得武術，其中老舍先生是一位武者，他的第一部著作為《舞

劍圖》，他曾在「文學與武術」提及「不能重文輕武」。他鼓勵
大家要有「尚武精神，共拒外侮」。後來亦有《斷魂槍》的短篇
小說作品（https://kknews.cc/entertainment/mjg5656.html）。

　　另一方面，武術諺語有云：「未曾學藝先學禮，未曾習武先習
德。」（https://dyfocus.com/zh-hk/news-culture/83f8c.html）傳統
武術教育內容包含「剛柔並濟」、「無法境界」和「內外兼備」（李
龍，2007，頁 51、54-55）。不少學校主要以課外活動引入學校教
育，就南京市一所中學的武術校本課程經驗而言，該校在一年級至
三年級上下學期加入武術和武術道德文化元素內容部分，節選如下
（http://www.nj29jt.net/ArticleShow.aspx?CateId=137&Id=613）：

表 6-2

年級	武術和武術道德文化元素（經簡化修訂）
一（上）	武術啟蒙文化、武術操、基本功、五步拳
一（下）	武術文化／精神、簡化長拳套路
二（上）	武術基本功，短器械（初級刀術）
二（下）	武術風格，短器械（初級刀術）
三（上）	武術風格，太極拳基本功、八式太極拳
三（下）	武術道德／文化內涵，二十四式太極拳

　　廣東一所小學則以「以武育德」的校本課程促進武術教育和
德育，該校開展了《武德育德》、《武技育德》、《武詩育德》和
《武文育德》等課程板塊（劉路勝，2020-06-03），其特徵（經
筆者簡化修訂）如下：

表 6-3

校本課程板塊	特徵（經簡化修訂）
武德育德	一至六年級，單元例子為《傳承武術文化》及《武德之行》，包含知禮和尚德元素
武技育德	學習剛柔並濟武術技能和技巧，同時鍛鍊意志和道德情操，讓學生培養自強不息的精神
武詩育德	結合經典古詩文中有關武術文化的道德標準和正向的人生信念
武文育德	學校文化成隱形課程，校園環境的創設（例如武德道、剛柔閣、武術文化館等），以及武術主題活動和主題德育活動作為載體

　　總括而言，武術教育包括武術技藝、武德規範和武術（行為）文化等度向，把武術（包含科學層面）以及武德和武藝（作為人文藝術層面）（修訂自次春雷，2012，頁 101）。有機地整合起來，如果結合學科（例如語文、體育、歷史、藝術等）和校本課程的特質而令武術教育發揚光大是值得我們進一步思考。

香港教育大學「生命及價值觀教育」系列的短片：《修身　心康 @EdUHK》，結合中國傳統文化的體能和心靈活動，協助學生、教師、家長及大眾修煉身心 https://edulib.me/lver-hle

　*　　*　　*　　*　　*　　*　　*　　*　　*　　*　　*　　*　　*　　*　　*

鳴謝

　　筆者李子建特別感謝香港教育大學國學中心／大成國學基金的「中華文化品德生命教育研究」對本文提供的支持，以及感謝白鶴（原名趙偉平）教授、黃宇帆師傅（https://www.wyf.hk/blank-aboutPage），以及侯明女士安排專家對本文提供的意見和指導，尤其感謝白鶴教授以及香港教育大學教育及人類發展學院宗教教育與心靈教育中心團隊（包括施仲謀教授、鄭保瑛博士、雷雄德博士、甘偉強先生、謝采揚博士、王莎女士、劉月瑩博士、潘紀恩博士、區婉儀女士、梁振威先生、李燕紅女士、黃嘉樂先生、崔朗聰先生和呂穎琪女士）所提供的錄像以豐富本章的內容，作者表示衷心的感謝。

　　筆者說明並非書法及武術教育的專家及研究者。此文僅為初步探討武術教育和書法教育之作，實拋磚引玉之舉，期望日後內容的修訂有所完善。

參考文獻

三度漢語網（無日期）。〈中華武術種類〉。取自 https://www.3du.tw/knowledge/anNsYw==.html。

中國教育新聞網（2020，9 月 28 日）。〈書法教育是基本素質教育 —— 訪中國傳媒大學書寫文化研究中心主任劉守安教授〉。取自 https://shufa.pku.edu.cn/gxsf/98070.htm。

中華人民共和國教育部（2013）。〈教育部關於印發《中小學書法教育指導綱要》的通知〉。取自 http://www.moe.gov.cn/srcsite/A26/s8001/201301/t20130125_147389.html。

文匯報（2017，8 月 10 日）。〈書法教育「百年大計」中小學書法進課堂〉。取自 http://paper.wenweipo.com/2017/08/10/CH1708100031.htm。

王登峰（2017）。〈以學校武術教育助力國運昌盛與國脈傳承〉。《上海體育學院學報》，41（2），頁 71-74。

王鴻泰（2014）。〈武功、武學、武藝、武俠：明代士人的習武風尚與異類交遊〉。《中央研究院歷史語言研究所集刊》，85（2），頁 209-267。

白鶴（2017）。《中國書法藝術學》。香港：中華書局。

次春雷（2012）。〈武術教育文化傳承研究〉。《山東體育學院學報》，28（1），頁 99-102。

吳善揮、張福雄（2020）。〈淺論中國推動書法教育的困難及其因應策略〉。《東海教育評論》，14，頁 79-86。

李龍（2007）。〈歷史學視野下的中國武術教育〉（博士論文）。上海體育學院，上海。

林沛慈（2015）。〈新北市國民小學書法教育實施現況之研究〉（碩士論文）。臺灣師範大學教育學系。取自 https://9lib.co/document/4yr2097z-%E6%96%B0%E5%8C%97%E5%B8%82%

E5%9C%8B%E6%B0%91%E5%B0%8F%E5%AD%B8%E6%9B%
B8%E6%B3%95%E6%95%99%E8%82%B2%E5%AF%A6%E6%
96%BD%E7%8F%BE%E6%B3%81%E4%B9%8B%E7%A0%94%
E7%A9%B6.html。

林保淳（2016）。《縱橫今古說武俠》。臺北：五南圖書出版股份有限公司。

河南省數位化武術博物館（2017，6 月 20 日）。〈中國武術文化賞析〉。
取自 https://www.htu.edu.cn/wushu/2017/0620/c9423a98780/
page.htm。

俠客行武術葉平（2021）。〈武術之武德訓〉。多源焦點，文化。取自
https://dyfocus.com/zh-hk/news-culture/83f8c.html。

南京市第二十九中學體育組（2015，4 月 8 日）。〈武術校本課程〉。取自
http://www.nj29jt.net/ArticleShow.aspx?CateId=137&Id=613。

胡瑋哲（2016，8 月 6 日）。〈武術、武功、武學、武道，你還停留在
哪個階段？〉。每日頭條：文化。取自 https://kknews.cc/culture/
l8oe3v2.html。

香港文化博物館（2022，5 月 10 日）。金庸館。康樂及文化事務署。取自
https://www.heritagemuseum.gov.hk/zh_TW/web/hm/exhibitions/
permanent_exhibitions/permanent_jin-yong-gallery.html。

香港特別行政區政府新聞公報（2012，3 月 31 日）。〈「仁者風‧浩
氣揚——黃飛鴻的電影世界」展覽　電影資料館重溫光影中黃師
傅不同形象及仁義精神〉。取自 https://www.info.gov.hk/gia/
general/201203/31/P201203300454.htm。

倪雨平（2017，12 月 6 日）。〈從書法談中華文化傳承〉（簡報）。嶺南大
學傳訊及公共事務處。

高小教育局體育組（無日期）。〈武術與中華文化〉（簡報）。「躍動校園
活力人生」計劃：學與教資源。香港：香港特區政府教育局。取自
https://www.edb.gov.hk/tc/curriculum-development/kla/pe/asap/
index.html#4。

曹守詠（1993）。〈儒家學說與中國古代體育性格的形成〉。《體育文史》，
63，頁 10。

莊訪祺（2006，11月）。〈翰墨春秋 —— 書法教學之鑑往知來〉。取自 http://www3.shps.tp.edu.tw/00450/feedback.htm。

許光廡（2002）。〈近代中國武術文化之變遷（1910-1937）〉（未出版之博士論文），臺灣師範大學體育研究所。

郭振有（2015）。〈書法教育與中華傳統文化〉。《教育導刊》，頁 26-30。

陳曉（2018，1月9日）。〈從審美角度出發關照書法的若干個問題 —— 白鶴訪談〉。iFuun。取自 http://www.ifuun.com/a201801098775926/。

彭祥瑀（2010）。《涵養心性 —— 以書法教育陶冶學生品格之行動研究》。臺灣：新竹縣教育研究發展暨網路中心。

復旦大學課程標題（無日期）。〈武術的武德武禮：武德概念〉。取自 http://fdjpkc.fudan.edu.cn/d201109/11366/list.htm。

散打王（2018，6月13日）。〈武者老舍：人民藝術家眼裏的武術和家國情懷！〉。每日頭條：娛樂。取自 https://kknews.cc/entertainment/mjg5656.html。

新華網（2021，5月19日）。〈弘揚優秀傳統文化 教育部成立3個教育指導委員會〉。取自 http://www.xinhuanet.com/2021-05/19/c_1127466656.htm。

新華網（2021，6月18日）。〈由校內到校外 武術體教融合還需「三步走」〉。取自 http://www.xinhuanet.com/2021-06/18/c_1127575401.htm。

楊惠燕（2019）。〈學校武術教師核心素養的構成與培育〉。產業與科技論壇，24，頁 274-275。

福建書法教育網（2017）。〈全國中小學書法教育教學研討會在京召開〉。取自 https://www.sohu.com/a/212267629_559431。

劉路勝（2020，6月3日）。〈基於武術文化的小學「以武育德」德育校本課程的開發〉。《廣東教學報：教育綜合》，57。取自 https://m.fx361.com/news/2020/0603/7441089.html。

歷史大學堂（2020，3月25日）。〈武術中的「南拳北腿」是什麼意思？僅僅是指拳腿之別嗎〉。每日頭條：文化。取自 https://kknews.cc/culture/r6439a4.html。

盧亮廷（2019）。〈民初武術家與武俠精神〉（未出版之碩士論文）。臺灣
　　師範大學國文學系。

盧飛宏（2016，11 月 30 日）。〈論武術教育〉。每日頭條：文化。取自
　　https://kknews.cc/culture/qe9ooar.html。

盧飛宏（2020，4 月 8 日）。〈武術是中華文化的精神標識和內核〉。騰訊
　　網。取自 https://new.qq.com/rain/a/20200408A0DU5P00。

羅卡（2014，6 月 30 日）。〈葉問我是誰——五部葉問影片中的神話建構和
　　香港身份（一）〉。香港電影評論學會：會員評論。取自 https://www.
　　filmcritics.org.hk/zh-hant／電影評論／會員影評／葉問我是誰（一）。

第七章

孔子生活理念對現代生命教育的啟示

施仲謀、李子建

「至聖先師」孔子，歷代備受尊崇。這是因為孔子是第一位平民教育家，並推動有教無類的主張？還是因為他知道教育的目的除了學習知識，掌握技能，主要還在於生命的成長？孔子的教育思想，是「生命之學」，是學做人，通曉人與人相處之道，掌握待人接物、進退出處的分寸。無論你學的是文科還是理科，是醫學抑或法律，是歷史或是工程，當你踏入社會工作，首先要面對的便是如何應對一系列的人事關係和團隊協作問題，如果處理得當，事業發展將無往而不利，反之則會處處碰壁。

孔子提倡終身學習。學習的目標是甚麼？「君子學以致其道」（楊伯峻，1980，頁 200），《論語》說：「志於道，據於德，依於仁，遊於藝。」（楊伯峻，1980，頁 67）「道」指的是「道理」、「真理」，「道」可分為「天道」與「人道」。孔子說：「未知生，焉知死？」（楊伯峻，1980，頁 113；施仲謀、李敬邦，2017），「未能事人，焉能事鬼？」（楊伯峻，1980，頁 113）孔子很少討論天道，他一生所說的，主要是人道（施仲謀、李敬

邦，2017）。「人」和「道」有甚麼關係呢？孔子說：「人能弘道，非道弘人。」（楊伯峻，1980，頁 168）可見他以人為本，恪守人本主義，務實而不務虛。

以下通過考察孔子在心存忠恕、踐行仁義、謹慎言行、服務社群四方面的論述和實踐，以探討孔子的生活理念。

一、心存忠恕

孔子說：「十室之邑，必有忠信如丘者焉，不如丘之好學也。」（楊伯峻，1980，頁 53）孔子自小非常好學，而且堅持到底，這終於成就了這位傑出的思想家、政治家和教育家。今日香港，重視「自我增值」和「終身學習」，可謂淵源有自。

待人處世之道，核心是甚麼呢？孔子提出一個「仁」字。樊遲問甚麼是「仁」？孔子回答說：「愛人」。（楊伯峻，1980，頁131）所以「仁」其實就是「愛人」。曾子說：「夫子之道，忠恕而已矣。」（楊伯峻，1980，頁 39；施仲謀、李敬邦，2017）朱熹《四書集注》的權威解讀是：「盡己之謂忠，推己之謂恕。」（朱熹，1985，頁 97）

甚麼是「忠」呢？忠是指盡心竭誠以辦事。曾子說：「為人謀而不忠乎？與朋友交而不信乎？傳不習乎？」（楊伯峻，1980，頁 3）第一個提到的便是「忠」。為何「忠」那麼重要呢？因為「忠」是後兩者的基礎。要是沒有盡心竭誠地為人幫忙設想，又怎能與別人交往時信實無欺呢？要是沒有盡心竭誠地追求學問，又怎能做到每日用功求進步，終身不懈學習呢？

子貢問道：「有一言而可以終身行之者乎？」子曰：「其恕乎！己所不欲，勿施於人。」（楊伯峻，1980，頁 166）《四書集注》解釋說：「推己及物，其施不窮，故可以終身行之。」（朱熹，1985，頁 200）何謂「恕」？「恕」就是同理心、同情心、將心比己、換位思考。類似的思想在《論語》屢屢出現，如〈雍也〉中有言：「夫仁者，己欲立而立人，己欲達而達人。」（楊伯峻，1980，頁 65）自己希望能在社會上立足，同時讓他人能立足；自己希望能在社會通達，同時讓他人能通達，這種思想的精神正是恕道。然而，「立人」、「達人」的能力，未必人人能具備，不是時時能具備；而「己所不欲，勿施於人」，則是人人可致，時時可做，因而是終身可行的。

　　猶太教的拉比希雷爾說：「不要向別人要求自己也不願做的事。」（希小可，2006，頁 64）在《聖經》（2010）中耶穌基督也說：「你們願意人怎樣待你們，你們也要怎樣待人。」（路加福音 6：31）又說：「無論何事，你們願意人怎樣待你們，你們也要怎樣待人，因為這就是律法和先知的道理。」（馬太福音 7：12）伊斯蘭教《聖訓珠璣》中記載了先知穆罕默德的話：「不憫人者，人不憫之。」（楊宗山，2009，頁 108）佛教認為人人平等，「首當勤觀修，自他本平等；避苦求樂同，護他如護己」（寂天菩薩，2008）。

　　那麼，要心存「忠恕之道」，首要的方法是「君子務本，本立而道生。孝弟也者，其為仁之本與！」（楊伯峻，1980，頁 2；施仲謀、李敬邦，2017）先從「孝」、「弟」做起。我們可以從家庭做起，由愛自己的父母和兄弟姊妹開始，然後擴展到愛親

戚、愛朋友、愛同事、愛其他人。所以說，「孝」、「弟」是做人的基本要求。

孔子說：「君子學道則愛人。」（楊伯峻，1980，頁181）墨子說：「兼愛天下之人。」（譚家健、孫中原，2009，頁162）佛教強調「慈、悲、喜、捨」，自渡渡他。基督教《聖經》（2010）說：「愛鄰如己。」（加拉太書5：14）。「你要盡心，盡性，盡意，盡力，愛主你的神，且要『愛鄰如己』。」（馬可福音12：30-31）伊斯蘭教《聖訓珠璣》說：「愛同胞如愛自己者，方為真信士。」（楊宗山，2009，頁113；施仲謀、李敬邦，2017）可見「君子學道則愛人」這個道理，適用於古今中外，具有普世價值。

二、踐行仁義

人的一生，常常會面臨抉擇。大多數人做決定時，往往不是考慮這樣做是否合乎社會公義，合乎大眾利益，而是盤算這樣做自己有何得益。這是儒學史中的「義利之辨」。《禮記・大學》記載：「苟日新，日日新，又日新。」這是刻在商朝開國君主商湯澡盆上的文辭，意為我們應該每天洗淨身上的污垢，並持之以恆，以此來說明人在精神上的洗禮，品德上的修煉。

《論語》說：「天下有道則見，無道則隱。邦有道，貧且賤焉，恥也；邦無道，富且貴焉，恥也。」又盛讚蘧伯玉為君子：「邦有道，則仕；邦無道，則可卷而懷之。」君子在「邦有道」時，應晉身仕途，為國家、為君主、為人民，建功立業；這時不把握機會而得顯達，反而自甘貧賤，是可恥的。可是，如果在「邦無

道」時，仍然戀棧官位，貪圖個人的功名利祿，與昏君、奸臣同流合污，這卻是可恥的。漢朝董仲舒提出：「正其誼不謀其利，明其道不計其功。」（班固，1998，頁675）南宋朱熹（2000）視「利」為「人欲」，視「義」為「天理」。他認為，義利之爭是天理與人欲之爭，要求我們「存天理，去人欲」。

上述論題，由《論語》「君子喻於義，小人喻於利」而來。（楊伯峻，1980，頁39）君子做事以仁義為本，小人行事只追求個人利益。也許你會認為這是「唱高調」，難道有道德修養的人就只心存仁義而不講求私利嗎？可能你會覺得孔子踐行仁義這一套，在今日社會未必合用。現代商業社會的市場經濟運行模式，在不違法的條件下，追求個人最大利益的同時，亦推動着社會經濟的發展。人人追求個人利益，又有何不可呢？

孔子並不否定追求個人利益，大家都想追求富貴，期望脫貧致富，他本人亦不例外。但孔子進一步說明：「富與貴，是人之所欲也，不以其道得之，不處也；貧與賤，是人之所惡也，不以其道得之，不去也。君子去仁，惡乎成名？君子無終食之間違仁，造次必於是，顛沛必於是。」（楊伯峻，1980，頁36）孔子主張君子愛財取之有道，於面臨艱難困頓之際，亦不能拋棄道德原則，胡作非為。在現代商業社會中，企業道德與社會責任的相關議題愈受重視。古今中外，「義」與「利」之間的平衡，一直是社會所面對與關注的問題。

孔子敏而好學，學思並重，十五歲時已立志研習「禮、樂、射、御、書、數」六藝之學，並且終身學習不懈，這與他日後的偉大成就，關係至為關鍵。三十歲時，他已明確人生目標和發

展方向，慎思明辨，承擔責任，心存忠恕，踐行仁義。到五十多歲時，孔子以天下為己任，帶着弟子們周遊列國，以實現其政治理想。他制禮作樂，強調社會秩序，期望實現天下大同。孔子立志、為學、做人、思考、探究、實踐的生命教育歷程，今日我們從事生涯規劃時，應加以反思和借鑒。

三、謹慎言行

　　忠恕和仁義，是孔子一生孜孜以求的目標。「我應該怎樣做才合乎忠恕和仁義呢？」這是從意念到實踐的過程，意念發諸內心，實踐是外在行為，而外在行為包括言語和行為（施仲謀，2017）。言語和行為要合乎道義，就要接受禮法的約束，因此孔子說：「克己復禮為仁。一日克己復禮，天下歸仁焉。為仁由己，而由人乎哉？」，「非禮勿視，非禮勿聽，非禮勿言，非禮勿動。」（楊伯峻，1980，頁 123；施仲謀、李敬邦，2017）勿言是「言語」方面，而勿視、勿聽、勿動是「行為」方面，通過規範人們的言語和行為，修養歷練，我們便可以達到「仁」的境界。

　　佛教將善業分為「身、語、意」，「不殺生、不偷盜、不邪淫、不妄語、不惡口、不兩舌、不綺語、不貪欲、不瞋恚、不邪見」等稱為「十善」。基督教《聖經》（2010）說：「因為心裏所充滿的，口裏就說出來。」（馬太福音 12：34），「立志為善由得我，只是行出來由不得我。」（羅馬書 7：18）以上所說，都是從意念到實踐的過程。

《詩經》說：「戰戰兢兢，如臨深淵，如履薄冰。」（程俊英，1995，頁383）《易經》說：「君子終日乾乾，夕惕若。厲，無咎。」（周振甫，1993，頁45）從這裏可看出，古代對個人的言語和行為，有非常嚴格的要求，那就是無論獨處或與人相處時，都要注意謹言慎行。《中庸》說：「道也者，不可須臾離也，可離非道也。是故君子戒慎乎其所不睹，恐懼乎其所不聞。莫見乎隱，莫顯乎微，故君子慎其獨也。」（陳槃，1970，頁3）獨處時要注意自己的言行舉止，與人交往時就更要處處謹慎了。

　　孔子的教學內容，包括「德行、言語、政事、文學」四個範疇。《論語》中有「一言而興邦」，「一言而喪邦」（楊伯峻，1980，頁138）。西諺亦云：「舌頭要是好的，世上沒有東西比它更好；舌頭要是壞的，世上沒有東西比它更壞。」話從口出，便無法收回。因此，便能理解為何孔子厭惡花言巧語之人。孔子說：「剛毅木訥近仁」（楊伯峻，1980，頁138），「巧言令色鮮矣仁」，以及「君子欲訥於言，而敏於行」（楊伯峻，1980，頁41）等。多做事，少說話，言多必失，我們應引以為戒。

　　孔子還特別着重言行一致。子貢口才了得，熟諳外交辭令，擅長遊說與談判。孔子卻特意提醒他，在話說出來之前，應該先實行要說的話，然後再說。孔子認為，口才特別好的人容易誇誇其談，說得到卻未必做得到。孔子亦云：「君子恥其言而過其行。」（楊伯峻，1980，頁155）這就是說，我們說話切忌言過其實，說得出的一定要做得到。

四、服務社群

　　從《論語》中不難發現孔子積極入世。孔子為甚麼這樣熱衷於仕途呢？是一心想光宗耀祖嗎？是為了高薪厚祿嗎？其實都不然。孔子不是為了個人利益，而是為了貢獻社會，服務人群。教化天下人民，構建大同社會，這是孔子的初心。《論語》說：「子適衞，冉有僕。子曰：『庶矣哉！』冉有曰：『既庶矣。又何加焉？』曰：『富之。』曰：『既富矣，又何加焉？』曰：『教之。』」（楊伯峻，1980，頁 136-137）這段對話，記錄了孔子的治國方略：一個國家，衣食豐足，國富兵強，仍然未臻完善，治國理政的最高目標是禮樂教化。

　　一個人是否具備品德操守便足夠呢？答案是否定的。我們也要具備一定的才能，這樣方可承擔起治國理政的責任。孔子評論子產時說：「有君子之道四焉：其行己也恭，其事上也敬，其養民也惠，其使民也義。」（楊伯峻，1980，頁 47-48）當官的，首先是做好自己，其次是與上級處理好關係，然後致力民生，造福百姓。正如子夏所說：「君子信而後勞其民，未信則以為厲己也。」（楊伯峻，1980，頁 201）政府要有誠信，才能建立統治基礎；否則官民互相猜疑，政令不行，國家便很難管治了。

　　我們每個人生來都有責任和義務，出生時為人子女，長大後成家立業會為人父母；從小到大作為學生，好好學習，天天向上；畢業後出來工作，會在各行各業中努力上進，也會承擔相應

的社會責任。我們追求生活的理想，首先要心存忠恕、踐行仁義、謹慎言行；品德修養好了，進而推己及人，造福社群，共創和諧社會。《禮記・大學》提出了著名的「三綱領」和「八條目」。「大學之道，在明明德，在親民，在止於至善」，這是「三綱領」。「格物、致知、誠意、正心、修身、齊家、治國、平天下」這是「八條目」。若果真能做到，那便可稱作聖人。在現代社會中，聖人或許是不切實際的夢想，但做一個對社會有用的人，是父母師長對我們應有的期許！

孔子一生不得志，但他不畏挫折，適時調整步伐，每次很快便重新出發。孔子晚年，帶着學生周遊衞、陳、曹、宋、鄭、楚等地，遊說各國君主，以尋找實現其政治理想的機會。孔子擇善固執，希望才為世用；雖困於陳蔡之間，冒着生命危險而不改其道，他「知其不可而為之」的堅強意志，與國際文憑課程（International Baccalaureate，IB）提倡的冒險者的探究精神，不是如出一轍嗎？

「詩聖」杜甫，一生仕途失意，生活顛沛流離；但他卻悲天憫人，關懷家國，具有一顆仁者的赤子之心。他終身奉行的是儒家忠君愛國、居仁達義的倫理道德思想。一代文豪蘇軾，屢遭貶摘，懷才莫遇；但他笑看風潮，寵辱不驚，豪放曠達，成就卓越。歷代儒者文人的生命歷程，受到孔子精神的感召，於此可見一斑。願大家都能成長為一個心中有愛，眼中有情的人，以內心的溫暖和正能量，抵擋人生的風雨。

　　心存忠恕、踐行仁義、謹慎言行、服務社群，是孔子生活思想和言行的總結。以下嘗試從生命教育的視角，參考學者們的有關研究，探討孔子生活理念對現代生命教育有何啟迪作用。

　　如果我們把心存忠恕、踐行仁義、謹慎言行、服務社群放在生命教育的理論框架中，大致可以有以下兩種理解，一為與「天、人、物、我」之關係（王秉豪等，2016；Lee, Yip & Kong, 2021；李子建，2022，第 1 章、第 3 章，頁 90；第 4 章，頁 115、120、124；第 5 章，頁 186；第 12 章，頁 341；第 13 章，頁 377、397 及第 14 章），如下表所示：

表 7-1

生命教育	孔子的生活理念
天	「未知生、焉知死」，着重生活和生命的意義，以「道」為依據，包括「天道」和「人道」
人	待人處世，以忠恕、以仁為本，推己及人
物	重義輕利、君子求財，取之有道，安貧樂道；承擔社會責任（治國平天下），為國家作出貢獻
我	修身、內聖外王、謹言慎行

　　另一為與「知、情、意、行」的關聯（參考王秉豪等，2016；李子建，2022，第 1 章、第 3 章，頁 101；第 12 章，頁 338 及第 14 章；湯浩堅，2001，頁 3-4），如下表所示：

表 7-2

生命教育	孔子的生活理念
知	孔門四科：德行、言語、政事、文學；六經（《詩》、《書》、《禮》、《易》、《樂》、《春秋》）（頁4）
情	以忠恕為基礎（寬大包容、尊重），以誠意為本、以仁（愛人關顧）為本
意	學、思、行並行（道德認知、判斷和陶冶性情）
行	言行一致、非禮勿視、非禮勿聽、非禮勿言、非禮勿動

　　根據黃燕女（2009）的分析，孔子的人生哲學對生命教育的啟示如下（經筆者修訂整理）：

表 7-3

生命教育	孔子的生活哲學	重點
人與己（我）	「自己學」（梁漱溟，1986）；終身學習，不斷進步，涉及自己的生活和生命（黃燕女，2009，頁191），先自我了解和修養自己出發，仁德的自我實現（頁197）	自我圓滿和自我超越（頁200）
人與他人（人）	以「仁」為本，涉及「禮、忠、恕、勇、孝悌」等（頁192），推己及人（至全體社會成員）（頁193），互愛的倫理關係（頁197）	人我圓融
人與社會（物）	以「禮」處理群己關係、社會秩序（頁193-194）	守禮安定（頁198）
人與自然天道（天）	以「和諧」作為原理，「仁」的實踐要考慮天地萬物，不同生命的需要（頁195）；強調自然環保教育（頁199）	天人圓通

就生命教育角度而言，王永麗和張迎春（2019）認為孔子的生命教育包含「種生命」和「類生命」的教育層次（頁 6-7），前者涉及珍惜生命、着重生命健康，擁有一定的生活經驗和生命能力（頁 6-7），而後者涉及與自己、他人、社會以及自然的和諧（頁 7-9）。

其實儒家思想非常重視情意教育，除了思想精神和仁愛之心外，也很強調「反省之心」（簡瑞良、張美華，2014，頁 15-16），透過生活實踐和行為的反思嘗試把人類原有的良知良能或人的善性引發啟迪出來（頁 17）。此外，崔光宙（1999）對孔子相關學說的情意教育觀作頗深入的分析，他指出可以透過詩歌詩句的學習和欣賞，減少負面情緒而促進正面的思考（頁 44-46），透過不同的文化素養（如詩、書、禮、樂）、技藝和藝術的修習，陶冶性情，培養博雅的學養和心志（頁 46-48），以「仁」作為理性和感性的平衡（頁 49），以及透過音樂歌唱促進人格修養，集中意志，促進達致圓滿自己的境界（頁 54-55）。

孔子奉行人本主義，主張教育的目的在成長人的生命。孔子的教育思想，是「生命之學」。從生活的角度而言，孔子給予我們很多寶貴的生活智慧（潘銘基，2011）。孔子很重視「學」、「習」（頁 3）、學「問」（頁 21），也強調家庭和諧，孝順父母（第二章）。同時也提出生活的藝術，除了「安貧樂道」、「知足常樂」的思想外（頁 69-77），他提及音樂的重要性，也觸及珍惜食物、健康飲食等課題（頁 83-96）。在做人處世方面，除了關愛、以仁為本和保護環境的取向外，也提及處事靈活以及不拘小節等方面（頁 120-127）。總括而言，我們要進一步了解孔子

的人生哲學，除了閱讀和理解孔子的經典言訓外，也可以通過日常生活的實踐反思，以及對一己修身的反省，去汲取孔子學說的精神，以及反思孔子生活理念對現代生活和生命教育的啟示。

* * * * * * * * * * * * * * *

本文部分內容曾在〈談《論語》中的君子觀及其現代意義〉（施仲謀、李敬邦，2017）及《生命教育：理論基礎、取向和設計》（李子建，2022）一書發表。

鳴謝

筆者施仲謀、李子建特別感謝香港教育大學國學中心／大成國學基金的「中華文化品德生命教育研究」對本文提供的支持。

本文所發表內容及觀點僅代表施仲謀、李子建個人的意見，並不代表香港教育大學及其立場。

參考文獻

王永麗、張迎春（2019）。〈從《論語》看孔子的生命教育觀〉。《教育科學論壇》，5，頁 5-9。

王秉豪、李子建、朱小蔓、歐用生、吳庶深、李漢泉、李璞妮（主編）（2016）。《生命教育的知、情、意、行》。新北市：揚智文化事業股份有限公司。

朱熹（1985）。《四書集注》。長沙：岳麓書社。

朱熹（2000）。《朱子文集》。臺北：德富文教基金會。

牟宗三（1968）。《心體與性體》。臺北：正中書局。

希小可（2006）。《塔木德的智慧全書》。北京：中國檔案出版社。

李子建（主編）（2022）。《生命教育：理論基礎、取向和設計》。臺北：元照出版有限公司。

周振甫（1993）。《周易譯注》。臺北：五南圖書出版公司。

施仲謀、李敬邦（2017）。〈談《論語》中的君子觀及其現代意義〉。載於施仲謀、廖佩莉等（編），《漢語教學與文化新探》（頁 329-339）。香港：中華書局。

香港聖經公會（2010）。《聖經》（和合本修訂版）。香港：香港聖經公會。

殷海光（2001）。《殷海光文集》。武漢：湖北人民出版社。

班固（1998）。《漢書》。天津：天津古籍出版社。

寂天（2008）。《入菩薩行》。臺北：福智之聲出版社。

崔光宙（1999）。〈孔門情意教育觀之詮釋與實踐〉。《教育研究集刊》，43，頁 41-64。

梁漱溟（1986）。〈孔子學說的重光〉，載於項維新、劉福增（主編），《中國哲學思想論集》（頁 257-265）。臺北：水牛。

陳槃（1970）。《大學中庸今釋》。臺北：編譯館。

湯浩堅（2020）。〈小學中國語文課程的儒家傳統〉。載於香港課程發展處中國語文教育組（編），《郁文華章 —— 中華文化學與教資源套（小學篇）》（頁 17-24）。香港：香港特區政府教育局課程發展處中國語文教育組。

程俊英（1995）。《詩經譯註》。上海：上海古籍出版社。

黃燕女（2009）。〈孔子人生哲學及其對生命教育的啟示〉。國民教育研究學報，23，頁 189-204。

楊伯峻（1980）。《論語譯注》。北京：中華書局。

楊宗山（2009）。《聖訓基礎簡明教程》（試用本）。北京：宗教文化出版社。

潘銘基（2011）。《孔子的生活智慧》。香港：匯智出版社。

簡瑞良、張美華（2014）。〈儒家思想在情意課程設計的啟思〉。雲嘉特教，19，頁 14-19。

譚家健、孫中原（2009）。《墨子今注今譯》。北京：商務印書館。

Lee, J. C. K., Yip, S. Y. W., & Kong, R. H. M. (Eds.) (2021). *Life and Moral Education in the Greater China Region*. Abingdon, Oxon; New York, NY: Routledge.

第八章

生命價值與生命教育：宗教、靈性及生死教育的視角

李子建

　　宗教信仰與生命教育，不同宗教（及其信仰）都對人生終極價值及意義表示關懷，張菀珍（2008）指出宗教具有不同層次，包括經驗、知識、象徵、制度、倫理及超越層次等（頁 18），期望人們從單純物質的「擁有」轉變到「存有」的心靈追尋和富足的歷程，這些有賴個人如何透過不同的經歷、反思，以及可能對生命中的信仰產生互動了解和實踐，進而珍惜、尊重自己、他人、環境、社會等涉及的生命個體及／或群體（修訂自頁 19），尋找不同的平衡點，並對生命的終極關懷不斷深化。就華人社會的文化脈絡而言，部分宗教活動由社區廟宇或民間團體負責，亦有部分反映對宗教保持「敬鬼神而遠之」的立場（王秀槐，2013，頁 19），因此宗教與生命／生死教育變得多元化，從一個包容寬廣的教育角度來說，學校教育宜協助學生理解「宗教在人類文化中的地位與功能」以及「在個人心靈需求中所扮演的角色」（頁 20）。臺灣心道法師創立「世界宗教博物館」（世界宗教博物館，無日期），抱持「尊重每一個信仰，包容每一個族群，

博愛每一個生命」的信念。2021 年 10 月教宗方濟各在「宗教與教育：邁向全球教育契約」中呼籲「促進和推動開放和包容的教育，讓每人接受和平與博愛的文化。」（https://today.line.me/tw/v2/article/l2mXyV0）。

生命教育亦宜考慮不同人生階段的關注，例如郭金國等（2012）則建議老人的生命教育宜包含四大部分，包含「明瞭宇宙生命的真相」、「悅納生命歷程的記憶」、「規劃理想型態的未來」及「圓滿結束如意的一生」等（頁 7-8）。

一、仁愛作為生命教育中的一個重要價值之一 [1]

鄭宗義教授（2020）引用余英時先生（1993）和杜維明先生（1997）的著作建議一個理解中華文化的精神價值的框架（頁 4），該框架具有自我（self）、社群（community）、天地萬物（nature cosmos）及天道（the transcendent）（頁 5），這個框架的四大元素與生命教育中的「天、人、物、我」頗為相似。在個人或自我的層面，鄭宗義教授（2020）指出儒家「仁愛」的觀念，近似墨家的「體愛」，即「愛是將對方看作自己的一部分」（頁 7），而實踐「仁愛」是透過「忠」、「恕」，有時候或許需要犧牲、讓步，因此有一點近似基督教所認為的「愛是犧牲」（頁 7）。至於天道，一方面人在天地萬物之中是非常重要，但另一方面人也不可以自大（頁 19），比較理想的方向是「成己成物」（頁

1　張仁良，2019-03-16；李子建，2022a，第 2 章；第 5 章，頁 186；第 14 章，第參節及第玖節。

7-8），把仁愛推展至親友、他人和萬物，此外，儒家認為人宜以「安命」和「知命」的態度面對不同的順境和逆境（頁9），以平和和正面的態度面對人生和尋找生命的意義。中國文化除了儒家的思想外，道家也給予我們很多智慧。心道法師在2013年的專題演講指出儒家重視「仁愛與寬恕」，由一心之仁出發，推廣至仁愛萬物（https://www.hsintao.org/zh-TW/news/international/item/253-20130911.html）。道家則傾向逆向思考，「無仁之仁」被理解為「大仁」（老子），而「大仁大愛」則反映自然和諧之道，佛家則認為「無緣大慈、同體大悲」，透過慈悲和願力去實踐對生命的相互尊重與包容（https://www.hsintao.org/zh-TW/news/international/item/253-20130911.html）。

　　政治學、哲學、倫理學、不同的宗教文化，以及社會研究都試圖尋找跨越文化的普世價值（universal），其中施瓦茨（Shalom H. Schwartz）嘗試從心理學及實證研究尋找普世價值，他的研究結果顯示有十種不同類型的普遍價值，其中兩種價值為普世性（universalism），包含公正、平等與大自然的融合、內心的和諧等特質，以及慈善（benevolence）含蘊於誠實、忠誠、樂於助人及責任等特質（uioty，2018，7月19日；Schwartz, 1992；Schwartz & Boehnke, 2004）。另一方面，Peterson及Seligman（2004）研究則提取了全人類普遍的六大美德，包括智慧與知識、節制（temperance）、公正／公義（justice）、自我超越（transcendence）、勇氣（courage）及仁慈（humanity）（段文傑等，2016，頁986；李子建，2022a，第5章，頁187；第14章，頁433-434），不過有些學者認為美德與性格優勢並

不完全相同，Duan 及 Ho 等（2012）修訂及製成中文美德問卷
（CVQ），具有親和力（relationship）、生命力（vitality）和意志
力（conscientiousness）（段文傑等，2016，頁 988）等三大美德。
筆者認為學術界對下列問題仍需不斷對話和研究：（一）西方和中
國對美德的註釋和理解，以及對各個的翻譯仍有待研究和澄清；
（二）美德與性格優勢（強項或長處）之間的關係仍有待研究；（三）
在華人文化在社會脈絡下，我們一方面如何從儒釋道，以及中華
文化的智慧精神，和如何從西方正向心理學汲取其精華，另一方
面探討中西觀念又是否適宜融合，是值得我們謙卑地不斷思考的
（李子建，2022，見本書第二章）。

　　不少學者認為仁愛是生命教育的重要組成部分（張仁良，
2019-03-16；李子建，2022a，頁 186）。根據五種不同版本
的翻譯，仁（ren）的英文翻譯可以理解為：virtue（美德），
benevolence（善心、仁或慈悲）（Legge, 2009），moral（道
德）（Gu/Ku（1898, 2017），Good（善良）（Waley, 1999），
human-heartedness（人心、美德）（Pan & Wen, 1993），以
及 humaneness, humane（人情、慈悲、深情）（Lin, 2010）（引
用及修訂自 Wei, 2016, Table 1, p.198）。Matt Stefon（2016,
December 5, https://www.britannica.com/topic/ren）指 ren
（仁）對應 humanity（人性）、humaneness、goodness（善
良）、benevolence 或 love（愛），可見中英文在「仁」的理解
和翻譯也有多元化的展現。Guo 及 Cui（2012）把儒家仁愛對應
benevolence。過往部分學者認為仁愛是一種博愛（philanthropy,
universal love），但部分學者認為孔子也提及愛親、孝悌和愛有

差等（p.24），這與儒家所提及的人倫（renlun）有一定的關聯（p.36）。但是儒家思想也提及「推己及人」、「推恩」、「推愛」、和「成己成人成物」（p.51），經過不同哲學家（包括新儒家學者）的不斷發展和辯論，這些理念和智慧或許有空間可以與西方（包括基督宗教的教義和理念）進行交流和對話（p.20, 51）。綜合不同的見解，筆者初步的建議為：（一）作為教師，可考慮吸收和反思不同學派（包括宗教義理和中華文化經典）對美德和價值觀的觀點；（二）教授這些價值觀，一方面可以利用日常生活或社會議題把價值觀（例如仁愛或善心）脈絡化（contextualizing）（Barton & Ho, 2020, p.168），另一方面透過正向行動，以及不同類型的實踐和反思，探討價值觀應用於改善生活和實現人生理想的可能性。

二、慈悲作為生命教育中的一個重要價值之一

慈悲是一個佛教常見的概念，但並非限於佛教。天主教教宗方濟各在 2015 年頒佈慈悲特殊禧年詔書《慈悲面容》（*Misericordia Vultus*）。耿占河（2016）對「慈悲」和「仁慈」的用詞作下列分析（經筆者修訂及整理，頁 2-3）：

表 8-1

慈悲	仁慈
來自佛教「慈」（梵語：maitrya）蘊含着仁愛和和善的態度，而「悲」（梵語：karuna）包含哀痛和憐憫的意思，亦包括對眾生之苦感同身受（頁 2），心生憐憫及惻隱之心，並盡力去解決眾生的苦難。	「仁」涉及道德範疇，重視人與人之間的互愛互動；「慈」是一種和善的態度，英文的對應為 charity、benevolence、kindness 等。

耿占河（2016，頁 7）進一步指出舊約聖經中天主的慈悲表現在創造、寬恕和拯救三方面。在《慈悲面容》第 15 號，教宗方濟各呼籲基督徒去思考：（一）我們有沒有給飢者、渴者、裸者、病人、坐監的人等給予幫助和關心？（二）我們有沒有幫助那些活於無知的人、被剝奪基本生活所需的兒童、孤獨者和憂傷者？（三）我們有沒有寬恕那些得罪我們的人，棄絕各種憤怒和仇恨等（參瑪 25：31-45；改寫自耿占河，2016，頁 14）。

　　楊玉輝（2012-03-13）對佛教的慈悲與基督教的愛作比較和探討，現把其中一些論點經筆者修訂和整理如下：

表 8-2

佛教的慈悲	基督宗教的愛
慈為利樂有情，悲為拯救或拔除苦難的眾生；慈悲有生緣慈悲、法緣慈悲和無緣慈悲。（佛光大辭典；慈怡法師，無日期）。	愛是無私的奉獻；「愛是恆久忍耐；又有恩慈；愛是不嫉妒；愛是不自誇，不張狂，不作害羞的事，不求自己的益處，不輕易發怒，不計算人的惡，不喜歡不義，只喜歡真理；凡事包容，凡事相信，凡事盼望，凡事忍耐。」（聖經［和合本修訂版］，哥林多前書 13：4-7）。愛包括上帝和主對世間、人對人，以及人對上帝的所造物之愛。
兩者的相同點頗多，包括慈悲和愛都表現對弱者的關心、同情和幫助，一般而言超越功利的考量，反映博愛精神，對社會產生正面影響，不過佛教以對眾生的悲憫同情為出發點，而基督宗教以對上帝的愛為出發點。	

　　翟本瑞和尤惠貞（2001）進一步指出基督教是他律性的宗教，人必須「信」神和「愛」人，而人的自身沒有具備「愛」人

的能力（頁 4）。佛教把有染污義的愛（貪欲煩惱的根源）與無染污義的愛（慈悲心行之所本）加以區分（頁 7），而真正的「慈悲喜捨」（無量心行，頁 11），是發自本心自覺，因此可算是一種自律的倫理規範和宗教修證（頁 7-8、10），太虛大師把慈悲、喜、捨理解為「愛他」、「憫他」、「贊他」和「助他」，總括而言是一種「利他」的心和行為（頁 10）。

三、同理心及同情心作為生命及價值觀教育的優先價值 [2]

生命及價值觀的優先價值很多，部分學者提及同理心（empathy）（詳見本書第十二章）、同情（sympathy）、憐憫或惻隱之心（compassion）（黃大業譯，盧雲、麥尼爾、莫里遜合著，2017）的重要性，正如不少概念（例如仁愛），不同學者都提供不同的定義和註釋。根據同情的字根來自拉丁文（com- + pati），意即受苦，一些學者認為同情包含兩大組成部分，一方面是對受苦受難者表現關懷的情感，另一方面具有動機去清除痛苦（Halifax, 2012, p.228; Jazaieri, 2018, p.23；李子建，2022a；李子建，2022b；香港課程發展議會，2021）。Jazaieri（2018, p.23）建議同情包括四個部分，第一同情涉及對痛苦（suffering）苦難的覺知（awareness）（認知部分）；第二，同情與同情的關注（sympathetic concern），以及由於苦難所導致情緒激動（emotionally moved）有關（情意部分）；第三，同情包括一種願望去解脫或寬慰

2　詳見本書第十二章。

（relief）苦難（意圖［intentional］部分）；第四，同情包括一個反應（responsiveness）或準備（readiness）去幫助緩解那些苦難（動機部分），然後這些不同部分的複雜組合便有可能引發合作及利他的行為（Jinpa & Weiss, 2013; Jazaieri, 2018, p.24）。從生命教育的視角來說，同情似乎也包含「知、情、意、行」（王秉豪等，2016；李子建，2022a）等面向，與 Jazaieri 及其他學者所建議的不同部分及其組合頗有相通之處。同情與其他概念，例如同理心、同情心、可憐／憐憫等（pity）等或許有所不同，經筆者的修訂和整理如下（表 8-3、表 8-4；Jazaieri，2018）：

表 8-3

形容詞	涉及的意涵（經筆者修訂）
同理心（empathy）	又稱共情的意思，與同情頗為相近，但沒有意圖去緩解苦難。同理心具有感同身受的能力，進而自己也體會「同樣」（經歷他人情感）的經驗（p.24），但並不代表自己贊同對方的立場。
同情心（sympathy）	與同理心和同情頗為相近，同情心受到認知過程（例如換位思考（perspective taking）（p.24），不過同情心涉及個人對他人面對不幸事件感到憂慮和悲傷（理解他人情感）的能力（香港資優教育學苑，無日期）
可憐（pity）	與同情相近，但可憐較傾向對比憐憫自己稍弱或稍遜的人感到懊惱或遺憾（sorry）或關心（concern）
個人苦惱／困擾（personal distress）	Davis（1983, pp.115-116）把同理心理解為四個面向：（1）換位思考；（2）幻想；（3）同理心關懷；（4）個人苦惱。個人苦惱是指個體在緊張不安的狀態下感到焦慮和苦惱。

表 8-4

憐憫（compassion）	同理性困擾（empathic distress）
• 他人相關的情緒	• 源自同理心，自我相關的情緒
• 正向情感（例如愛）	• 負面情感（例如壓力）
• 良好健康	• 欠佳健康、倦怠（burnout）
• 利社會取向及動機	• 抽離及非社交行為（Barton & Garvis, 2019, p.9）

（Singer & Klimecki, 2014, R875）

　　讀者如有興趣，可參考 Germer 著、朱一峰譯（2017）《心理治療中的智慧與慈悲：在臨床實踐中深化正念》（https://www.books.com.tw/products/CN11616985?loc=M_0009_014）。Singer 及 Klimecki（2014）進一步分析憐憫和同理性困擾。

四、生命的「超越」及生命教育：不同宗教文化和學科理論視角的初探[3]

　　談到天道，中華傳統文化中儒、道、佛三家學說對個人的修身都給予很多的智慧和啟示，張文勛（2006）針對孔子的「四毋」（《論語·子罕》）中的「毋意、毋必、毋固、毋我」、莊子的「三無」（指無己、無功、無名，以達致無待的精神境界）（頁121），以及佛家的「破二執」（源出《成唯識論》，以及唐玄奘為代表的法相宗或稱唯識宗理論，即破除「我執」和「法執」）（頁123-124），前者包含「我痴、我見、我慢、我愛」（頁123），而後者

3　可參看李子建，2022a，尤其是第 1 章及第 2 章。

包含四大（地、水、火、風）和五蘊（色、受、想、行、識）（頁
124），並透過自覺修為達致「二空」的境界。三家學說都強調擺
脫和超越「私己」（頁 124）。超越的意義根據何志彬（2009，頁
134）引用克萊恩貝爾（Clineball, Howard）理念的分析，基督教
視「天、人、物、我」的「天」，要參照聖經的屬靈生命成長的視
角，而「人」具有超我（transpersonal）及超越性（transcendent）
層面（p.101；王秉豪等，2016；陳立言，2004）。何志彬（2009）
並引用保羅寫給哥林多教會的書信，生命具有三個階段層：血氣
（natural）的生命（林前 2:14），屬肉體（worldly）的生命（林前 3:
1），以及屬靈（spiritual）的人（林前 2：9-10）（頁 135）。簡單
而言，超越是一個自我溶解（ego-dissolving）的遭遇（encounter）
（Dein, 2020, p.79）。Ellermann 及 Reed（2001）界定自我超越
（self-transcendence）作為個人擴展自我範圍的三方面能力：個人
內在的（intrapersonal）、人際的（interpersonal），以及超我的
（transpersonal）（Dein, 2020, p.79）。

　　心理學的理論傾向把超越概念化為一種個性特徵（personality
trait），一種發展性構念（developmental construct），以及作為一
種異常的經驗（anomalous experience）（Dein, 2020, p.79）。Dein
（2020, p.81）引用 Gorelik（2016）有關四種演進的超越方式：群
體導引（group-directed）、心智理論（theory of mind, ToM）所
引發的超越性（對靈魂及超越人類的感知）、美感的（aesthetic）
超越（例如對美好或具力量的事物感到敬畏 [awe]），以及認知的
（epistemic）超越，例如涉及隱藏事實的啟示（revelation）、闡明
（illumination）和覺悟／啟蒙（enlightenment）。不過，無論從宗

教研究、心靈學（spirituality）、哲學，以及心理和其他科學（例如腦科學）的角度，我們仍需對超越作不斷的探究（p.84）。從哲學的角度而言，吳先伍（2019）認為儒家哲學和西方哲學都可視為一種「自我超越」（頁 42），在西方，「超越」的概念可謂出自中世紀的基督教神學，後來康德用於哲學，杜維明（2001，頁 39）也指出西方人的超越性源於一元宗教或一元上帝的觀念。儒家哲學也追求超越，但似乎偏向追求「內在超越」（吳先伍，2019，頁43）。牟宗三先生在《生命的學問》（2005，頁 84）認為儒、釋、道三教是建基於自己的心性上，而且儒家視人與社會整體不能分割，因此會較重視道德責任（頁 48、50），以及對他人、社會、國家、自然萬物、世界的關心（頁 50），並非一種法律的要求和義務（頁 50）。釋覺光法師（2007）談到道教經典《道德經》，指出《道德經》的和諧觀體現在三方面：（一）慈悲為懷，例如老子提倡的齊同慈愛、和光同塵觀念與佛教的慈悲精神頗有相通之處；（二）智慧為本，例如道家的智慧與《華嚴經》和佛教的般若智慧頗有交集的地方；（三）修身為基，例如老子強調的「尊道而貴德」（第 51章）與佛教的普濟群倫、修心養性的取向互相呼應（頁 26-27）。除了自我超越外，尉遲淦（2003）也討論佛教和基督宗教超越生死的觀念。從佛教的觀點而言，生命和死亡都是生死輪迴中的一部分（頁 4），因此可以從執着中自力解脫出來（頁 5）。至於基督宗教而言，人若要超越生死，必須以耶穌基督作為信仰，才可進入永生的天國（頁 7）。人要超越生死，起碼似乎和可能是要超越現世自身的條件、（廣義的）心靈狀態和範圍，以邁向「天、人、物、我」的融通和統一。

五、服務學習與生命教育

另一方面，魏嘉華（2007）引用了郎尼根（Bernard J. F. Lonergan, 1973）的認知結構、自我超越與皈依去探討與服務學習的可能關聯（詳見本書第四章），經筆者的修訂和整理如下表（有關服務學習，詳見本書第四章）：

表 8-5

理論	內涵	對服務學習的可能啟示（部分）
1. 認知結構 —— 四層面 （1）悟性層 　　（intellectual） （2）理性層 （3）責任層 （4）經驗層	除了四層面外，也包含四層意識，以及被認知對象的四模式，例如可被感覺者、可被理解者、實在者和有價值者（頁 143-144）。	對服務對象建立「經驗、理解、判斷與抉擇」（頁 151），期望逐漸建立關懷、同理人、平等待人、尊重與包含、願意及能夠幫助他人等素質（頁 152）
2. 自我超越 （1）知識上的自我超越 （2）倫理上的自我超越	有預於超驗意念和超越概念的培養（頁 146）	對服務對象（尤其是有需要的人）形成較真實的概念（知識上超越），反思和重視服務和幫助（頁 153）
3. 皈依（conversion） （1）悟性（intellectual） （2）倫理（moral） （3）宗教	宗教的皈依為倫理和悟性的皈依提供了基礎（頁 149-150）	他人（與自己一樣的社群一份子）背後所蘊含的善（倫理上的超越），部分情況有可能與宗教的皈依有所互動（頁 154）

（參考魏嘉華，2007，頁 143-154）

　　王載寶教授（Paul T. P. Wong）也討論自我超越，他引用了不同專家的理論，包括 Haidt（2012）視自我超越作為進化（evolution）的最偉大的成就（crowning achievement）；馬斯洛（Maslow, 1971; 2016）視自我超越作為個人發展的最高階段；Cloninger et al.（1993）視自我超越作為一種性格 / 個性特質（personality trait）；Tornstam（1994）視自我超越作為一種發展性過程；Reed（1991）視自我超越作為垂死病人的一種靈性照顧（spiritual care）；Schwartz（1992, 1994）視自我超越作為一種價值取向；Frankl（1985）視自我超越作為一種原始動機（primary motivation）等（Wong, 2016, pp.3-5；Lee, Yip & Kong, 2021；李子建，2022a，頁 98-101）。王載寶教授（Wong, 2014）則認為自我超越是一個世界觀（worldview）或心態（mindset），意即我們的感知和行為會因為視角（perspective）而有所差異（Wong, 2016a）。他並且引述了一些無私而偉大的人物為共同利益（common good）而作出貢獻，例如甘地（Mahatma Gandhi）、德蘭修女、納爾遜‧曼德拉和馬丁路德‧金等。在另一篇文章（Wong, 2016b），王載寶教授建議以尋求意義（meaning-seeking）和自我超越的視角作為生死教育課程的可能性（pp.317-318），這種建基於 Frankl（1985、1986）的取向重視個人責任（personal responsibility），對其他人類、環境，以及造物主（Creator），王載寶教授認為個人的持續自我改善（包括有靈性上的成長），由「小我」擴展到「大我」有一定的意義（李子建，2022a，第 3 章、第 13 章及第 14 章）。筆者在閱讀劉述先先生（1998）《論宗教的超越與內在》深受啟

發，劉述先教授認為在現代多元化的脈絡下，「不可期望「定於一」，他也引述史密士（Smith, Huston, 1991；劉安雲譯，休斯頓·史密士［Huston Smith］著，2013）對宗教的想法，全世界不同地區、文化和時代都尋求超越，但是「真正超越的神性非言所及、非解所到」（劉述先，1998，頁 108），與老子《道德經》所言「道可道，非常道」（朱維煥，2001，頁 3-4）頗有契合之處，但這並不妨礙我們對「超越」在概念上和精神上超越邏輯推論的探索（修訂自劉述先，1998，頁 103、108）。

六、生命教育與生死教育

談生命教育時，臺灣張淑美教授（2005，頁 III）指出自從一個人出生開始，已經是「探討生命了」，直到死亡前在生命或生死之路途上「探尋生命的意義與價值」。早在 1980 年代，傅偉勳教授（1993、2010）認為生與死是一體的兩面，因此提出「生死學」一詞（曾煥棠，2018，頁 3）。根據張淑美（2005，頁 19）的研究，生死學的十大分類為（一）生死教育；（二）生死禮俗；（三）自殺；（四）臨終關懷；（五）悲傷輔導；（六）生死心理；（七）生死宗教觀；（八）生死哲學觀；（九）生死社會觀；及（十）其他。張淑美（2005）亦認為「死亡教育即是生命教育」（頁 195），也是「從死論生，反思生命」的教育（頁 196）。張淑美（2006，2022，頁 280-281）提出五種生死關係：（一）花開花謝，日出日落；（二）一體兩面，如影隨形；（三）生死無常，惜緣惜福；（四）哭着來世，笑着離塵；（五）死死生生，生生不

息（張淑美，2022；李子建，2022a，第 12 章）。

建基於此，部分學者建議以生死教育為取向的生命教育（張淑美，2005，頁 218）、生死教育（伍桂麟、鍾一諾、梁梓敦，2019），以及生死學教育（曾煥棠，2018，頁 10；李子建，2022a，第 14 章）等，筆者認為從死亡去反思生命的意義與價值，思考不同宗教文化的生死觀，了解和處理失落、悲傷，防止防治自殺、珍惜生命時光去提高自己的生命意義和生活品質可能在中小學階段（曾煥棠，2018，頁 10-11）較適合初步探討。

美國班司理（Bensley）在上世紀七十年代指出死亡教育是探討生與死的關係的教學歷程，涉及宗教文化對死亡和瀕死的了解（陳瑞珠、黃富順，2000）。茉莉·帕特（Molly Potter）（2018，何思維翻譯）的《死亡是甚麼？給孩子的生命教育課》裏，主要引導讀者（小朋友）去了解：死亡的特質、成因；人們對死去親友的反應；死後的狀況和如何紀念死去的人，例如談及人們死後的情況（頁 24），該書指出基督徒、伊斯蘭教徒和猶太教徒相信人死後會到天堂，而佛教徒、錫克教徒和印度教徒相信輪迴轉世，亦有人認為死亡是人的終結，或者不知道人死後會怎麼樣（頁 24）。相關的生死教育教材不少，例如某網站分享「繪本在生死教育的意義」（悅讀易，無日期），介紹了五本生死學故事書，涉及寵物的逝世、摯親的生死離別、面對臨終親友的心情、面對死亡的態度、對「他人之死的思考」等議題。

生死教育的教學方法很多，除了參訪安寧病房與臨終病人交流（紀潔芳，2008，頁 80）、參與葬禮儀式外（頁 78），也可透過其他活動，例如撰寫墓誌銘、草擬遺言、觀賞電影與閱讀小

說等，分享自己對生命的看法，也可以反思自己與他人、親友
（人）、社會與環境（物，例如期望葬禮儀式，或涉及綠色殯葬的
議題）、天道及信仰（天）的關係。此外臺灣學者紀潔芳（2008）
介紹了不同的教學方法，例如討論和辯論法，可從不同的視角
（宗教倫理、法律、生物醫學、社會文化等）探討胎兒生存權利、
安樂死、人有沒有自殺的權利等（修訂自頁 75、79）議題。

　　人作為一種生物，由出生邁向死亡，是一種大自然的規律，但
死亡本身又是否具有意義呢？Jeff Noonan（2013）從生命價值（life
values）的視角分析死亡的四種不同例子。第一種情況是自願的
個人犧牲（willing self-sacrifice）（Noonan, 2013, pp.8-9），目
的是為了他人生存和生活而作出貢獻。Noonan（2013, p.10）引
用了一位中年人，開車時載有三名幼小兒童，但不幸遇上交通意
外，若要三名幼小兒童存活下來，就必須要犧牲中年人的生命，
中年人會如何思考和作出決定？犧牲自己，抑或一起死亡，抑或
保存自己的性命，但可能心理上要考慮社會上對自己的看法，不
過自己或從幼童有較長的生命路途（因為年輕和有較高的未來潛
在生命價值），中年人可能從道德的角度，會作出取捨和犧牲。
第二種情況是給予新和潛在生命價值變為實在的價值（valorizing）
（p.12），這種觀點認為生活條件（life-condition）需要不斷改
善，而生命支持系統亦需要保養（preserved）才可為更多未來
的人受惠。這種觀點，在筆者看來，有少許近似要維持可持續發
展（李子建，2022a，第 2 章；Lee & Efird, 2014），如果要子孫
後代（也包括其他生物）能享受像今天的環境質素，必須在經濟
上、資源分配上和社會發展上有所制約，所以近似一種社會的責

任（social duty）（p.14）。第三種情況為重視（valuing）具生命價值（life-valuable）的事物（p.15），而第四種為使生命變得特殊（specific）、完整（complete）及對他人有價值（p.18）。這些具哲學和價值取向問題似乎無單一答案，需要進一步澄清、思考和討論。

七、教師的生命意義感

Frankl（1981）也許是學者之中提出部分患上精神官能症（neurosis）是源於缺乏生命意義。因此生命意義與人的存活有一定的關聯（Frankl, 1984；吳和堂，2014，頁93；李子建，2022a，第13章，頁386及388；第14章，頁443）。有關生命意義感量表研究不少，臺灣學者吳和堂（2014，頁96-98）曾進行分析，甚有參考價值，並依據Frankl的意義治療理論（1969、1985）編制教師生命意義感量表。該量表共有三個層面：意志的自由、求意義的意志和生命的意義（頁106、117）。吳勢方、丘愛鈴、何青蓉（2015，頁36）的個案研究建基於Frankl（1967、1984）理論（趙可式、沈錦惠，2001）涉及生命意義感的內涵，建議四個層面用以分析福智理念對個案教師在生命意義感的轉變和在關懷實踐（Noddings, 1984, 1992；方志華，2004；李子建，2022a，第5章，第貳節；第14章，頁443-444）方面的影響。該四個層面包括（一）生命自主與負責；（二）苦難與死亡的接納；（三）生命意義與價值；（四）生命目的與實踐（吳勢方、丘愛鈴、何青蓉，2015，頁36、49）。教師在推動生命教育有着

重要的角色（張仁良，2019-03-16；李子建、龔陽，2019-03-16），日後可針對教師和學生在生命意義感的探究（李子建、謝夢，2022；李子建，2022a，第 14 章）。

八、宗教領袖對生命價值的分享

筆者曾經以香港教育大學宗教教育與心靈教育中心總監的身份主持與宗教領袖的網上對談活動（與華人永遠墳場管理委員會合辦）。嗇色園黃大仙祠監院李耀輝（義覺）道長以火車路軌作比喻，建議青少年需要有適當的成長方向（香港商報網，2020-12-01）。

時任香港聖公會西九龍教區陳謳明主教（現為香港聖公會大主教）以《聖經》約翰福音 11 篇章拉撒路復活的故事，指出世人需要重視肉身和靈性的生命，而生命乃是神的恩典（香港商報網，2020-12-01）。正如詩篇（68：20）所言：「我們的神是施行拯救的神；人能逃脫死亡，是在於主耶和華。」（聖經新譯本，https://cnbible.com/psalms/68-20.htm）。香港聖公會陳榮豐牧師解說約翰福音（11：1-45）的福音經文，指出拉撒路復活的故事，目的彰顯上主的表述為「我是」（I am who I am）（《出埃及記》），亦是顯示了耶穌受死 —— 步向死亡之路（http://www.hkskh.org/scripture_commentary.aspx?id=2235&lang=2）（林時新，2016-09-07；約翰福音（12：9-11；9：25）。

香港佛教聯合會秘書長演慈法師引用耶舍於河邊遇到佛祖釋迦牟尼的故事，帶出人生有苦有樂，變幻無常，要面對逆境（香港商報網，2020-12-01）。佛陀為耶舍講解五蘊，即無常、苦、

空、無我的道理，而一切的善意都是從心而生，只要內心不受物
欲所纏縛，才可斷除煩惱，證得聖果（佛陀小傳，2020-07-08）。

　　香港青松觀董事局副主席葉長青道長以老子語錄《道德經》
的第 76 及 78 章作分享（http://blog.udn.com/Axeman/8550135
and https://www.daodejing.org/yiwen/76.html），提及「弱之勝
強，柔之勝剛」（語見老子《道德經》第七十八章）和「上善若水」
（語見老子《道德經》第八章）的意涵和包含的人生智慧。耶穌
寶血女修會蘇肖好修女以舊約聖經創世紀第一至第四章（http://
line.twgbr.org/recoveryversion/bible/01.html and https://www.
wordproject.org/bibles/big5_cath/01/1.htm）分享從天主教的教
義而言，人的靈性生命的基礎源於天主的愛。有關該對談的活動
內容可詳見宗教教育與心靈中心（2020a，2020b）的網站連結。

　　筆者在該宗教領袖的寶貴分享後以 ABCDE 作總結，經修訂
後在此拋磚引玉。A 包括有態度（attitude）與行動（action）、
B 包含出生（birth）和仁愛（benevolence），C 包含同情心
（compassion）及關注（concern），D 則包含死亡（death）及
道（dao），而 E 是代表經歷（experience）及存在（existence）
（香港商報網，2020-12-01）。從生命教育的角度來說，人的一
生由出生至死亡，透過「天、人、物、我」（王秉豪等，2016，
李子建，2022a，第 1 章及第 14 章）之間，由個人與他人、社會
文化、環境、以及宗教信仰靈性或天道的互動和關注尋求自己的
生命及存在的意義。人的生命成長宜以正向的價值觀，例如慈悲
心和仁愛作為導向（張仁良，2019-03-16；李子建，2022a），
透過人生不同階段的經歷和學習反思，以正向態度和信念，透過

「知、情、意、行」的實踐，自我觀照同觀照他人，珍惜和尊重生命，並行善和造福大眾和大自然。

本章所觸及的概念和價值背後相關的理論和詮釋可謂博大精深和多元複雜，筆者的看法謹為粗淺和愚陋管見，讀者必須不斷閱讀、從生活實踐上反思和與他人討論，才可有進一步進深的體會。

* * * * * * * * * * * * *

本書部分內容曾在《生命教育：理論基礎、取向和設計》（李子建，2022a）（可參考第 1 章、第 2 章、第 4 章、第 5 章、第 9 章 [張淑美著] 及第 14 章）發表。

鳴謝

筆者感謝華人永遠墳場管理委員會（簡稱華永會）支持的「終‧生‧大事」生命教育項目」計劃，對下列宗教領袖（時任香港聖公會西九龍教區陳謳明主教、香港佛教聯合會秘書長演慈法師、香港青松觀董事局副主席葉長青道長、耶穌寶血女修會蘇肖好修女、嗇色園黃大仙祠監院李耀輝 [義覺] 道長）參與網上對談（香港教育大學宗教教育與心靈教育中心，2020a；2020b），分享他們的智慧和對生命意義的看法，表示衷心感謝。

本文所發表內容及觀點僅代表李子建個人的意見，並不代表香港教育大學及其立場。

參考文獻

心道（2013，9 月 11 日）。北京大學專題演講：「仁愛與寬恕——儒釋道思想與當代社會的對話」，發表於北京大學專題演講。取自 https://www.hsintao.org/zh-TW/news/international/item/253-20130911.html。

方志華（2004）。《關懷倫理學與教育　關懷倫理學與教育》。臺北：洪葉文化。

王秀槐（2013）。〈在天地之間打開另一扇窗 —— 從生命教育談宗教與教育的關係〉。《臺灣教育評論月刊》，2（8），頁 19-20。

王秉豪、李子建、朱小蔓、歐用生、吳庶深、李漢泉、李璞妮（主編）（2016）。《生命教育的知、情、意、行》。新北市：揚智文化事業股份有限公司。

世界宗教博物館（無日期）。理念。取自 https://www.mwr.org.tw/xmdoc/cont?xsmsid=0H305727505264878260。

伍桂麟、鍾一諾、梁梓敦（2019）。《生死教育講呢啲》。香港：明報出版社。

休斯頓・史密士（Huston Smith）（著）、劉安雲（譯），（2013）。《人的宗教：人類偉大的智慧傳統》（*The World's Religions: Our Great Wisdom Traditions*）。臺北：立緒文化公司出版。（原著出版於 1991）

朱一峰（譯），Germer, C. K（著）（2017）。《心理治療中的智慧與慈悲：在臨床實踐中深化正念》。北京：中國輕工業出版社。（原著出版於 2014）

朱維煥（2001）。《老子道德經闡釋》。臺北：臺灣學生書局。

牟宗三（2005）。《生命的學問》。桂林：廣西師範大學出版社。

老子道德經（無日期）。《道德經》第七十六章。取自 https://www.daodejing.org/yiwen/76.html。

何志彬（2009）。〈從基督教屬靈觀探討「全人教育」的模式：「生命教育」的實踐與反思〉。《教牧期刊》，26，頁 119-157。

余英時（1993）。《從價值系統看中國文化的現代意義：中國文化與現代生活總論》。臺北：時報文化出版企業有限公司。

吳先伍（2019）。〈「自我超越」抑或「超越自我」？ —— 儒家形上超越的他者之維〉。《華東師範大學學報（哲學社會科學版）》，51（6），頁 42-50。

吳和堂（2014）。〈教師生命意義感量表之發展〉。《教育理論與實踐學刊》，6（29），頁 91-122。

吳勢方、丘愛鈴、何青蓉（2015）。〈己立而立人 —— 國小教師生命意義感的轉變與關懷實踐之個案研究〉。《教育脈動》（國家教育研究院電子期刊），3，頁 32-52。https://epaper.naer.edu.tw/edm.php?grp_no=2&edm_no=122&content_no=2588。

李子建（主編）.（2022a）。《生命教育：理論基礎、取向和設計》。臺北：元照出版有限公司。

李子建（2022b）。〈同理心在教學和生命教育上的運用〉。《教育局訓育及輔導組訓輔專訊》，29。香港：香港特別行政區政府教育局。

李子建、謝夢（2022）。〈生死教育的研究與評估〉。載於李子建（主編），《生命教育：理論基礎、取向和設計》（頁 365—429）。臺北：元照出版有限公司。

李子建、龔陽（2019）。〈科技發展下的教師角色：生命教育者〉。北京教育（普教版），8，頁 11-15。

杜維明（1997）。《儒家思想：以創造轉化為自我認同》。臺北：東大圖書股份有限公司

杜維明（2001）。《東亞價值與多元現代性》。北京：中國社會科學出版社。

林時新（2016）。〈使拉撒路復活〉。載於林時新《基要真理證道集》。香港：生命出版社。取自 https://www.cclifefl.org/View/Article/2489。

段文傑、謝丹、李林、胡衛平（2016）。〈性格優勢與美德研究的現狀、困境與出路〉。《心理科學》，39（4），頁 985-991。

紀潔芳（2008）。〈生死教育教學內涵、教學方法與評量〉。《97 年度生命教育議題研討文集（第三組 生命發揚）》，頁 71-83。

茉莉・帕特（Potter, M.）（2018）。《死亡是甚麼？給孩子的生命教育課》
　　（何思維譯）。香港：新雅文化事業有限公司。（原著出版於 2018）

香港商報網（2020，12 月 1 日）。〈教育大學與華永會合辦網上對
　　談〉。取自 https://www.hkcd.com/content/2020-12/01/
　　content_1232865.html。

香港教育大學宗教教育與心靈教育中心（2020a）。〈「識死・惜生」生命
　　教育活動項目系列。〉。取自 https://www.eduhk.hk/crse/tc/event
　　/%E3%80%8C%E7%B5%82%EF%BC%8E%E7%94%9F%EF%BC
　　%8E%E5%A4%A7%E4%BA%8B%E3%80%8D/。

香港教育大學宗教教育與心靈教育中心（2020b）。〈「識死・惜生」生命
　　教育活動系列 —— 宗教領袖對談〉。取自 https://drive.google.com/
　　file/d/1NKfZ3wbxKz2axnwK39MGoofJDbC6-TQ1/view。

香港資優教育學苑（無日期）。〈有關青少年同理心及同情心的研究〉。取
　　自 https://www.hkage.org.hk/b5/publications/geinsights/study-
　　on-empathy-and-sympathy-of-adolescents。

香港課程發展議會（2021）。《價值觀教育課程架構（試行版）》。香
　　港：香港特別行政區政府教育局。取自 https://www.edb.gov.hk/
　　attachment/tc/curriculum-development/4-key-tasks/moral-civic/
　　Value%20Education%20Curriculum%20Framework%20%20
　　Pilot%20Version.pdf。

悅讀易（無日期）。〈生死教育繪本介紹—— 五本生死學故事書〉。取自
　　https://booksland.hk/blog/ 生死教育繪本介紹 - 五本生死學故事書。

耿占河（2016）。〈「慈悲」：治癒生命的殘缺〉。《神思》，109，頁 1-17。

國際聖經組織（無日期）。《創世記》。取自 https://www.wordproject.
　　org/bibles/big5_cath/01/1.htm。

尉遲淦（2003）。〈試比較佛教與基督宗教對超越生死的看法〉。生命教育
　　系列。取自 http://yck.com.tw/crossfujd1.htm。

張仁良（2019，3 月 16 日）。〈生命教育的反思〉。《信報：教育講論》。
　　取自 https://www1.hkej.com/dailynews/culture/article/ 生命教育
　　的反思。

張文勛（2006）。〈儒、道、佛的自我超越哲學 —— 孔子的「四毋」、莊子的「三無」和佛家的「破二執」之比較〉。《中國文化研究》，4，頁118-124。

張淑美（2005）。《「生命教育」研究 —— 論述與實踐：生死教育取向》。高雄：高雄復文圖書出版社。

張淑美（2006）。〈生死本一家，讓死亡活在生命中〉。載於林綺雲（主編），《實用生死學》，序。臺中：華格納。

張淑美（2022）。〈生死意義與生命意義的追尋〉。載於李子建（主編），《生命教育：理論基礎、取向和設計》（頁279-291）。臺北：元照出版有限公司。

張菀珍（2008）。〈宗教信仰與生命教育〉。取自 http://www.yct.com.tw/life/97lift/97brainstorm05.pdf。

郭金國、葉孟潔、張啟台（2012）。〈以生命教育重啟老人希望〉。《網路社會學通訊》，105，頁1-8。

陳立言（2004）。〈生命教育在台灣之發展概況〉。《哲學與文化》，31（9），頁21—46。取自 http://www.kyu.edu.tw/93/epaperv7/066.pdf。

陳瑞珠、黃富順（2000）。〈死亡教育〉。國家教育研究院辭書。取自 https://pedia.cloud.edu.tw/Entry/Detail/?title=%E6%AD%BB%E4%BA%A1%E6%95%99%E8%82%B2#。

陳榮豐牧師（無日期）。〈經文淺釋：約翰福音11：1—45〉。香港聖公會。取自 http://www.hkskh.org/scripture_commentary.aspx?id=2235&lang=2。

曾煥棠（2018）。《認識生死學：生死有涯》（第二版）。臺北：揚智文化。

雁南飛（2013，9月17日）。《老子道德經》76至78章註釋。取自 http://blog.udn.com/Axeman/8550135。

黃大業（譯），盧雲、麥尼爾、莫里遜（著）（2017）。《慈心憐憫：在卑微與逼迫中發現上帝》。香港：基道出版社。

傅偉勳（1993）。《死亡的尊嚴與生命的尊嚴》。臺北：正中書局。

慈怡法師（主編）（無日期）。〈慈悲〉。佛光大辭典。取自 http://buddhaspace.org/dict/fk/data/%25E6%2585%2588%25E6%2582%25B2.html。

楊玉輝（2012-03-13）。〈佛教的慈悲與基督教的愛〉。鳳凰網華人佛
　　教。取自 https://fo.ifeng.com/special/zhutifoyeduihua/aiyucibei/
　　detail_2012_03/13/13164724_0.shtml。

翟本瑞、尤惠貞（2001）。〈基督教「愛觀」與佛教「慈悲觀」的比較 ──
　　宗教社會關懷的倫理基礎〉。《普門學報》，2，頁 1-12。

趙可式、沈錦惠（譯），Frankl, V. E.（著）（2001）。《活出意義來 ──
　　從集中營說到存在主義》。臺北：光啟。

劉述先（1998）。〈論宗教的超越與內在〉。《二十一世紀》雙月刊：人文
　　天地，50，頁 99-109。

鄭宗義（2020）。〈中華文化的精神價值〉。課程發展處中國語文課程──
　　「中華文化的精神價值」研討會，郁文華章──中華文化學與教資源套
　　（文化集思）。香港：香港特區政府教育局課程發展處中國語文教育組。

舊約聖經恢復本（無日期）。〈創世記〉。取自 http://line.twgbr.org/
　　recoveryversion/bible/01.html。

魏嘉華（2007）。〈自我超越的生命意義──以服務學習為例〉。《全人教
　　育學報》，頁 139-154。

羅蔚舟（2021）。〈「宗教與教育」教宗方濟各向世界發聲　心道法師一
　　起實踐生命教育〉。《勁報》。取自 https://today.line.me/tw/v2/
　　article/l2mXyV0。

釋覺光（2007）。〈淺談《道德經》的和諧思想 ── 兼論與佛法的相通之
　　處〉。《中國道教》，4，頁 26-27。

Barton, G. & Garvis, S. (2019). "Theorizing Compassion and Empathy
　　in Educational Contexts: What are Compassion and Empathy
　　and Why are They Important?" In G. Barton & S. Garvis (Eds.),
　　Compassion and Empathy in Educational Contexts (pp.3-14).
　　Cham: Palgrave Macmillan.

Barton, K. C. & Ho, L. C. (2020). "Cultivating Sprouts of Benevolence:
　　A Foundational Principle for Curriculum in Civic and Multicultural
　　Education." *Multicultural Education Review,* 12(3), 157-176.

Cloninger, C. R., Svrakic, D. M., & Przybeck, T. R. (1993). "A Psychobiological Model of Temperament and Character." *Archives of General Psychiatry,* 50(12), 975-990.

Davis, M. H. (1983). "Measuring Individual Differences in Empathy: Evidence for a Multidimensional Approach." *Journal of Personality and Social Psychology,* 44(1), 113-126.

Dein, S. (2020). "Transcendence, Religion and Social Bonding." *Archive for the Psychology of Religion,* 42(1), 77-88.

Duan, W., Ho, S. M. Y., Bai, Y., Tang, X., Zhang, Y., Li, T., & Yuen, T. (2012). "Factor Structure of the Chinese Virtues Questionnaire." *Research on Social Work Practice*, 22(6), 680-688.

Ellermann, C. R., & Reed, P. G. (2001). "Self-Transcendence and Depression in Middle-Age Adults." *Western Journal of Nursing Research,* 23, 698-713.

Frankl, V. E. (1967). *Psychotherapy and Existentialism*. England: Penguin Books.

Frankl, V. E. (1969). *The Will to Meaning*. New York, NY: New American Library.

Frankl, V. E. (1981). "The Future of Logotherapy." *International Forum for Logotherapy,* 4, 71-78.

Frankl, V. E. (1984). *Man's search for neaning: An Introduction to Logotherapy*. New York, NY: Simon & Schuster, Inc.

Frankl, V. E. (1985). *Man's Search for Meaning* (Revised & updated Ed.). New York, NY: Washington Square Press.

Frankl, V. E. (1986). *The Doctor and the Soul: From Psychotherapy to Logotherapy* (Revised and expanded). New York, NY: Vintage Books.

Gorelik, G. (2016). "The Evolution of Transcendence." *Evolutionary Psychological Science, 2*(4), 287-307.

Gu, H. / Ku H. M. (辜鴻銘), trans. (1898, 2017): *The Discourses and Sayings of Confucius: A New Special Translation, Illustrated with*

Quotations from Goethe and Other Writers (Shanghai et al.: Kelly and Walsh, Ltd., 1898; Chongwen Publishing House, 2017), by Confucius.

Guo Q., & Cui, T. (2012). "The Values of Confucian Benevolence and the Universality of the Confucian Way of Extending Love." *Frontiers of Philosophy in China,* 7(1): 20-54. https://www.jstor.org/stable/44259370.

Haidt, J. D. (2012). "Religion, Evolution, and the Ecstasy of Self-Transcendence." *TED*. Retrieved from www.ted.com/talks/jonathan_haidt_humanity_s_stairway_to_self_transcendence?language=en.

Halifax, J. (2012). "A Heuristic Model of Enactive Compassion." *Current Opinion in Supportive and Palliative Care,* 6(2), 228-235.

Howard, C. (1979). *Growth Counseling: Hope-Centered Methods of Actualization Human Wholeness*. Nashville: Abingdon Press.

Jazaieri, H. (2018). "Compassionate Education from Preschool to Graduate School: Bringing a Culture of Compassion into the Classroom." *Journal of Research in Innovative Teaching & Learning,* 11(1), 22-66.

Jinpa, T. L. & Weiss, L. (2013). "Compassion Cultivation Training (CCT)." In T. Singer & M. Boltz (Eds.), *Compassion: Bridging Practice and Science* (pp.441-449). Leipzig: Max Planck Institute for Human Cognitive and Brain Sciences.

Lee, J. C. K. & Efird, R. (Eds.) (2014). "Schooling for Sustainable Development Across the Pacific." Netherlands: Springer.

Lee, J.C.K., Yip, S.Y.W. & Kong, R.H.M. (Eds.) (2021). *Life and Moral Education in Greater China*. London: Routledge

Legge, J. (Trans.). (2009). *The Analects of Confucius*. Beijing: Foreign Languages Press.

Lin, W. S. (Trans.). (2010). *Getting to Know Confucius — A New Translation of the Analects.* Beijing: Foreign Languages Press.

Lonergan, B. J. F. (1973). *Method in Theology*. New York: Herder & Herder.

Maslow, A. H. (1971). *The Farther Reaches of Human Nature*. New York, NY: Viking Press.

Maslow's Hierarchy of Needs Pyramid [Image]. (2016). Retrieved from http://www.ewao.com/a/psychological-spirituality-maslows-hierarchy-needs-chakra-system/.

Noddings, N. (1984). *Caring: A Feminine Approach to Ethics and Moral Education*. Berkeley: University of California Press.

Noddings, N. (1992). *The Challenge to Care in Schools—An Alternative Approach to Education*. New York & London: Teachers College Press.

Noonan, J. (2013). "The Life-Value of Death Mortality, Finitude, and Meaningful Lives." *Journal of Philosophy of Life*, 3(1), 1-23.

Pan, F. E., & Wen, S. X. (Trans.). (1993). *The Analects of Confucius*. Jinan: Qi Lu Press.

Reed, P. G. (1991). "Preferences for Spiritually Related Nursing Interventions Among Terminally Ill and Nonterminally Ill Hospitalized Adults and Well Adults." *Applied Nursing Research*, 4(3), 122-128

Schwartz, S. H. (1992). "Universals in the Content and Structure of Values: Theoretical Advances and Empirical Tests in 20 Countries." *Advances in Experimental Social Psychology*, 25, 1-65.

Schwartz, S. H. (1994). "Are There Universal Aspects in the Structure and Contents of Human Values?" *Journal of Social Issues*, 50(4), 19-45.

Schwartz, S. H., & Boehnke, K. (2004). Evaluating the structure of human values with confirmatory factor analysis. J. Res. Pers. 38, 230—255.

Singer, T. & Klimecki, O. (2014). "Empathy and Compassion." *Current Biology*, 24(18), R875-R878.

Smith, H. (1991). *The World's Religions: Our Great Wisdom Traditions*. San Francisco: Harper San Francisco.

Stefon, M. (2016, December 5). "Ren." *Encyclopedia Britannica*. Retrieved from https://www.britannica.com/topic/ren.

Tornstam, L. (1994). "Gerotranscendence: A Theoretical and Empirical Exploration." In L. E. Thomas & S. A. Eisenhandler, *Aging and the Religious Dimension* (pp.203-225). New York, NY: Springer.

uioty（2018，7月19日）。施瓦茨（Shalom H. Schwartz）的普世價值觀。取自 https://uioty.wordpress.com/2018/07/19/%E6%96%BD%E7%93%A6%E8%8C%A8%EF%BC%88shalom-h-schwartz%EF%BC%89%E7%9A%84%E6%99%AE%E4%B8%96%E4%BB%B7%E5%80%BC%E8%A7%82-2/.

Waley, A. (Trans.). (1999). *The Analects*. Changsha: Hunan People's Publishing House & Beijing: Foreign Languages Press.

Wei, Q. (2016). "Translation of Ren and Li in *Lunyu*." *International Journal of English Linguistics,* 6(1), 195-201.

Wong, P. T. P. (2014). "Viktor Frankl's Meaning Seeking Model and Positive Psychology." In A. Batthyány & P. Russo-Netzer (Eds.), *Meaning in Existential and Positive Psychology* (pp.149-184). New York, NY: Springer.

Wong, P. T. P. (2016a). "Self-Transcendence: A Paradoxical Way to Become Your Best." *International Journal of Existential Psychology & Psychotherapy,* 6(1), 1-9.

Wong, P. T. P. (2016b). "Meaning-Seeking, Self-Transcendence, and Well-Being." In A. Batthyány (Ed.), *Logotherapy and Existential Analysis. Logotherapy and Existential Analysis: Proceedings of the Viktor Frankl Institute* (vol.1, pp.311-321). Cham, CH: Springer. file:///C:/Users/irene_x3pgs6y/Downloads/Meaning-seekingself-transcendenceandwell-being.pdf.

第九章

靜觀教育

劉雅詩、李子建

　　近三十多年來，西方醫學、心理學界發展出多種以靜觀（或
正念）為基礎的課程和介入方式，在醫學界和社福界令服務對象
減少身心痛苦並促進身心健康（可參考劉雅詩、盧希皿、李子建
編，待刊）。靜觀隨着相關研究成果不斷遞增受到關注，最近十
多年靜觀訓練被運用在高等、中、小和幼兒教育，以滲透或獨立
課程方式協助推廣價值教育、生命教育、正向教育、宗教和靈性
教育，以及訓輔和特殊教育等，此外，本地教育機構近年也將靜
觀訓練納入教師發展和家長教育中。本文旨在面向當前香港教育
需要，概覽關於靜觀運用於外地和本地教育實施現況，整理其訓
練對於教育的可能效用，以作進一步提升教育質素和效能的理論
依據。

　　處於兒童和青少年階段的學生可能會經歷各種脆弱的情況，
這些情況會帶來成長的挑戰，包括學業成績、行為問題、情緒問
題、同伴關係和衝突，以及家庭問題等（Sun & Hui, 2007; Lam
& Hui, 2010）。面對學校人群中價值觀和身份的日益多樣化，在

學校課程和輔導中有迫切需要引入具多元文化的有效方式，以應對學生在學術、行為和價值觀的挑戰（Tadlock-Marlo, 2011）。從研究發現，通過正念練習提高個人意識可以促進學生提高心理健康和幸福感、自尊、自我調節和社交技能，以及學業成績（Semple, Reid & Miller, 2005; Thompson & Gauntlett-Gilbert, 2008; Weare, 2012）。此外，靜觀練習可能是面向融合教育需求學生的有效輔導方法，既能有效減少衝動行為，也能提升專注和幸福感。在概覽關於靜觀教育的實施現況前，筆者先討論靜觀應用在兒童和青少年教育的意義。

一、靜觀教育來源自靜修和冥想

在強調世俗和包容多元信仰的當代社會裏，要促進兒童和青少年的全人學習（holistic learning），Hay & Nye（2006）建議發展三大類別的靈性感知（spiritual sensitivity），包括神秘感（mystery sensing）、覺察感知（awareness sensing）和價值感知（value sensing）（劉雅詩，2009；李子建，2022，第 13 章；第 14 章，頁 449-450；Lee, 2020a；2020b；Lee, 2022）。讚嘆和敬畏（wonder and awe）以及幻想（imagination）兩者都源自於神秘感知（mystery sensing）引起的覺察，它引發研究世界的好奇心以及超越生命的經驗；覺察感知（awareness sensing）涉及心理學中的「專注」，是關於「具有覺察自我的覺察」的反射性過程；透過價值感知（value sensing），人們可以達致生命終極意義的追尋。價值感知包括圓滿美德（ultimate goodness）、

愉快和絕望（delight and despair）和意義（meaning）（Hay & Nye, 2006；劉雅詩，2009；李子建，2022，第 14 章，頁 449-450；Lee, 2020a；2020b）。在此背景下，覺察是兒童靈性培育的一個關鍵條件（Lee, 2022）。

Roeser 和 Peck（2009, p.119）認為冥想或默觀（meditation）教育能夠培養學生的覺察（awareness），對知覺（conscious）、動機意識和學習調整（regulation）有所裨益，並有助於生命裏的自由超越。在東方靈性傳統裏，例如道教的靜坐，其實踐技巧有內丹靜坐、氣功等；佛教稱之為禪修，實踐技巧包括正念或靜觀（mindfulness）、慈心（loving-kindness）、止（samatha）、內觀（vipassana）和禪（Zen）等；印度傳統有超覺靜坐（transcendental meditation）、瑜伽睡眠（Yoga Nidra）等；西方靈性傳統包括歸心祈禱（Centering Prayer）、默想、雅肯（Acem）靜坐等（Waters, et al., 2015, pp.104-105）。

二、對靜觀教育的正確態度

在意念性（ideational）和非意念性（non-ideational）靜修中，Fontana（2007）指出專注（concentration）、平靜（tranquility）和洞察（insight）是被東方和西方的傳統共同認為的特徵（劉雅詩，2009）。意念性靜修指的是透過集中於一個或多個意念的方式以激發智性活動（劉雅詩，2009）。例如，在印度教或佛教的傳統中，人們通常省思包括慈、悲、喜、捨的心靈素質的四無量心，而西方基督教的傳統會透過靈性經驗默想

基督。非意念性靜修指的是對於自然精神狀態的純綷覺察（pure awareness）（劉雅詩，2009）。經過一段時間的練習後，可以減少念頭出現的次數，從而變得更加平靜，甚至靜止。靜觀或念（mindfulness）是一種心理質素，源於古印度佛教心理學的靜修技巧。Mindfulness 一詞譯自巴利語的 sati 和梵文的 smrti，古漢語譯為念，意謂記憶、意識或覺察某些東西（Keown, 2004；Kuan 2008）。它是指培養一種時刻專注和覺察以身心為對象的心理狀態（Blackmore, 2003），例如覺察呼吸，或者覺察行走時的身體姿勢。因此，靜觀練習屬於非意念性靜修。

在推廣靜觀教育方面，Bailey 等（2018）指出教育工作者需要注意一些對靜觀的普遍迷思（myth），例如不少人誤解練習靜觀就是靈性或宗教實踐，Silver & Stafford（2017, p.13）指出靜觀可說是與佛教禪修（meditation）、基督教、猶太教及伊斯蘭教的默想實踐方法有關。但是靜觀也可以跟宗教無關，因為近年靜觀課程均以非宗教方式練習，而且靜觀在心理學和腦科學領域的研究經已受到肯定和重視。此外，靜觀被誤解為放鬆，事實上放鬆是靜觀練習後的可能副產品。有人誤以為靜觀只是感覺正面情緒而迴避負面情感，或是清空思緒（cleaning the mind）而不思考，事實上靜觀並不壓抑情緒，它以培養覺察以達致非判斷性的接納（non-judgmental acceptance）的態度（Bailey et al., 2018, p.4）。Silver & Stafford（2017, pp.22-23）指出，假如教師想引入靜觀活動，最好接受專業的培訓，以及參考不同資料，以身作則並多練習。教師千萬不要強迫學生學習，也不宜視自己為治療師，在課堂引入靜觀活動是為同學提供一種自我管理

（self-management）的方法。

修習靜觀需要先放下對事情進行判斷，並以一種開放而具彈性的心靈態度，接納當下和過往任何可能性（Polinska, 2011, p.162），這心態或許會對於培養同理心和好奇心有幫助（Vacarr, 2001, p.293）（詳見本書第十二章）。Polinska（2011, pp.165-166）引述一行禪師（Thich Nhat Hanh, 1993, p.120）的著作，指出每個人的幸福感（well-being）與整個人類的幸福感緊密連繫着和共同存在（coexistence），這種宏觀取向對我們教授不同宗教的視角和多元文化的議題有一定的啟示。

三、宗教和靈性教育 —— 以本地天主教和佛教學校滲透式課程為例

在 Debbie Silver 及 Dedra Stafford（2017, pp.21-22）的 *Teaching Kids to Thrive: Essential Skills for Success* 第一章提及課堂內引入靜觀活動的重點，開始部分十分重要，包括教師如何營造氣氛、設立課堂進度和語氣、引入靜觀技巧，以及常規地提醒同學把其他雜務事情放開，以專注於靜觀活動和練習。靜修教學法（contemplative pedagogy）的技巧有很多種，包括深層聆聽（deep listening）、冥想、開放溝通、誠實或智性謙遜，以及瑜伽等（Flores, 2017, p.65; Barbezat & Bush, 2014）。

Bacquet（2020, p.197）認為可以考慮將以下活動納入課堂內，例如（一）風車呼吸（pinwheel breathing）（意即深呼吸）；（二）課堂契約；（三）日誌提示語（journaling prompts）以協

助反思；（四）身體掃描（body scanning），聚焦於身體和情緒上的覺察；及（五）小吃練習以訓練五感。冥想或靜坐的目的是邁向不執着（non-attachment），同時是全面投入當下的覺察，這是有別於、甚至逆轉我們的慣性思維方式，即同時對我們過去或未來進行評價或漂流（drifting）的思考。

　　具有宗教背景的辦學團體是香港學校教育的特色之一，於2009年已經有天主中學和佛教中學進行覺知教育先導計劃（Lau, 2009）。近年有一些宗教學校在宗教教育課程更為積極加入靜觀練習，以提升學生的靈性。例如柴灣角天主教小學過去幾年積極以滲透式課程方式在校內各年級推動靜觀活動和正向教育，全體學生在每天早會時段會聽着大磬的聲音進行約三分鐘的呼吸練習，全校每一個課室內均有靜觀角落，擺設了一個磬，在每一節宗教課堂開始之前，宗教科老師都會邀請同學聽着磬的鐘聲，將心安靜下來，進行簡短的呼吸練習和天主教祈禱。在操場上，設有鋪滿不同顏色和形狀的小石春迷宮（labyrinth），小孩能練習靜觀步行時腳底的感覺，總括而言，透過靜觀和正向教育為小孩子營造身心靈整全的健康校園（張曉藍，2021）。

四、全校性生命教育——以小學校本正念課程為例

　　學校正念計劃（Mindfulness in Schools Project, MiSP）是一個總部位於英國的非牟利組織，旨在鼓勵、支援和研究學校的世俗正念教學。它為學校師生發展了三個正念課程。「Paws b課程」為小學（7至11歲）的兒童提供六節60分鐘課程或十二節

30 分鐘的課程，「.b 課程」為中學青少年（12 至 18 歲）提供十節 60 分鐘課程。最近，MiSP 新增了一個「.b 基礎課程」，這項新課程為教師提供了八節 90 分鐘的課程。該課程旨在為繁忙的教育工作者提供訪問。課程長度為 90 分鐘，建議在家練習時間平均每天 20 分鐘，相比成人的 MBSR 或 MBCT 課程為短。三個學校課程均設有教材，例如影片和簡報，簡短練習指引，方便老師受訓練後在學校教授。

　　例如，聖公會基福小學在香港大學「樂天心澄」的團隊指導下，在規劃校本靜觀課程累積不少寶貴的經驗和成效，具有參考作用。該校開展的課程參考澳洲推行的課程，該校校本靜觀課程有幾項特色，首先靜觀元素滲透至一至六年級，兼具縱向和橫向發展，例如小一級較重視「自我情緒管理」、「察覺身體的反應」、「察覺安靜的感覺」、「明白情緒的特性」、「原諒自己及別人」，以及「感恩」。小四級則強調「自我情緒管理」、「明白情緒的特性」、「應對壓力」，以及其他價值及能力相關元素，包括「活在當下」、「選擇」、「覺知」、「自尊」、「後認知能力」、「悲憫」、「幸福感」和「專注」等（見聖公會基福小學簡報）。該校亦在 2021-2022 年度開展了靜觀課程，包括在家篇、個人篇及學校篇，目的是讓靜觀與學生在日常生活上所遇到的不同情境結合（部分資料為學校所提供）。

　　該校參考了 Shardlow（2015）有關把靜觀統整至課堂課程的方法，包括靜觀呼吸（mindfulness through breath）、五感體驗活動（mindfulness through sensory experiences）、想像引導靜觀活動（mindfulness through guided imagery）、靜觀

運動（mindfulness through movement）以及覺察身體感覺活動
（notice body sensation and surroundings）。例如小學四年級安
排每星期一次的靜觀課，並營造靜觀文化校園，包括各類學生日
常靜觀活動以及家長講座和教師培訓等。

五、價值教育──以幼兒課程為例

　　繼中小學課程之後，幼兒靜觀課程也有不少發展。外國也有
發展靜觀為本（mindfulness-based）和仁慈（kindness）的幼
兒課程（preschool），該課程將不同概念連結起來，包括注意力
（attention）、呼吸與身體、關懷（caring）、依賴他人、情緒、
寬恕（forgiveness）和感恩（gratitude），有一些相關的研究成
果（Flook, et al., 2015, p.44）顯示參與仁慈課程的學童相對於
對照組，在社交能力（social competence）方面有較大的穫益，
不過這些課程和活動是否完全適合亞洲的學童，仍需進一步驗證
和探究（McKeering & Hwang, 2019）。

　　Kenneth Tobin（2018a, p.2; 2018b）建議一些靜觀介入
（mindful intervention）的啟發法或捷思法（heuristic），例如
當我與他人互動時（經選取意譯，經筆者修訂）：

• 我聆聽及嘗試去理解（他人）所講的
• 我利用非語言的方法與講者去連結表現興趣
• 當我提供不同想法前，我尋求對（他人）所講的有更深入的
　理解

- 我有覺察他人的情緒
- 我提供時間，讓講者完成其說話的次序
- 我有留意當自己說話時的呼吸
- 我利用腹式（belly）呼吸法
- 我透過鼻子呼氣和吸氣
- 我利用呼吸控制自己的情緒，以及自己身體的和諧（例如脈搏、血含氧、體溫）
- 我監控自己聲線音量的大小、自己的手勢和身體取向

六、訓輔教育和特殊需要教育

　　從最近的研究中可以看出，靜觀不僅可以作為針對有特殊需要的目標學生的獨立計劃實施，還可以與其他心理健康練習一起用於諮詢目的。學校輔導員、教師和家長可以通過靜觀練習共同努力，促進學生的心理健康和福祉。例如，在南美洲國家智利，一個以智利專家為主的團隊研究一個含學習環境、信任與自由、規劃與設計，以及心理幸福感為依歸，並以結構與實踐，教師專業知識（包括知識、模範、耐性及仁慈）、內容及介入的方式（包括隱喻、新穎性、視像材料、樂趣）作為關係性教學（relational-pedagogical）框架（Langer, et al., 2020, p.10）。在推行靜觀教育時，我們也不能忽略學習者對靜觀的視角或看法，同時設計及執行者宜多考慮定時及持續地評估學習者在靜觀練習和活動後在幸福感、執行功能（executive function），對自己、他人和環境的連通性（connectedness）的感受等方面

的變化。這些評估除了外在評估外，也可利用自我評估（Ager, Albrecht & Cohen, 2015, p.912）方式了解學習者的心聲和學習經歷和成效。

研究證據顯示，具有特殊教育需要的兒童和青少年，包括注意力缺乏和多動症（ADHD）、自閉症和攻擊性行為模式的均受益於正念為本的介入訓練（Singh et al., 2011; Zylowska et al., 2008）。從西方和中國的研究發現，腳底練習（Soles of the Feet, SoF）可以幫助自閉症兒童青少年顯著減少攻擊性和破壞性行為（Ahemaitijiang et al.2019; Felver et al., 2017; Singh et al., 2011; Singh et al., 2017）。筆者認為，靜觀介入特殊教育可以參考香港教育局的三層支援架構，在學校內邀請所有教師和學生進行基本靜觀訓練，以營造友善和覺察的校園氣氛；為第二層有特殊需要的學生舉辦小組靜觀課程；最後，為個別嚴重特殊需要學生提供個別化訓練（Lau, 2017, pp.69-70）。

七、精神健康教育——以大學課程為例

無論是西方或本地大學均有向本科或研究生提供靜觀課程或工作坊，以提升他們的幸福感和減少壓力。例如，英國牛津大學向學生提供八周的 75 分鐘靜觀課程，以在狂亂世界尋找平靜（Finding Peace in the Frantic World）自學課程為藍本，是靜觀認知療法課程（MBCT）的簡易版本。又例如，泰國瑪希敦大學（Mahidol University）於校內設立靜修教育中心（Contemplative Education Center），以默想教育、國

民幸福（Gross National Happiness, GNH）和佛教的靈性健康為理論框架推動正念實踐，並以 7C 原則作為學習過程，包括默想（contemplation）、同情心（compassion）、連結性（connectedness）、面對現實（confronting reality）、連續性（continuity）、承諾（commitment）及社群（community）。對於大學一年級學生的一項質性研究顯示，大多數參加過學習的人都喜歡他們的經歷，並對於幸福和精神健康的進一步發展表現出積極的態度（Asdornnithee & Somsit, 2018, pp.43-44；Nilchaikovit & Jantarasuk, 2009）。過程中的一個重點是透過德育和正念練習，學習將自我（ego）執着消除，以建立群體中的信任和緊密關係，最終令瑪希敦社區的成員可以提升以下潛能：（一）以正念作自我管理和覺察自己的情緒；（二）以正念作深度聆聽和同理心溝通，以促進社會和人際關係覺察。

八、家長教育

研究顯示家長靜觀教育能有效減少小孩發展行為問題（Singh, Lancioni & Myers, 2020），西方學者經已發展出有成效的家長靜觀教育課程，例如荷蘭臨床心理學家蘇珊・博格斯發展的靜觀親職課程（Mindful Parenting; Bögels & Restifo, 2014）經已在香港推廣。章月鳳（2019）對香港小學推行家長靜觀練習進行初步研究，透過計劃執行前後的問卷調查和訪談，結果顯示在計劃執行後家長在生活滿意和親子關係上有所改善（頁 19），不過日後在推行「家長靜觀計劃」或類似計劃，可能要注意家長

比較忙碌，出席率有時候可能不高，另外家長可能缺乏時間修習靜觀。此外，計劃的成效也部分受到學校推廣和重視程度、導師的技巧和能力，以及有足夠資金支持工作坊，及相關練習教材的發展（頁 29-30）。章月鳳認為家長靜觀計劃可以親子教育方式進行（頁 31），另外安排的工作坊可以安排在不同時段，以及可安排混合網上和面授方式提供練習機會，以適應不同家長的需求。

九、討論和總結

最近香港有一個有關學校教師的靜觀訓練顯示介入相對於對照組有一定的成效（Tsang, et al., 2021, p.2828）。此外，教師的情緒管理似乎產生了一些介入後的仲介效果（mediating effect），但是中間的過程和策略仍需進一步研究（p.2829）。未來有關靜觀教育的發展宜考慮下列環境（Schonert-Reichl & Roeser, 2016, pp.11-14）：（一）文化與脈絡的通用性 —— 靜觀教育宜考慮文化反應性（culturally-responsive, p.11）的可能作用，另外，如何把靜觀教育的概念和語言適用於某些特定文化情境和脈絡值得進一步思考和試驗；（二）除了獨立的靜觀課程外，學校也可考慮把靜觀技能和心態綜合或融合於學科教學內（p.12）；（三）在那些靜觀元素對中學、小學或中小學教師和學生較為有效（p.12），其他元素和活動類型又如何呢，值得跨學科的團隊和學校參與者共同探究；（四）靜觀為本介入的運作方式，例如直接、間接或網上為本仍需進一步研究，另外教師是否

（及如何）需要接受培訓成為具能力的靜觀教師仍有待進一步討論（p.12）。

　　筆者必須申明，並不是鼓吹或支持某一種靜觀教育、正念教育或默想教育的取向，這兩個領域的研究不斷萌生，採納或調適與否必須慎重，並適宜向不同的專家詢問意見，有一些研究資料似乎顯示少部分接受靜觀訓練的人或者會經歷情緒創傷和苦惱（Bacquet, 2020, p.196），此外，Britton（2019, p.163）在某些情況下，過多的靜觀過程或者對有些人會負面地影響其幸福感。因此，在學校推廣靜觀教育不宜過急，可以考慮先設立教師專責小組並請教相關專家，以先導計劃在個別級試行並進行行動研究，檢討後再商討下一步策略。

*　*　*　*　*　*　*　*　*　*　*　*　*　*

　　本章部分內容曾在《生命教育：理論基礎、取向和設計》（李子建，2022）（可參看第 14 章）發表，本章內容與另一篇章〈正念與生命教育〉及相關前言將刊登於《邁向正向幸福人生 ——以靜觀和正念培育兒童青少年正向價值和身心靈健康》（暫名）（劉雅詩、盧希皿、李子建編，待刊）及該書內容有一定的關聯。

鳴謝

　　筆者感謝以下學校及校長的支持及提供本書（第九章）內的靜觀課程／活動（按筆畫排序）：

- 柴灣角天主教小學、周凱恩校長
- 聖公會基福小學、朱偉基校長

本文所發表內容及觀點僅代表李子建個人的意見，並不代表香港教育大學及其立場。

參考文獻

李子建（主編）（2022）。《生命教育：理論基礎、取向和設計》。臺北：
　　元照出版有限公司。

張曉藍（2021）。〈柴天豐盛之旅〉演講。香港：香港教育大學社會科學
　　系，2021 年 11 月 11 日。

章月鳳（2019）。〈在香港小學推行家長靜觀練習之成效初探〉。《中等教
　　育》，70（4），頁 19-33。

聖公會基福小學（無日期）。〈如何規劃校本靜觀課程〉（簡報）。中、小學
　　教師交流日：「靜觀在學校的應用」學校分享講座簡報。香港：香港特
　　別行政區政府教育局。取自 https://www.edb.gov.hk/attachment/
　　tc/teacher/student-guidance-discipline-services/lecture-notes/
　　lecture-notes-201920/20200608_SKH_Kei_Fook_Primary_School.
　　pdf。

劉雅詩（2009，10 月 20—21 日）。〈結合科學與宗教的智慧 —— 以心
　　靈教育促進靈性健康〉。共建和諧：科學、宗教與發展論壇，澳門。取
　　自 http://repository.lib.ied.edu.hk/pubdata/ir/link/pub/10209.pdf。

劉雅詩、盧希皿、李子建（編）（待刊）。《邁向正向幸福人生 —— 以靜觀
　　和正念培育兒童青少年正向價值和身心靈健康》。香港：中華書局（香
　　港）有限公司。

Ager, K., Albrecht, N. J., & Cohen, M. (2015). "Mindfulness in
　　Schools Research Project: Exploring Students' Perspectives of
　　Mindfulness." *Psychology,* 6, 896-914.

Ahemaitijiang, N., Hu, X., Yang, X., & Han, Z. R. (2019). "Effects
　　of Meditation on the Soles of the Feet on the Aggressive and
　　Destructive Behaviors of Chinese Adolescents with Autism
　　Spectrum Disorders." *Mindfulness.*

Asdornnithee, S., & Somsit, S. (2018). "When People Sing a Different Tune about Contemplative Education: The Introduction of Mindfulness Practices into Faculties of Mahidol University, Thailand." *PSAKU International Journal of Interdisciplinary Research,* 7(1), 42-51.

Bacquet, J. N. (2020). "Comparative Analysis of Contemplative Pedagogy and its Possible Applications within Current International Education." *Thesis*, 9(2), 185-204.

Bailey, N. W., Owen, J., Hassed, C. S., Chambers, R. H., Jones, A., & Wootten, A. (2018). *Evidence Based Guidelines for Mindfulness in Schools: A Guide for Teachers and Principals.* Smiling Mind.

Barbezat, D. P., & Bush, M. (2014). *Contemplative Practices in Higher Education: Powerful Methods to Transform Teaching and Learning.* San Francisco, CA: Jossey-Bass.

Blackmore, S. (2003). *Consciousness: An Introduction.* London: Hodder & Stoughton.

Bögels, S., & Restifo, K. (2014). *Mindful Parenting: A Guide for Mental Health Practitioners.* New York: Springer.

Britton, W. B. (2019). "Can Mindfulness be Too Much of a Good Thing? The Value of a Middle Way." *Current Opinion in Psychology,* 28, 159-165.

Felver, J. C., Felver, S. L., Margolis, K. L., Ravitch, N. K., Romer, N., & Horner, R. H. (2017). "Effectiveness and Social Validity of the Soles of the Feet Mindfulness-Based Intervention with Special Education Students." *Contemporary School Psychology,* 21(4), 358-368.

Flook, L., Goldberg, S., Pinger, L., & Davidson, R. J. (2015). "Promoting Prosocial Behavior and Self-Regulatory Skills in Preschool Children Through a Mindfulness-Based Kindness Curriculum." *Developmental* Psychology, 51(1), 44-51.

Flores, S. (2017). "Contemplative Pedagogy: Mindfulness Methodology in Education & Human Development." *Journal of Education and Human Development,* 6(3), 65-69.

Fontana, D. (2007). Meditation. In Velmans, M. & Schneider, S. (Eds.) *The Blackwell Companion to Consciousness* (pp.154-162). Oxford: Blackwell Publication.

Hay, D. & Nye, R. (2006). *The Spirit of the Child.* London: Jessica Kingsley Publishers.

Hue, M. T., & Lau, N. S. (2015). "Promoting Well-Being and Preventing Burnout in Teacher Education: A Pilot Study of a Mindfulness-Based Programme for Pre-Service Teachers in Hong Kong." *Teacher Development,* 19(3), 381-401.

Keown, D. (2004). *A Dictionary of Buddhism.* Oxford: Oxford University Press.

Kuan, T. F. (2008). *Mindfulness in Early Buddhism: New Approaches Through Psychology and Textual Analysis of Pali, Chinese and Sanskrit Sources.* New York: Routledge.

Lam, C. C., Lau, N. S., Lo, H.H.M. & Woo, D.M.S. (2015). "Developing Mindfulness Programs for Adolescents: Lessons Learnt from an Attempt in Hong Kong." *Social Work in Mental* Health, 13(4), 365-389.

Lam, S. K. Y. & Hui, E. K. P. (2010). Factors Affecting the Involvement of Teachers in Guidance and Counselling as a Whole-School Approach. *British Journal of Guidance & Counselling,* 38(2), 219-234.

Langer, Á I., Medeiros, S., Valdés-Sánchez, N., Brito, R., Steinebach, C., Cid-Parra, C., Magni, A., & Krause, M. A. N, Brito R, Steinebach C, (2020). "A Qualitative Study of a Mindfulness-Based Intervention in Educational Contexts in Chile: An Approach Based on Adolescents' Voices." *International Journal of Environmental Research and Public Health,* 17(18), 6927.

Lau, N. S. (2009). Chapter 37 "Cultivation of Mindfulness: Promoting Holistic Learning and Well-Being in Education." In M. de Souza, L. Francis, J. Norman and D. Scott (eds.) *The International Handbook of Education for Spirituality, Care and Wellbeing* (pp.715-737). Dordrecht; London: Springer.

Lau, N. S. (2014). "Life Education in Contemporary Chinese Societies." In De Souza, Watson & Tousdale (eds.), *Global Perspectives on Spirituality and Education*. London: Routledge.

Lau, N. S. (2017). Chapter 5 "Application of Mindfulness Approaches for Promoting Mental Health of Students in School Counselling." In Ming-tak Hue (ed.), *School Counselling in Chinese Context: School Practice for Helping Students in Needs in Hong Kong*. Abingdon: Routledge.

Lau, N. S. & Hue, M. T. (2011). "Preliminary Outcomes of a Mindfulness-Based Programme for Hong Kong Adolescents in Schools: Well-Being, Stress and Depressive Symptoms." *International Journal of Children's Spirituality,* 6(4), 305-320.

Lee, J. C. K. (2020a). "Editorial: Children's Spirituality, Life and Values Education: Cultural, Spiritual and Educational Perspectives." *International Journal of Children's Spirituality,* 25(1), 1-8.

Lee, J. C. K. (2020b). "Editorial: Children's Spirituality, Life and Religious Education: Socio-Cultural and Religious Traditions and Perspectives." *International* Journal of Children's Spirituality, 25(2), 83-90.

Lee, J.C.K. (2022). "Editorial: Children's life and spirituality development and their educations: sensing, spaces, and sources of influence". International Journal of Children's Spirituality, 27(1), 1-9.

McKeering, P. & Hwang, Y. S. (2019). "A Systematic Review of Mindfulness-Based School Interventions with Early Adolescents." *Mindfulness,* 10, 593—610.

MiSP (n.d.). *Mindfulness in Schools Project*. Retrieved from http:// mindfulnessinschools.org.

Nilchaikovit, T., & Jantarasuk, A. (2009). *The Art of Facilitation in Transformative Learning Process: Contemplation-Based Facilitator Manual*. Nakorn Pathom: Contemplative Education Center, Mahidol University.

Polinska, W. (2011). "Engaging Religious Diversity: Towards a Pedagogy of Mindful Contemplation." *The International Journal of the Humanities,* 9(1), 159-167.

Roeser, R. W., & Peck, S. C. (2009). "An Education in Awareness: Self, Motivation, and Self-Regulated Learning in Contemplative Perspective." *Educational Psychologist,* 44, 119-136.

Schonert-Reichl K. A., & Roeser R. W. (2016). "Mindfulness in Education: Introduction and Overview of the Handbook." In K. A. Schonert-Reichl & R. W. Roeser (Eds), *Handbook of Mindfulness in Education: Integrating Theory and Research into Practice* (pp.3- 16). New York, NY: Springer.

Semple, R. J., Reid, E. F., & Miller, L. (2005). "Treating Anxiety with Mindfulness: An Open Trial of Mindfulness Training for Anxious Children." *Journal of Cognitive Psychotherapy,* 19(4), 379-392.

Shardlow, G. (2015, November). "Integrating Mindfulness in Your Classroom Curriculum." *Edutopia*. Retrieved from https://www. edutopia.org/blog/integrating-mindfulness-in-classroom-curriculum- giselle-shardlow.

Silver, D., & Stafford, D. (2017). "Mindfulness in the Classroom: Slowing Down to Speed up Success." In D. Silver & D. Stafford, *Teaching Kids to Thrive: Essential Skills for Success* (pp.9-32). U.S.: Corwin.

Singh, N. N., Lancioni, G. E., Manikam, R., Winton, A. S., Singh, A. N., Singh, J., & Singh, A. D. (2011). "A Mindfulness-Based Strategy for Self-Management of Aggressive Behavior in Adolescents with Autism." *Research in Autism Spectrum Disorders,* 5(3), 1153-1158.

Singh, N., Chan, J., Karazsia, B., Mcpherson, C., & Jackman, M. (2017). "Tele-Health Training of Teachers to Teach a Mindfulness-Based Procedure for Self-Management of Aggressive Behavior to Students with Intellectual and Developmental Disabilities." *International Journal of Developmental Disabilities,* 63(4), 195-203.

Singh, N.N., Lancioni, G.E. & Myers, R.E. (2020). Chapter 10 "Teaching Mindfulness to Parents, Caregivers, and Teachers." In Singh, N.N., & Joy, S.D.S. (Eds.). *Mindfulness-Based Interventions with Children and Adolescents: Research and Practice* (pp.179-202). Routledge. https://doi.org/10.4324/9781315563862

Sun, R. C. F., & Hui, E. K. P. (2007). "Psychosocial Factors Contributing to Adolescent Suicidal Ideation." *Journal of Youth and Adolescence,* 36(6), 775—786. https://doi.org/10.1007/s10964-006-9139-1

Tadlock-Marlo, R. L. (2011). "Making Minds Matter: Infusing Mindfulness into School Counseling." *Journal of Creativity in Mental Health, 6,* 220-233.

Thich Nhat Hanh. (1993). *Love in Action*. Berkeley, C.A.: Parallax Press.

Thompson, M., & Gauntlett-Gilbert, J. (2008). "Mindfulness with Children and Adolescents: Effective Clinical Application." *Clinical Child Psychology and Psychiatry,* 13, 395-407.

Tobin, K (2018a). "Mindfulness in Education." *Learning: Research and Practice*, 4(1), 1-9.

Tobin, K. (2018b). Methodological Bricolage. In S. M. Ritchie & K. Tobin (Eds.), *Eventful learning: Learner emotions* (pp.31—55). Leiden, The Netherlands: Brill-Sense Publishers.

Tsang, K., Shum, K. K., Chan, W., Li, S. X., Kwan, H. W., Su, M. R., Wong, B., & Lam, S. F. (2021). "Effectiveness and Mechanisms of Mindfulness Training for School Teachers in Difficult Times: A Randomized Controlled Trial." *Mindfulness,* 12, 2820-2831.

Vacarr, B. (2001). "Moving Beyond Polite Correctness: Practicing Mindfulness in the Diverse Classroom." *Harvard Educational Review,* 71, 285-295.

Waters, L., Barsky, A., Ridd, A., & Allen, K. (2015). "Contemplative Education: A Systematic, Evidence-Based Review of the Effect of Meditation Interventions in Schools." *Educ Psychol Rev,* 27, 103-134.

Weare, K. (2012). "Evidence for the Impact of Mindfulness on Children and Young People." *The Mindfulness in Schools Project in Association with Mood Disorders Centre.* Retrieved from http://mindfulnessinschools.org/

Zylowska, L., Ackerman, D. L., Yang, M. H., Futrell, J. L., Horton, N. L., Hale, T. S., & Smalley, S. L. (2008). "Mindfulness Meditation Training in Adults and Adolescents with ADHD a Feasibility Study." *Journal of Attention Disorders,* 11(6), 737-746.

第十章
生命教育與價值觀的校本課程經驗

李子建、羅世光

　　本章不少校本生命與價值觀教育課程例子來自香港教育局所支援和委託的「協助中小學規劃生命教育計劃」（下稱「計劃」），以及其他筆者所熟悉的學校，有關生命與價值觀教育課程的設計理念可參考第五章，至於部分學與教策略可參考第四章，以及其他學者的著作（例如蔡明昌、吳瓊洳，2004；吳秀碧，2006；林思伶，2000；王秉豪等，2016；李子建，2022，第 12 章）。在「計劃」的早期，該項目主要分為三個子項，分別為：（一）教師專業發展課堂：聚焦於理論基礎和香港本地良好經驗分享；（二）臺灣生命教育學習團：通過參訪，借鑒臺灣的生命教育經驗；（三）學校支援：參與學校進行校本的先導試驗，並透過學習社群的建立，與其他學校同工分享經驗（何榮漢等，2016，頁 477-478）。近年，基於生命教育的發展趨勢，以及教育局對項目要求的調整，「計劃」的內容亦有部分變更（表10-1）。

表 10-1 「協助中小學規劃生命教育計劃」內容變更

2019/2020（2019-2020 學年「協助小學規劃生命教育計劃」課程手冊，無日期，頁 5-8）		2020/2021-2021/2022（2020/21-2021/22 雙學年「協助小學規劃生命教育計劃」學習手冊，2021，頁 2-7）	
子項一	生命教育專家講座／工作坊	子項一	生命教育專家講座／工作坊兩大單元課程：（a）二十一世紀生命教育理念及生命教育發展趨勢；（b）當代生命教育專題分享（例如中華傳統美德及文化、處理壓力、接納及尊重、控制情緒、守規守法及誠信等）
子項二	臺灣生命教育交流考察		
子項三	校本支援教師組群分享會及總結分享會	子項二	生命教育校本支援

　　部分學校以獨立科目形式推行生命教育。以大坑東宣道小學為例，該校的校本生命教育課每周一節，以七種價值觀教育為主軸，包含「堅毅」、「尊重他人」、「責任感」、「國民身份認同」、「承擔精神」、「誠信」和「關愛」以螺旋式貫穿一至六年級。它糅合了宗教教育、德育、成長課和性教育課程，並且加入全年每級四節的「性教育課」和「抗逆課」（由輔導組設計）、「班級經營」活動（由訓輔組安排）和「國民身份認同課」（由德育及公民教育組負責）等。此外，生命教育課程透過不同的教學策略，包括繪本課、多元化體驗活動和戲劇等推行。另一所小學仁德天主教小學推行以天主教核心價值（包括真理、義德、愛

表 10-2　仁德天主教小學生命教育核心課程 —— 精彩人生系列

年級	學期	主題
一	上	我是仁德好孩子
	下	珍寶王國
二	上	家族的誕生
	下	藥在大同
三	上	網絡中人·玩轉 330
	下	大地恩情
四	上	靜觀樂
	下	有伴同行
五	上	意外人生
	下	心繫中國
六	上	人生滿希望
	下	夢想放飛·為世界做一件美好的事

單元式課程

（仁德天主教小學生命教育核心課程 —— 精彩人生系列）

德、生命、家庭）為本的生命教育課程，期望學生能夠「欣賞生命」、「關愛生命」、「珍惜生命」和「活出生命」。該校以全校參與方式推動生命教育，其課程安排包括核心課程和輔助課程。課程由「精彩人生系列」和「各級主題活動」所組成，「精彩人生系列」的內容以單元方式組織，如表 10-2 及表 10-3 所示（https://www.yantak.edu.hk/development.php?id=219）。

表 10-3

年級	例子（活動）
一	• 「誰最特別」——自畫和互畫臉譜活動 • 「仁德挑戰站」——培養學生的自我管理能力 • 「夢想王冠」及「夢想啟動禮」——立志發揮個人獨特之處
二	• 定格扮演 —— 學習尊重 • 「優點大轟炸」—— 學習欣賞和稱讚別人 • 體驗母親懷胎的辛苦 • 我的蛋寶寶出生
三	• 網絡中人 —— 玩轉 330（與新生會合辦）
四	• 靜觀樂 —— 這些不同活動期望學生的認知能力、創意、抗逆力和情緒健康有所提升

輔助課程則安排「Easy Easy 好小事」、「我的行動承諾」和「你值得讚點唱站」和生命教育聯課活動，以連結信仰培育、訓輔、德育、國民教育、健康教育、性教育、學生支援等元素，以不同活動，例如開筆禮、蒙眼午餐體驗（看得見的恩典）、新生滿月祝福禮、升旗禮、環境保護活動、互動劇場和公民教育講座等。不同年級也讓同學欣賞心靈故事，例如學校鼓勵繪本欣賞，如《我很擔心》、《大衛上學去》、《誰是第一名》、《恐怖的頭髮》、《但願我是蝴蝶》等。

藍田循道衛理小學，配合辦學團體循道衛理聯合教會生命教育的「天、人、物、我」，以及基督的愛和宗教精神，推動「五自素質生命教育」所謂五自，是指自愛、自理、自律、自主、和自學的素質，一方面培養學生對生命的熱愛，建立正向的人生觀和享受豐盛的生命，另一方面培養學生自我學習和自我管理的能

力。配合該校學生的 LTMPs 生命素質，其內容包括「效主愛、樂分享」（Love）、「展潛能、求卓越」（Talent）、「懷謙遜、行主道」（Modesty）、「存堅毅、勤學習」（Persistence），和「恆律己、肯承擔」（Self-management）等，某程度上呼應廿一世界技能、生命教育、宗教教育的元素。該校採用《讓生命高飛》作為校本的「生命成長課程」，課程運用生活事例、繪本、小故事、短片和電影等，讓學生透過多元方式學習生命教育。《讓生命高飛》包含四個向度和相關範疇（https://www.ltmps.edu.hk/tc/content/ 生命教育課程 —— 生命成長課）（表 10-4）：

表 10-4

四個向度	範疇
人與自己	自我概念、自我管理、解決問題
人與他人	溝通與人際關係、欣賞與接納他人、應變與處理衝突
人與天	認識生命意義
人與環境	國民教育、欣賞與愛護大自然、關愛世界

　　五邑鄒振猷學校選取了「仁、義、智、勇、惜、寬」六個中華美德的字和相關概念，結合了西方正向心理學的品格教育，設計了六堂「疫」境中的生命課（部分利用繪本），利用 2019 冠狀病毒病疫情作為生命教育的素材，讓六種生命課如下（https://sspgps.edu.hk/sites/default/files/pdf/ 疫境中的生命課 .pdf）。

五邑鄒振猷學校鄭麗娟副校長訪問摘要

　　鄭麗娟副校長（Ms Tammy Cheng）自 1999 年開始發展校本的德育課程，起初較着重道德要求和道理的教授，及後轉移到生活教育與價值觀的結合，某程度上可說是「成長課」的前身。鄭副校長本身是語文科教師，長時間投入校本課程發展價值觀教育和語文教育，甚具心得，現時為行政長官卓越教學獎教師協會主席。鄭副校長在 2017 年左右開展 HALM 跨課程主題學習計劃（HALM 以人文學科為主幹，結合藝術、語文和品德教育），在學校（五邑鄒振猷學校）創設了一星期兩節的「知趣學堂」，讓學生在學科課堂以外，進行另類學習。鄭麗娟副校長喜愛戲劇教育和對繪本教學甚有研究，多次往臺灣取經參訪，在疫情下設計了生命課，結合西方正向教育元素和中華文化價值，最近亦推行全面的體驗式價值教育課程。她深信價值觀教育和學生全人發展的重要性，近年回內地深造教研，以全人語文教育家作為追求的專業發展目標，探索西方正向價值與中華文化精粹結合的可塑性。鄭麗娟副校長也察覺時代的變遷，新一代學童和家長都面對不同的挑戰，因此生命與價值觀教育也宜結合家長教育、教師發展和學生成長。

沙田循道衛理中學

　　除了藍田循道衛理小學和大埔循道衛理小學，不少循道衛理聯合教會屬下的中小學都積極推動生命教育，不少亦有優秀的成

果。中學方面，以沙田循道衞理中學（簡稱沙循）為例，其近年
的生命教育結合 STEM 教學，旨在培養學生關心愛護自然環境。
沙循強調六育（德、智、體、群、美、靈）並進並重，校本生命
教育的價值內涵包含生命色彩（關懷承擔、謙卑感恩）、生命力
量（確立志向、發展潛能、關愛尊重、堅毅正直、知情識趣）和
生命之源（認識上帝、探索求真、獨特人生），它的實踐透過不
同形式的課程去推行如下（表 10-5）：

表 10-5

課程形式	課程組織及安排	例子（活動）
正規課程	• 宗教及德育課	◇ 中一祝福禮、中四義工兵團、中六成人禮
	• 班主任課	◇ 範圍包括自尊與自覺、人際關係、生涯規劃與生活技能
非正規課程	• 延伸課程	◇ 體驗學習（參觀惜食堂） ◇ 中三境外遊及不同科目的境外交流團
	• 課外活動	◇ 力撐兵團 / PowerUp 計劃 ◇ 兄姊弟妹計劃 ◇ 中四成長營
隱蔽 / 潛在課程	• 學校政策	◇ 雙班主任制 ◇ 學生表現晤談日
	• 優化校園	◇ 壁畫 ◇ LED Display

至於結合 STEM 探究，生命教育結合 STEM 是透過中一綜合科學科、中二 STEM 科、中三專題研習推行。

圖 10-1　結合 STEM 探究，培養對環境及自然的關愛

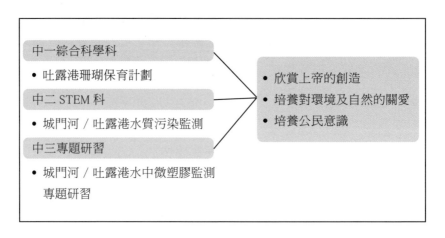

　　在「協助小學規劃生命教育計劃」下，部分計劃學校是具有佛教背景的。

佛教慈敬學校

　　佛教慈敬學校的辦學團體為香港佛教聯合會，該校以「明智顯悲」作為核心價值，採用全人生命教育作為取向。

圖 10-2

全人生命教育

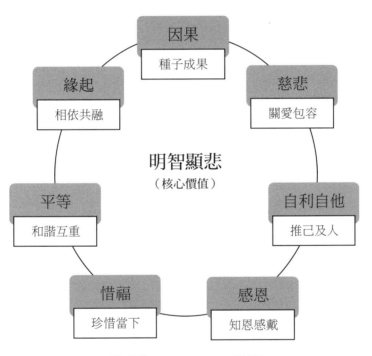

（范秀琪，2021-04-07，簡報）

　　意即推動佛化、心靈、價值和生命教育，讓學生懂得知福和惜福、結緣和惜緣；培育學生明辨、應變、通達、堅毅的智慧等素質（佛教慈敬學校，無日期 a），成為「慈悲」與「智慧」兼備，正向健康、品德多才、思維創新的「慈敬人」（佛教慈敬學校，校長的話，無日期 b）。近年該校在生命與價值觀教育的發展路向（部分例子）如下（表 10-6）：

表 10-6

年份	項目	特點
2016 / 17	初小「惜福學堂」	家長參與活動，學習「惜福」、孝順和尊重等價值觀
2019 / 20	高小「感恩學堂」	
2021 / 22 至 2023 / 24 學年	關注事項為「正向生活、創科未來」	結合正向價值，中華文化精粹，以代表人物（歷史及現代），展示其正向價值（佛教慈敬學校，校本課程特色，無日期 c）

圖 10-3

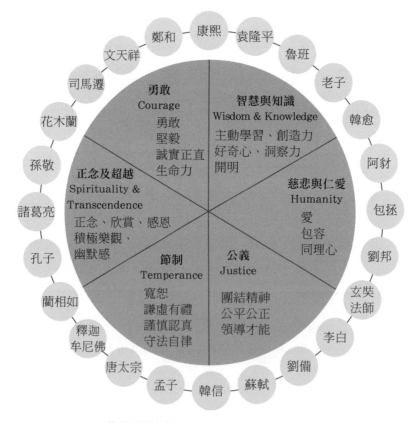

（佛教慈敬學校，校本課程特色，無日期 c）

　　該校其中一個特色為禪修活動,與佛教的「三學」戒、定、慧的「定」有一切的關聯,意謂「禪定」,或可簡單地理解為心的管理、自律和內心的調適。禪修活動自 2014 年開始,起始由學生參與,及至 2015 年以後,可涉及親子參與。佛教慈敬學校設有淨思軒,讓學生到淨思軒體驗禪修,期望同學能夠專注、體驗呼吸,讓情緒穩定下來達致內心的安穩與平靜,這樣對學生的人格成長,以及情緒管理和調解或會有一定的幫助。該校安排早上「禪一禪」活動(逢星期一、三、五上午 8:15-8:20),令同學實踐「調息」、「調身」和「調心」(表 10-7)。

表 10-7

禪一禪	特點(例子)
1. 調身	七支坐法 全身放鬆後,眼睛微合上
2. 調息	呼吸(心數 1 至 8 等)
3. 調心	放鬆心情、不需抓着念頭、專心自然地數息(呼吸)

　　此外,小一禪修體驗課安排「正念‧唱歌音樂教室」,也有「糖果禪」的體驗活動等。

香海正覺蓮社佛教陳式宏學校

　　另一所是推動生命教育悠久歷史的香海正覺蓮社佛教陳式宏學校(黃顯華,2019-05-18),該校的辦學理念為「覺正行

儀」，「覺正」是指學生對事情有正向的價值取向（正知正見）和存好心，而「行儀」是指學生實踐良好行為，包括說好話和做好事。該校的生命教育發展可大致分為三個階段，由 2015／16 的校本課程，透過主題式學習，到 2016 至 2018 年的「六心」及「體驗式學習」（包括感恩心、同理心、慈悲心、自信心、精進心、智慧心）（https://www3.bcsw.edu.hk/site/view?name=課程生命教育）（黃顯華，2019-05-18），以至由 2018 年到現在，以跨學科進行。體驗式學習經歷包括體驗模擬社會活動，作個人生涯規劃、嬰兒計劃和百日宴。跨學科的推動則透過中文科、數學科和常識科與生命教育有機地聯結起來（例如 p.2 生活數學任務、感恩醫護等）。近年，該校的生命及品格教育一方面結合廿一世紀全人發展（尤其是自主學習），另一方面結合中國傳統美德及文化（仁義禮智信），其中《弟子規》是推展的重點之一，透過誦唸《弟子規》、講座和班級經營推動《弟子規》的認識和實踐（例如同學在每星期一的小息前往挑戰站誦唸《弟子規》章節來「闖關」、國際經典文化協會主席溫金海先生親臨指導等）。生命教育更「走進社區、邁進國際」，例如學校與「惜食堂」和地區長者中心合作，實行「老吾老以及人之老 —— 學校社區飯堂計劃」，學生透過「遊‧歷‧我城：城市探險隊」，運用 4F 反思自己在社區的角色和責任。此外，生命教育組與體育科跨學科合作，安排「式宏閃避球隊」到臺灣進行比賽和生命教育交流之旅（https://www3.bcsw.edu.hk/zh_tw/site/view?name=走進社區邁向國際）（部分資料為學校所提供）。

胡素貞博士紀念學校

　　胡素貞博士紀念學校發展校本德育課程，設定教材和德育目標。該校以「公、誠、仁、愛」作為校訓，並致力培養核心價值（關愛、堅毅、勇敢、尊重、承擔、國民身份認同、誠信等）。辦學團體香港青少年德育勵進會舉辦「青少年德育勵進獎」，讓學生自訂目標，從實踐計劃去體驗不同核心價值的人格特質，例如「我是大姐姐」——同學的工人姐姐合同期滿回國，作為一名大家姐的同學訂立目標，強調價值「承擔」作為照顧剛升一年級的妹妹的責任。「我要做個小農夫」——同學計劃透過種植，訓練自己對大自然的觀察及耐性和體會農夫耕種的艱辛，從而培養及領悟自己堅毅的價值觀等（胡素貞博士紀念學校，無日期）。去年，學校由環境教育，以清理沙灘垃圾開始，把德育融入 STEM 教學（明校網，2020）。

廣東道官立小學

　　廣東道官立小學的「石栗將軍計劃」結合 STEM 教學，以校門前的一棵石栗樹為始，利用石栗樹結合「廣小人六大素質」如下（表 10-8）：

表 10-8

石栗	性別	特徵	優點及性格
尊將軍	女	尊重差異	活潑開朗，喜歡閱讀不同類型的書籍，了解各地文化，與同學們分享閱讀的樂趣。
動將軍	男	積極主動	樂於助人，常主動協助老師、同學，喜歡運動。

石栗	性別	特徵	優點及性格
毅將軍	男	堅毅不屈	做事有恆心，喜歡數學，愛思考和迎接挑戰，面對挫折永不放棄。
善將軍	女	善於溝通	操流利的廣東話、普通話和英語，時常繪畫圖畫鼓勵同學們。
愛將軍	女	愛心滿載	心地善良，有愛心，愛護地球，喜歡跳舞、唱歌，經常以歌聲帶給同學們歡樂。
勇將軍	男	勇於承擔	做事有責任心，勇敢面對挑戰，喜歡科學，愛發掘和認識新事物。

　　該校（廣小）透過小三「特色課」讓學生學習上述正面價值觀，同時安排石栗將軍親子創作設計及填色比賽。「特色課」結合生命教育和 STEM 教育課程，引導學生探究石栗樹的生長情況，讓學生領會人與大自然的共存和平衡關係，使學生學會尊重生命和愛惜生命。廣小也舉辦藝術尖子培訓工作坊，培訓學生創作德育故事四格漫畫，並把優秀作品輯錄在作品集內。其中「石栗將軍」特色課（https://crgps.edu.hk/u/f/little/2021-2r.pdf），廣小與香港教育大學團隊合作，透過繪本教學，利用謝爾・希爾弗斯坦（鄭小芸翻譯）的《愛心樹》（*The Giving Tree*），讓同學認識生命，培養同學尊重、感恩和欣賞樹木。此外，「特色課」安排同學以角色扮演讓同學學習愛心樹不求回報，只求他人快樂的表現。

　　「特色課」也讓學生透過 STEM 科學探究樹的生命，例如估計和量度石栗樹幹外圍的周界和比較樹蔭內外地面的溫度，同時透過同學的藝術創作和感恩分享，讓他們活出生命。

保良局雨川小學

保良局雨川小學（雨川）可說是香港小學長時間實施和深耕生命教育而有所成就的先驅學校之一。學校採用全校參與取向，大致在發展生命教育有三大階段（表 10-9）：

表 10-9

時期	特點及例子
醞釀期 （2009 年— 2011 年）	建立全校共識及推動專業發展： 2010 年：參與教育局第一屆協助小學規劃生命教育計劃。 2011 年：成功申請保良局優質教育基金，聘請專家顧問，為全校教師舉辦生命教育培訓活動。 2011 年：安排教師借調教育局德育及公民教育組。
發展期 （2011 年— 2015 年）	全校關注目標之一（2012/15 年度）：培養學生關愛、盡責及堅毅的價值觀，作為「雨川人」的核心價值。
深耕期 （2015 年— 現在）	全校關注目標之一（2015/18 年度）：提升學生在日常生活的解難能力。 全校關注目標（2018/21 年度）：提升自信　迎向挑戰　力求進步。

早在 2010-2011 年雨川已參加中心的「協助小學規劃生命教育計劃」（由香港教育局委託）。近年生命教育與不同的教育領域結合，例如寓生命教育於藝術教育中，亦以生命教育為生涯規劃之本，也把 STEAM 教育與生命教育有機地結合起來。蔡曼筠校長說得很清楚：「生命教育是一個潛移默化的課程，必須要與學生的日常生活結合。」（林艷虹幼小學府，2021-01-

28，https://m.hkej.com/featuresmob/article?q=%23 幼小學府 %23&suid=2298491868）。雨川的課程發展方針為「從生活中學習，從經歷中領悟」，而生命教育的內涵包括：「體會生命的價值、尊重和珍惜生命」、「體會及管理自我價值、實踐解難能力」，以及「探索人與人的關係、愛人如己」等（蔡曼筠校長，2016-06-10，簡報；黃顯華，2018-03-17）。除了學校不斷檢視不同課程板塊（包括核心科目課程、跨學科課程、校本課程、課外活動和其他學習經歷等）所包含的生命教育內容外，雨川很着重生命教育在班級經營和家長教育方面的推動（2016-06-10，簡報），幾年前開展了「橋：連結生命的故事」家校生命教育計劃（由優質教育基金支持），學校安排分級家長會、生命教育家長分享會、「雨」您有約家校交流活動、「雨」你同心加油站電子平台，以及出版《家長通訊》和安排壁報展板，以推廣生命教育相關的訊息。雨川也組織家長劇團與學生共同表演生命教育劇場，如《愛生氣的小王子》。在 2019 年，劇團改編「臺灣彩虹愛家生命協會」的劇目，將其演繹為香港版的《狗狗天堂》。過程中，學校和家長雖然面對不少困難，但一起努力克服困難，帶來不少正面的經歷（保良局雨川小學，2019）。雨川貫徹「從生活中學習，從經歷中領悟」之課程發展理念，不斷設計富校本特色的課程及活動，將生命及價值教育全面滲入其中：

表 10-10

課程及活動	例子
生命教育時事講	結合「雨川人‧雨川事」之校園生活議題，培育學生的價值觀與態度。
好人好事 Like 一 Like	提升學生的自信心與正面形象，分享雨川師生的正面行為。
雨川王	透過不同科組活動，讓學生發展潛能，建立團隊精神，有機推動班級經營發展。
「雨」你同心加油站	為生命及價值教育之延伸及鞏固平台，透過電子平台讓雨川人「分享愛‧愛分享」，以不同形式展現「愛」。
生命教育交流團	設計具可持續發展之交流活動，安排老師、家長、親子到臺灣學習，回校後作分享、傳承。

結語

在認識初步不同學校的經驗後，讀者可能要問，學校如何想開始或進一步開展系統性的生命及價值觀教育，應如何思考？筆者建議以「強、弱、機、危」（趙志成，2003；葉連祺，2007；胡少偉，2015，簡報；香港教育局質素保證及校本支援分部，2016）的方式作初步學校層面的檢視（圖 10-4）：

確立生命與價值觀的發展方向後，學校可以視乎校本需要和教師的準備度去訂立具體的計劃，有一些地方是值得注意的：

圖 10-4　生命及價值觀教育的分析

強	弱
1. 學校過往有那些價值觀教育實施的經驗值得保留和發揚呢？ 2. 學校所處的社區（包括大自然環境生態）有那些特徵可以結合生命及價值觀教育？ 3. 我校的校訓和辦學使命，以及同學，有沒有一些理想特質可以結合生命價值觀教育？	1. 不少教師似乎缺乏推動生命及價值觀的專業培訓？應如何處理？ 2. 部分教師對生命教育、正向教育、道德教育、品格教育等理念不太明白？又不容易建立共識？應如何回應？
機	危（限制）
1. 教育局（2021）出版了有關價值觀教育的指引，以及重視推動 10 個優先價值。學校如何規劃呢？ 2. 在六年的學校課程和學習生活裏，我校如何讓同學可以至少理解和實踐優先價值呢？	1. 教師工作量很多，又要推行國家安全教育、中華文化教育、又要推動 STEM 及其他創新活動，最近又花了不少時間精力應付 2019 冠狀病毒病疫情，如何安排優先次序，又如何結合生命和價值觀教育？ 2. 如何把生命及價值觀教育結合學科教學、家庭教育和社區服務？

（部分的例子可參看李子建，2022 及本書第五章、第十章及第十一章）

1.　如果學校的準備度不足，可以利用現成的課程（例如成長課、全方位學習活動或周年的主題活動）增潤價值觀的元素；

2.　可以考慮參與坊間（不論是大專舉辦或其他機構所）的計劃，如果涉及體驗式活動，可以多向坊間非政府組織或慈善團體查詢相關計劃的參與或者資金方面的支持；

3.　拓闊和善用生命與價值觀課程的時間，對現存的課程內容進行一些主題式統整或整合；

4.　拓闊課程或價值觀學習的「空間」，結合校內外活動、結合生活事件、結合學科、結合家校活動等都是可行的途徑；

5.　針對學生的特性、家長的情況、教師發展進行培訓，讓大家對學習者的全人發展，以及特定的價值觀培育能互相理解，以至建立共識，相互支持和深入的體會。

生命與價值觀教育，正如學問和人格的修養，並非一蹴而就（宋‧蘇洵《上田樞密書》），需要長時間不同持份者的共同努力和沉澱累積，才可產生深遠的影響。

讀者可參考《生命教育：理論基礎、取向和設計》（李子建，2022）其他相關的校本生命與價值觀教育經驗（例如第 12 章）。及〈「靜」待花開〉（方子蘅、吳穎詩，載於劉雅詩、盧希皿、李子建（編）（待刊），《邁向正向幸福人生 —— 以靜觀和正念培育兒童青少年正向價值和身心靈健康》（暫名）有關香海正覺蓮社佛教陳式宏學校的校本經驗分享）。

生命及價值教育影片資源收錄於此 https://edulib.me/lver

＊　＊　＊　＊　＊　＊　＊　＊　＊　＊　＊　＊　＊　＊　＊

鳴謝

筆者李子建感謝香港特別行政區政府教育局對計劃的支持，以及以下學校和校長的支持及提供本書（第十章）內的校本經驗，以及部分學校接受訪談，謹此致以衷心的謝意（按筆畫排序）：

- 大坑東宣道小學 、劉雪綸校長、羅善緣老師
- 五邑鄒振猷學校、鄭麗娟副校長
- 仁德天主教小學、陳善科校長
- 王秉豪博士、江浩民博士、何榮漢博士
- 佛教慈敬學校、范秀琪校長
- 沙田循道衛理中學、張翠儀校長
- 保良局雨川小學、蔡曼筠校長
- 胡素貞博士紀念學校、李美嫦女士（前校長）、李寶麗校長、楊潤玲校長（支援導師）及羅其斌主任
- 香海正覺蓮社佛教陳式宏學校、方子葡校長
- 廣東道官立小學、袁藹儀前校長（現任觀塘官立小學（秀明道）校長）、關玉娟校長
- 藍田循道衛理小學、梁麗琪校長、蔡惠清副校長

本文所發表內容及觀點僅代表李子建個人的意見，並不代表香港教育大學及其立場。

參考文獻

大坑東宣道小學（無日期）。〈生命教育〉。取自 http://www.apstht.edu.
　　hk/Life_Education.php。

中文百科（無日期）。「一蹴而就」詞條，蘇洵〈上田樞密書〉。取自
　　https://www.newton.com.tw/wiki/ 一蹴而就 /1433060。

五邑鄒振猷學校（無日期）。〈疫境中的生命課〉。取自 https://sspgps.
　　edu.hk/sites/default/files/pdf/ 疫境中的生命課 .pdf

仁德天主教小學（無日期）。〈生命教育課程〉。取自 https://www.yantak.
　　edu.hk/development.php?id=219。

方子蘅、吳穎詩（待刊）。〈「靜」待花開〉，載於劉雅詩、盧希皿、李子建
　　（編）。《邁向正向幸福人生 —— 以靜觀和正念培育兒童青少年正向價
　　值和身心靈健康》。香港：中華書局（香港）有限公司。

王秉豪、李子建、朱小蔓、歐用生、吳庶深、李漢泉、李璞妮（主編）
　　（2016）。《生命教育的知、情、意、行》。新北市：揚智文化事業股
　　份有限公司。

何榮漢、李子建、王秉豪、李璞妮、江浩民（2016）。〈知行合一，同步
　　向前 —— 香港教育學院執行「協助中 / 小學規劃生命教育計畫」的經
　　驗〉。載於王秉豪、李子建、朱小蔓、歐用生、吳庶深、李漢泉、李璞
　　妮（主編），《生命教育的知、情、意、行》（頁 476-490）。新北市：
　　揚智文化事業股份有限公司。

佛教慈敬學校（無日期 a）。香港佛教聯合會網站。取自 https://www.
　　bckps.edu.hk/buddist-chi-king-primary-school/ 管理與組織 / 香港佛
　　教聯合會網站 /。

佛教慈敬學校（無日期 b）。〈校長的話〉。取自 https://www.bckps.edu.
　　hk/buddist-chi-king-primary-school/ 學校資料 / 校長的話 /。

佛教慈敬學校（無日期 c）。〈校本課程特色〉。取自 https://www.bckps.
　　edu.hk/buddist-chi-king-primary-school/ 學與教 / 校本課程特色。

吳秀碧（2006）。《生命教育理論與教學方案》。臺北：心理出版社。

吳穎詩、李欣容（無日期）。〈香海正覺蓮社佛教陳式宏學校〉（簡報）。發
　　表於香港教育大學協助中小學規劃生命教育計劃中期分享會。

李子建（主編）（2022）。《生命教育：理論基礎、取向和設計》。臺北：
　　元照出版有限公司。

沙田循道衛理中學（無日期）。〈結合 STEM 探究，培養對環境及自然的關
　　愛〉（簡報），發表於香港教育大學協助中小學規劃生命教育計劃中期
　　分享會。

明校網（2020，7 月 29 日）。〈由清理沙灘垃圾開始　胡素貞博士紀念學校
　　把德育及情意融入 STEM 教學〉。取自 https://school.mingpao.com/
　　學校報道 / 沙田圍胡素貞博士紀念學校 - 把德育及情意融入 stem 教 /。

林思伶（主編）（2000）。《生命教育的理論與實務》。臺北：寰宇。

林艷虹幼小學府（2021，1 月 28 日）。〈保良局雨川小學家校緊密
　　合作　推動生命教育〉。取自 https://m.hkej.com/featuresmob/
　　article?q=%23 幼小學府 %23&suid=2298491868。

保良局雨川小學（2019，6 月 3 日）。〈雨川小學家長劇團　見證生命教
　　育的美〉。香港 01 校園。取自 https://www.hk01.com/ 社會新聞
　　/336385/ 校園天地 - 雨川小學家長劇團 - 見證生命教育的美 ?utm_
　　source=01appshare&utm_medium=referral。

胡少偉（2015）。香港學校質素評核的發展（簡報）。2015 年教師專業
　　交流月優質教育基金主辦教育行政經驗的分享。香港教育行政學會。
　　取自 https://qcrc.qef.org.hk/Publish/upload/EI0020140367AA-5.
　　pptx。

胡素貞博士紀念學校（無日期）。〈香港青少年德育勵進獎〉。取自 http://
　　www.dcfwms.edu.hk/it-school/php/webcms//public/index.
　　php3?refid=1716&mode=published。

胡素貞博士紀念學校（無日期）。〈香港教育大學宗教教育與心靈教育中心
　　協助中小學規劃生命教育計劃〉（2020/21-2021/22）（簡報），發表
　　於香港教育大學協助中小學規劃生命教育計劃中期分享會。

胡素貞博士紀念學校（無日期）。〈香港德育及公民教育〉。取自 http://www.dcfwms.edu.hk/it-school/php/webcms/public/index.php3?refid=1320&mode=published&lang=zh。

范秀琪（2021，4 月 7 日）。中小學生命教育教學專題（系列一）：調解學生情緒需要技巧 ── 佛教慈敬學校個案分享（簡報），發表於香港教育大學協助中小學規劃生命教育計劃中期分享會。

香海正覺蓮社佛教陳式宏學校（無日期）。〈心之校園 ── 生命教育課〉。取自 https://www3.bcsw.edu.hk/site/view?name= 課程生命教育。

香海正覺蓮社佛教陳式宏學校（無日期）。〈走進社區邁向國際〉。取自 https://www3.bcsw.edu.hk/zh_tw/site/view?name= 走進社區邁向國際。

香海正覺蓮社佛教陳式宏學校（無日期）。〈活動中文科〉。取自 https://www3.bcsw.edu.hk/zh_tw/site/view?name= 活動 ＋ 中文。

香港教育大學宗教教育與心靈教育中心（2021）。《「協助小學規劃生命教育計劃」學習手冊》（暫擬）（2020/21-2021/22 雙學年 全新課程）。香港：香港教育大學宗教教育與心靈教育中心。取自 https://www.eduhk.hk/crse/wp-content/uploads/lvefile/「協助小學規劃生命教育計劃」學習手冊暫擬 .pdf。

香港教育大學宗教教育與心靈教育中心（無日期）。《2019-2020 學年「協助小學規劃生命教育計劃」課程手冊》。香港：香港教育大學宗教教育與心靈教育中心。

香港教育局質素保證及校本支援分部（2016）。香港學校表現指標（小學、中學及特殊學校適用）。學校教育質素保證：表現指標及自評工具。取自 https://www.edb.gov.hk/attachment/tc/sch-admin/sch-quality-assurance/performance-indicators/PI-2016_TC.pdf。

黃顯華（2018，3 月 17 日）。〈雨川人的成長故事── 價值教育在一所小學的發展〉。灼見名家：教育。取自 https://www.master-insight.com/ 雨川人的成長故事 /

黃顯華（2019，5 月 18 日）。〈生命教育── 香海正覺蓮社佛教陳式宏學校校本課程〉。灼見名家：教育。取自 https://www.master-insight.com/ 生命教育──香海正覺蓮社佛教陳式宏學校校本課 /

葉連祺（2007）。〈國小 SWOT 分析項目、權重體系及影響因素之研究〉。《師大學報：教育類》，52（2），頁 23-48。

趙志成（2003）。〈香港學校改進的關鍵因素及策略（香港教育改革系列）〉。香港：香港中文大學教育學院、香港教育研究所。取自 https://www.hkier.cuhk.edu.hk/document/OP/SOP11.pdf。

劉雅詩、盧希皿、李子建（編）（待刊）。《邁向正向幸福人生 —— 以靜觀和正念培育兒童青少年正向價值和身心靈健康》。香港：中華書局（香港）有限公司。

廣東道官立小學（2020）。〈石栗將軍計劃〉。優質教育基金計劃贊助「我的行動承諾 —— 感恩珍惜‧積極樂觀」。取自 https://qcrc.qef.org.hk/tc/search/projectdetails.php?subject=41&id=10727。

廣東道官立小學（2021）。〈結合 STEM 探究，培養對環境及自然的關愛〉（簡報），發表於香港教育大學協助中小學規劃生命教育計劃中期分享會。

廣東道官立小學（無日期）。〈石栗將軍計劃〉。《2020-2021 年度廣苗（校訊）生命教育系列》，2，頁 15-18。取自 https://crgps.edu.hk/u/f/little/2021-2r.pdf。

蔡明昌、吳瓊洳（2004）。〈融入式生命教育的課程設計〉。《教育學刊》，23，頁 159-182。

蔡曼筠（2016）。〈新世代青年之價值教育〉（簡報），取自 https://www.edb.gov.hk/attachment/tc/teacher/student-guidance-discipline-services/lecture-notes/lecture-notes-201617/20161006_1st_networking.pdf。

藍田循道衛理小學（無日期）。〈生命教育課程 生命成長課〉。取自 https://www.ltmps.edu.hk/tc/content/ 生命教育課程 - 生命成長課。

第十一章

有才有德：優質生命教育及
品德教育計劃（和富慈善基金捐贈）：
學校經驗分享

李子建、羅世光

本章討論和富慈善基金會支持的「有才有德：優質生命教育及品德教育計劃」（和富慈善基金李宗德小學編輯組，2022）下的項目學校，一方面介紹每所學校的特點及計劃經驗，另一方面提出在推動生命教育和品德教育方面的方向。

一、和富慈善基金李宗德小學

學校校訓為「智、信、愛」，為配合計劃，學校推動「有才有德 —— 4C（Competencies）＋ 6C（Core Values）」，其中 4C 為廿一世紀技能所強調的合作和溝通技能，以及創新及批判精神（可參考李子建，2017；李子建、姚偉梅、許景輝，2019），另外 6C 為「關愛、尊重、誠信、責任感、承擔感和堅毅」，它們為教育界鼓勵學校推行的首要價值觀（香港課程發展議會，2021；W F

Joseph Lee Primary School, 2020）。學校一直以來建設「品格塑造課」，頗具特色，在本項目裏，計劃團隊與學校一起編訂服務學習課程，除了協助學校安排部分活動外，亦安排部分活動後的解說（和富慈善基金李宗德小學，無日期）。服務學習課程的主題可謂多元化，小一及小二的主題為「愛自己」、「愛校園」和「愛家人」；小三及小四的主題為「愛同學」、「愛朋友」和「愛社區」；小五及小六的主題為「愛弱小」、「愛社會」和「愛地球／環境」，這些主題與生命教育和品德教育有一定的關聯，回應小一至小六的重點「豐盛家園」、「豐盛校園」、「豐盛社區」、「豐盛地球」、「豐盛人生」等（見表 11-1，部分資料為學校及網站所提供）。

表 11-1　服務學習課程與生命教育和品德教育的連繫

服務學習課程	生命教育	品德教育元素的例子（4C+6C 素養）
小一至小六的課程框架	天：中華文化 人：愛弱小、愛朋友、愛同學、愛家人 物：愛社會、愛社區、愛校園、愛地球／環境 我：愛自己	其他元素：孝順、責任感、承擔精神、關懷、協作、關懷、協作溝通

二、基督教宣道會宣基小學

　　基督教宣道會宣基小學以「信、望、愛」為校訓，學校以培育「正向宣基人」為 2018-2021 的學校發展重點之一，透過生

命教育的「知、情、意、行」培養學生的 24 個品格強項（可參考王秉豪等，2016；李子建，2022，第 5 章及第 12 章；本書第二章及第五章），強調正向情緒、正向品格、正向關係、正向成就、正向人生意義、全情投入的態度和健康生活。筆者嘗試把這些元素以概念圖方式表示（圖 11-1）：

圖 11-1

個人發展	校園生活 （包含人際關係）	行為及取向
正向品格 （輔以 24 個品格 強項）	正向關係、 正向情緒、 全情投入	正向人生意義 健康生活 正向成就

學校在繪本教學甚具規模，亦受邀於香港教育大學宗教教育與心靈教育中心成為其中一間香港生命教育基地，學校協助統籌收集及整理生命教育教案的工作，同時，運用項目資助重置生命教育教室，推動生命教育繪本教學；另外，學校亦協助推廣及參與「百川匯流 —— 大灣區生命教育由理念、規劃到實踐」分享會（https://www.eduhk.hk/crse/tc/project/「百川匯流 - 大灣區生命教育 - 由理念、規劃到實踐 /」）。在有才有德計劃方面，項目焦點放在「透過家校合作共同推動生命教育」。學校的生命教育參考了 Fullan 及 Scott（2014）的 6C 核心技能，包括品德教育（character education）、公民（citizenship）、溝通（communication）、合作（collaboration）、批判性思考及解難（critical thinking & problem solving），以及創造力（creativity）。同時學校也參考了經濟合作和發展組織 OECD（2019）所提及 2030 相關的態度和價值觀，例如與公民相關的價值，包括尊重、平等、個人及社會責任、誠信及自我覺察，尤其重視共同價值，例如人類尊嚴、尊重、平等、公義、責任、全球視野（global-mindedness）、文化多樣性、自由、包容及民主（p.6）。

學校成立了宣基家長學院，安排家長參加臺灣生命教育的學習團，參與繪本工作坊和家長「悅」讀會，構建家長與學校成員對生命教育的共享遠景，與學校共同投入孩子的生命教育的事工。在不同的計劃中，「星空下的約會」甚具特色，並安排「佈置帳幕」（反映人與自己）、「親子共讀」（人與家庭）、「走讀」（人與他人）、「孩子的秘密基地」（人與家庭）、「星空帳幕」（人與自然和宇宙），而項目的活動以繪本《爸爸的秘密基地》（反映人與家庭）作為總結（部分資料為學校及網站所提供）。

三、仁愛堂陳鄭玉而幼稚園暨幼兒園

仁愛堂陳鄭玉而幼稚園暨幼兒園透過校本 3C 課程以培養學童「溝通」、「協作」和「創意」能力為重點。建基於學校的「正向教育」的發展經驗，本項目進一步把生命教育結合在 3C 課程之中。項目團隊到校支援，安排培訓活動，提升教師對生命教育的知識技巧和個人素養，例如講座討論如何與正向教育相輔相成，並鼓勵學校透過繪本生命教育，促進家校合作。學校積極在疫情下發展「生命教育」，除了實施繪本融入生命教育的教學活動外，更以「愛心

小夥伴」為題，以家校協作的模式進行一連串的體驗活動，包括
「Family Bucket」，推動家庭成員間建立正向積極的關係、五福大
行動，讓幼兒將仁慈之心從「家庭」延展至「社區」，鼓勵幼兒實
踐友善待人及擁有同理心，期望培育幼兒的善心、善意和善行，活
出「仁愛」的特質，並致力營造「仁愛」校園文化。以繪本融入生
命教育的教學活動為例，具體的設計節選如下（表 11-2）：

表 11-2

年級	內容重點	活動	資源（相關）例子
K1	認識自我特點／價值、自我接納、自信（我）	• 在課室設置家務小角落，讓幼兒學習成為「家務小幫手」。 • 配合獎勵計劃，在家中實踐「家務小幫手」，邀請家長將過程拍攝影片或相片上載學校網站，與同學彼此分享和鼓勵。	• 繪本例子： 《我會！我會！成為家長的好幫手》 • 教具例子： 「獎勵計劃」遊戲冊
K2	尊重他人、關心他人、欣賞他人（人）	• 動手製作「阿飛」模型，並成為 K2 班的新同學。 • 觀察「阿飛」的需要，主動提出協助，發揮互助精神。 • 思考幫助「阿飛」之前和之後，「他」和自己各會有怎樣的感受。 • 將實踐「善」事延伸至日常生活之中。	• 繪本例子： 《阿飛的日行一善》

（續）

年級	內容重點	活動	資源（相關）例子
K3	體驗同理，學習感恩（人、我）	• 透過「護蛋行動」體驗，讓幼兒重新檢視「我善良嗎？」 • 以動畫短片思考如何成為善良的人，並延伸至現實生活中，學習留意別人的需要，多做善行，學習感恩。 • 製作畫冊《善良是……》，將實踐體會用圖畫和文字表達出來，呈現幼兒善良的一面。	• 繪本例子：《善良‧我做得到》 • 動畫短片例子：《冷漠先生》（youtube.com/watch?v=LWXAdrTvXsM） • 教具例子：畫冊《善良是……》

　　除了生命教育的「人、我」度向外，學校亦會善用外界資源，加強教師對人與環境（物）的體會，例如參與環保基金「綠路童心‧幼兒戶外環保教育計劃」（http://cectl.ivehost.net/zh/collaboration/ecf/），有助教師培養幼兒從小養成保護大自然環境的價值觀和態度，以及培養幼兒懂得欣賞大自然之美。

　　而「Family Bucket」旨在推動家庭成員間建立正向積極的關係，家長在生命教育計劃中有高度的參與，計劃初期，學校邀請專業故事人以繪本配合「仁愛」主題製作短片，並鼓勵家長在家長會分享討論。隨後以繪本 *Fill a Bucket* 作起動，將善心、善意、善行用「裝滿隱形的幸福水桶」來比喻，鼓勵家長每晚訂下「親子時間」，將家人間彼此讚賞和欣賞的說話寫在欣賞卡上，再放入「Family Bucket」內，營建家庭的幸福感。有見家長對活動的反應正面而踴躍，進一步結合家長進行「愛心小夥

伴」計劃，舉辦兒歌及吉祥物設計比賽，再以親子形式，將不同節日主題的「五福袋」送贈給身邊的人，將善行由家庭延伸至社區，逐步賦權家長，效果彰顯。計劃以「善行記錄」作總結，讓幼兒與家長用相片或文字共同回顧一年以來的善行表現，深化幼兒的正面行為及價值觀（部分資料為學校及網站所提供）。

四、香港神託會培敦中學

香港神託會培敦中學是筆者認識有較悠久歷史去推行生命教育的中學之一，自 2002 年以來，透過不同階段和方式實施具質素的生命教育方案。原校長梁錦波博士是香港全人生命教育學會創會會長，並為中國陶行知研究會生命教育專業委員會常務理事（梁博士對生命教育的部分看法可參看本書的第三章及〈生命教育 —— 全人生命的關注〉（梁錦波 ，2016，載於王秉豪等，2016，第八章）。梁校長（香港神託會培敦中學，2011）一早便指出：「年輕人的成長與逆境智商、情境智商及靈命息息相關，必須透過有系統的生命教育，藉體驗、反思及內化實踐出來」（引自張淑儀、賴寶伶 2016，頁 463）。根據前中央教育科學研究所所長朱小蔓教授的評價，培敦中學的生命教育以情感教育為核心，以學生為主體（頁 464）。根據張淑儀、賴寶伶（2016，頁 465），培敦中學經歷不同階段的目的和推行生命教育方式如下（參考及修訂自頁 465）（表 11-3）：

表 11-3

	階段一	階段二	階段三
年份	2002 — 2007	2008 — 2013	2014 至今
目的	• 初試啼聲 • 建立同工和家長的認同 • 建構校園文化	• 從簡到繁，運用多元策略（頁 467） • 強化家長在生命教育的參與	• 化繁為簡 • 建立校園文化
推行課程方式	• 單科單組	• 跨科跨組	• 內化於教學
形式（例子）	• 建立「宗教及生命教育」 • 五年一貫「情」性活動 •「初中生命教育教材套」（2005） • 成為教育局「潤物無聲，德育有情」八所全港推廣德育的中學之一（頁 467）	• 部分科目以滲透方式先行先試（如音樂）（頁 468） • 建立「關愛小組」及「生命教育組」 • 舉辦與生命教育的課外活動（例如乒乓球，頁 469）	• 加強老師生命素質的培訓和班主任的（德育）功能 • 校園上「LIFE」 • 設立「生命的禮讚」和「生命教育資源中心」 • 課程的重點在於生命教育的議題（例如中一級的「生」至中六級的「死」相關課題）

　　培敦中學經過接近二十年的努力實踐、反思和累積，透過生命教育、宗教教育（基督教）、公民教育和其他價值觀元素的整合，使學生在知、情、行三個維度不斷發展和提升，成為「熱愛生命、主動學習、具內涵、有韌力、能服務奉獻的新生代」（香港神託會培敦中學，無日期 a）。近年，培敦中學在生命教育的

推動上加入不少創新取向，例如建立全港首個「螢火蟲生態教育廳」，結合生態保育、STEM 及生命教育的元素，透過螢火蟲的生命周期和特徵，寓意人生即使面對逆境也可以發光發亮（明校網，2021-03-22）。林佩儀校長亦嘗試把生命教育與生涯規劃教育有機地結合，親自主持「與夢想有約」活動，即使在疫情下仍組織不同活動，讓學生關懷送暖。培敦中學定期舉辦全校大型活動，包括「生命教育日」、不同主題的公民教育活動，以及廣播節目《珍愛生命頻道》（香港神託會培敦中學，無日期 b）。

　　學校以全方位關顧方式推行生命教育（香港神託會培敦中學，無日期 c）（表 11-4）：

表 11-4

年級	取向	焦點（例子）	與生命教育相關活動（例子）
中一	適應	良好學習及生活的習慣	「尊重生命、逆境同行」，藉 L.E.D. 小組及其他活動，強化特選學生的生命質素
中二	定向	健康的自我形象，自我長處和亮點	「L.E.D. 成長先鋒培訓」，培育靈命及為未來組爸組媽培訓人才
中三	確立	擴寬視野，發展潛能，規劃人生和尋找出路	中三級設有內地交流團，全級到內地城市交流和參觀 「中三 L.E.D」，培養個人成長及抗逆力，以準備未來新高中

（續）

年級	取向	焦點（例子）	與生命教育相關活動（例子）
中四	尋夢	及早介入及支援表現出色或欠佳者尋找適合能力的發展路向	「培履高飛 —— 中四師友計劃」，邀請 26 位優秀校友成為導師，帶領中四各關愛小組在學業、職業及人生歷程中作嚮導
中五	破浪	抗衡社會歪曲的價值，協助同學迎難而上	「培履高飛 —— 中五師友計劃」，邀請 26 位優秀校友成為導師，帶領中五各關愛小組在學業、職業及人生歷程中作嚮導
中六	衝線	願意奮力為目標，付上代價，「此刻學習，才能圓夢」	「鴻鵠計劃」—— 精英學生輔導計劃

　　學校由 2018 至 2024 年的每年生命教育主題均有細緻的規劃，反映培敦的核心價值（表 11-5）：

表 11-5

	每年主題（部分資料為學校所提供）	培敦的核心價值與生命教育的可能關聯
2018-2019	珍愛生命、善待他人	我、人
2019-2020	謙遜感恩、簡樸格物	人、物
2020-2021	珍愛生命、堅韌自強	我
2021-2022	善待他人、忠誠盡責	人
2022-2023	愛護環境、簡樸格物	物
2023-2024	追隨基督、謙遜感恩	天

學校在生命教育和價值觀教育的成就卓越，成績有目共睹，榮獲很多強項。

在「有才有德」項目下，項目團隊在梁錦波博士（時任校長）帶領下，配合學校三年發展計劃中「培敦拾道」生命環境教育（香港神託會培敦中學，2018），「拾」為十項＝拾獲（pick），而「道」＝「way」＝「say」，包括道「謝」、道「歉」、道「賀」、道「別」、道「愛」、道「憂」、道「德」、道「得」、道「美」、道「理」。項目也配合培敦制定了六年一貫的「從六國人民素養看世界公民的素質」（包括日本、美國、德國、新加坡、中國等），項目與學校商討後，第一階段特建立「培敦拾道」的具體建設，包括「道愛」的正門心形石、「道憂」的三樓哭牆、「道謝」的籃球場紅影樹下創校校監生平史略紀念碑和「道歉」的雨天操場的郵筒及白鴿。此外，培敦中學對生命教育的反思十分敏銳，基於疫情的影響和教學過程的經歷，學校的「復課生命教育」在累積、反思、規劃和實施上很有智慧，在「德不容緩」的分享會得到很多正面的評價。

「珍愛生命頻道」和「我的藝術有約」都能夠反映生命教育在情感教育的面向，前者透過優美感人的生命故事，並安排師生分享環節，後者透過藝術家的創作經歷和出色作品，讓學生品味藝術的人生。透過不同形式的生命教育活動，學生一方面拓闊視野，另一方面透過人際互動和人物故事的賞析學習正向價值（行政長官卓越教學獎薈萃，2010/2011，頁53）。培敦中學也重視學生的「同行」和「自主」（倪偉玲，無日期，簡報），例如學校安排「我有我精彩」項目，讓同班師生共同策劃及參與半天「自訂」活動（如土風舞、兒時遊戲、版圖遊戲、球類活動、集

體遊戲、興趣小組、才藝表現、唱 K、電影等），並對自己和他人的生命故事進行對話。L.E.D 計劃也是學校特色之一，結合教會、班主任、校友和學校同工、不同年級安排多元化的活動，例如中一全級同學參加「關愛互成長」（L.E.D 計劃）、中二級設有成長先鋒培訓、中三全級 L.E.D 計劃、中四及中五級設有「培履高飛 —— 師友計劃」及中六級設有「鴻鵠計劃」。

這四所項目學校雖然不能進行比較，但是它們個別的生命教育校本課程發展脈絡在一些程度下，可以給予同工在生命教育發展的可能性啟示（見表 11-6）。

五、佛教林炳炎紀念學校（香港佛教聯合會主辦）

另一所計劃學校佛教林炳炎紀念學校（香港佛教聯合會主辦）早在 2012 年至 2019 年參加相關的生命教育課程，設計和實施在一至六年級螺旋式的校本課程（王少芬，2021-06-19，簡報），及後更在五年級推行香港較少小學推行的校本生死教育課程。該校本課程一方面反映生命教育的「天、人、物、我」度向外（可參考王秉豪等，2016；陳立言，2004），也蘊含着不同價值觀，包括自律、孝順、關愛、惜福、尊重、堅毅、感恩、承擔等。就五年級的生死教育課程來說，該主題名為「豐盛人生由我創」，其起始發展可謂部分源自香港教育學院／香港教育大學的宗教教育與心靈教育中心的一些合作計劃，例如「融入全球倫理於學校教育計劃」（2014-2015）的「從死而思生」，以及「第六屆協助小學規劃生命教育計劃」的「從死而思生」再加入「人

表 11-6　學校在生命教育發展上的一些特點（筆者的看法）

學校名稱	和富慈善基金李宗德小學（見前面介紹）	基督教宣道會宣基小學	仁愛堂陳鄭玉而幼稚園暨幼兒園	香港神託會培敦中學
學校類型	直資小學	津貼小學	幼稚園暨幼兒園	津貼中學
宗教背景	無	基督教	無	基督教
校訓	智、信、愛	信、望、愛	無	你們顯在這世代中，好像明光照耀，將生命的道表明出來。（腓立比書 2：15-16）
回應廿一世紀技能（李子建，2017；李子建，2022；教育局，2001）	4Cs（Competencies）	6C 核心技能（Fullan & Scott, 2014; OECD, 2019）	3C	四個發展階段：建構期實施期深化期反思期（梁錦波，無日期）
回應價值觀教育	6Cs（Core Values）	24 個品格強項	正向教育	宗教教育受及結合公民教育
近年發展趨勢（例子）	強化「品德塑造課」，以及服務學習	強化正向品格、正向關係、正向情緒及正向人生意義等生命繪本教育及強化家長教育	活出「仁愛」特質，以繪本生命教育，也重視家長教育、生命與環境教育	結合 L.E.D. 計劃、世界公民素質、生命環境教育及生涯規劃教育等
與生命教育的相關特質	較貼近「天、人、物、我」（王秉豪等，2016；李子建，2022，第 1 章及第 14 章）度向	較貼近「天、人、物、我」（王秉豪等，2016；李子建，2022，第 1 章及第 14 章）度向	較貼近「天、人、物、我」（王秉豪等，2016；李子建，2022，第 1 章及第 14 章）度向	強調「知、情、行」取向（王秉豪等，2016；梁錦波，2016；李子建，2022）

表 11-7　佛教林炳炎紀念學校（香港佛教聯合會主辦）的校本生命
教育活動的例子

日期	步驟	課程及活動
10 / 2019	引起動機	● 生死教育劇場《人生百味》（三教節）
		● 人生的觀照 ——「生存感恩」、「老而彌堅」、「祛病延年」、「死有盼望」
10 / 2019 — 12 / 2019	導入活動	● 墳場參訪與探究 ● 探究土葬及墓地，認識靈灰閣和綠色殯葬紀念花園 ● 思考綠色殯葬、器官和遺體捐贈對社會的重要性 ● 反思自己對生命的想法，以及透過溝通，了解家人對生死殯葬的看法
1 / 2020	主題課程 第一天：「無常人生」，包括「人生的天秤」、「對死知多少」、「最後一句話」、「人生最後一天」、「我永遠愛你」和「要說早說，不會遺憾」 第二天：「人間有情」，包括「銘記於心的說話」、「玩轉極樂園」、「五種愛的語言」、「創造充滿愛的人」和「友好的聯繫」 第三天：「美麗人生教案」，包括「人生定向」、「愛的表達」、「優點大搜查」、「美麗人生」和「勵志正能量」	●「從死而思生」主題（三個半天、學習周） ● 每天五個教節，包含四教節的多元化活動和第五教節的總結和分享

知情意行	其他（目標）
知	• 對傳統的生死看法有初步改變
知、情	• 藉着老師真情分享，觸動學生的情感
知、情、意、行	• 明白春秋二祭前後不能到墳場探究、了解考察目的和涵意參與活動的態度 • 探究慎終追遠的態度，明白生命可長可短，及早與家人相互溝通的重要性
知、情、意、行	第一天 • 感受人生無常 • 懂得珍惜生命，活出無悔的人生 • 學會及時道愛、道謝、道歉和道別 • 學會愛要及時 第二天 • 認識對中西方紀念先人的節日內涵 • 檢視及反思自己和家人的關係 • 學會和運用五種「愛的語言」，例如（1）說好話；（2）精心安排相處時刻；（3）送禮；（4）動手幫忙；（5）身體接觸 第三天 • 自我反思人生的意義 • 學會凡事感恩和分享 • 發掘和善用自己的優點，為未來規劃準備 • 學會為人生作初步規劃 • 從勵志歌曲及名人的座右銘中得到啟發，積極面對無常的人生

生的觀照」及「人生繪本」的元素（2016-2017）。該項目的重點是進一步深化「豐盛人生由我創」課程，透過生命教育的「知、情、意、行」及結合走出課堂的教學策略，建構和實施「生死 ── 可怕？盼望！」的計劃（王少芬，2021-06-19，簡報）；主題學習周 2020 學生手冊，2020）。學生亦明白生死的必經階段，也運用「四道」表達自己的心意，認同要發揮自我優勢，活出有意義的人生。

　　該計劃亦增添了延伸活動，包括「學生戲劇工作坊（廣播劇）」演出《我和我的爺爺》（https://life.blbyms.edu.hk/ 學生戲劇工作坊 /）和「生死教育繪本」《兩爺孫》（https://life.blbyms.edu.hk/picturebook/）；家長支援活動，包括「以繪本和電影打開話匣子與子女談及生死」和「哀傷關懷及支援」，內容觸及哀傷關懷的技巧。整個項目回饋甚為正面，部分家長指出他們增加了與子女之間的聯繫、給予子女不少鼓勵說話，而自己對人生有新的體會（部分資料為學校所提供）。

　　本書引用不少臺灣在生命教育方面的經驗（李子建，2022；Lee, Yip, & Kong, 2021）。李泓穎和吳善揮（2021）針對臺灣和香港中學生命教育方面作了比較研究，結果顯示兩地中學在生命教育方面的目標和教學方法頗為類似，但在實施模式、學習評量和教師資培訓有相關之處。例如臺灣方面較偏向獨立成科（尤其在高中階段）和融入式教學法，香港方面則以融入式教學法和非正式課程為主（頁 205）。他們建議香港方面應提供更多教學示範參考。筆者嘗試回應這方面的需要，同時配合香港課程發展議會（2021）剛出版的《價值觀教育課程架構（試行版）》文

件的指引路向。香港教育大學的團隊剛在 2022 年初分享一些從教育界同工透過學科推行生命教育的教案作品（http://lifeedu.eduhk.hk/lifeedu/ 生命教育教學資源 /），以及推出「看動畫、悟生命、學品德」動畫系列，將十位古今中外的歷史人物，包括司馬遷、包拯、蘇軾、岳飛、辛棄疾、華盛頓、詹天佑、海倫凱勒、魯迅及德蘭修女，製成動畫，藉着這些人物故事讓學生學習正面價值觀，包括忠誠、國民身份認同、孝順、關愛、守法等（https://crse.eduhk.mers.hk/）。總括而言，學校可從不同的切入點，包括辦學團體的使命、學校校訓和願景、正規課程、非正式課程、潛在課程（校風）和校園建設等根據自身條件和需要去發展生命與價值觀教育（香港課程發展議會，2021）

　　筆者認為推動生命教育有很多可能性，只要大家努力為學童的正向價值和生命意義多創設機會，讓他們認識生命，做好人做好事，為家庭、社會、國家和世界的發展和人類的幸福出一份貢獻，我們一定會享受美好的明天。

　　讀者可參考《生命教育：理論基礎、取向和設計》（李子建，2022）其他相關的校本生命與價值觀教育經驗（例如第 12 章）。

生命及價值教育影片資源收錄於此 https://edulib.me/lver

＊　＊　＊　＊　＊　＊　＊　＊　＊　＊　＊　＊　＊　＊　＊

鳴謝

　　筆者李子建對李宗德博士、李美辰女士，以及和富慈善基金捐贈「有才有德：優質生命教育及品德教育計劃」及其支援團隊（朱慧珍副校長、江浩民博士、張偉菁校長、梁錦波校長、梁錦超副校長、戴希立校長、謝洪森校長、羅世光校長、關雪明校長、嚴影芙副校長〔按筆畫排序〕）為本書提供的協助表示感謝，以及感謝以下學校、校長和教師團隊的支持及提供本書（第十一章）內的校本經驗（按筆畫排序）：

- 仁愛堂陳鄭玉而幼稚園暨幼兒園、黎燕芬校長
- 佛教林炳炎紀念學校（香港佛教聯合會主辦）、李玉枝校長、王少芬主任
- 和富慈善基金李宗德小學、鄒秉恩校長、劉邱婉雯副校長、陳雪筠副校長、李美辰女士
- 香港神託會培敦中學、梁錦波博士（前校長）、林佩儀校長、吳碩駿助理校長
- 基督教宣道會宣基小學、劉心怡校長、李彩嫦主任

本文所發表內容及觀點僅代表李子建個人的意見，並不代表香港教育大學及其立場。

參考文獻

仁愛堂陳鄭玉而幼稚園暨幼兒園（無日期）。〈3C 課程簡介〉。取自 https://ppe.yot.org.hk/dn05/attachment_file/common_uploaded/news_file/17/17498_nef.pdf。

仁愛堂陳鄭玉而幼稚園暨幼兒園（無日期）。〈學校計劃 2019-2022〉（修訂稿）。有才有德：優質生命教育及品德教育計劃（和富慈善基金捐贈）。香港：仁愛堂陳鄭玉而幼稚園暨幼兒園。

仁愛堂陳鄭玉而幼稚園暨幼兒園（無日期）。〈學校課程〉。取自 https://ppe.yot.org.hk/dn05/school_course.php?page=1。

王少芬（2021，6 月 19 日）。〈「有才有德計劃」及「協助中小學規劃生命教育計劃」分享會〉（簡報）。香港：佛教林炳炎紀念學校。

王秉豪、李子建、朱小蔓、歐用生、吳庶深、李漢泉、李璞妮（主編）（2016）。《生命教育的知、情、意、行》。新北市：揚智文化事業股份有限公司。

行政長官卓越教學獎薈萃（2010 / 2011）。〈知情意相結合　活出精彩人生〉。德育及公民教育：獲卓越教學獎教學實踐，頁 51-68。取自 https://www.ate.gov.hk/teachingpractice/CEATE1011_Compendium_list_teaching_practices_award_MCE_01.pdf。

佛教林炳炎紀念學校（2020）。「從死而思生」（活動日）：主題學習周 2020 學生手冊。取自 https://life.blbyms.edu.hk/「從死而思生」活動日 /。

佛教林炳炎紀念學校（無日期）。〈廣播劇：我和我的爺爺〉。學生戲劇工作坊（廣播劇）。取自 https://life.blbyms.edu.hk/ 學生戲劇工作坊 /。

佛教林炳炎紀念學校（無日期）。《兩爺孫》。生死教育繪本：《兩爺孫》。取自 https://life.blbyms.edu.hk/picturebook/。

李子建（2017）。〈21 世紀技能教學與學生核心素養：趨勢與展望〉。《河北師範大學學報（教育科學版）》，19（3），頁 72-76。

李子建（主編）（2022）。《生命教育：理論基礎、取向和設計》。臺北：
　　元照出版有限公司。

李子建、姚偉梅、許景輝（2019）。〈全球工作趨勢及教育改革焦點：21
　　世紀技能〉，載於李子建等（主編），《21世紀技能與生涯規劃教育》
　　（頁1-25），臺北：高等教育出版社。

李泓穎、吳善揮（2021）。〈臺灣與香港中學生命教育之比較研究〉，《學
　　校行政》，131，頁186-210。

和富慈善基金李宗德小學編輯組（2022）。〈有才有德：優質生命教育及品
　　德教育計劃〉，載於《品格道》（頁94-99）。香港：和富慈善基金。

和富慈富基金會李宗德小學（無日期）。〈學校計劃2019-2022〉，有才有
　　德：優質生命教育及品德教育計劃，（和富慈善基金捐贈）。香港：和
　　富慈富基金會李宗德小學。

明校網（2021，3月22日）。〈香港神託會培敦中學　毋懼疫情停課　貫徹
　　生命教育〉。取自https://school.mingpao.com/學校報導/香港神託
　　會培敦中學-毋懼疫情停課-貫徹生命教育/。

香港特別行政區政府教育局（2001）。《學會學習 —— 課程發展路向》。
　　香港：香港特別行政區政府教育局。

香港特別行政區政府教育局（2008）。《德育及公民教育課程架構》。香
　　港：香港特別行政區政府教育局。

香港神託會培敦中學（2018）。〈學生成長部門協調委員會三年發展計劃〉
　　（2018-2021）。取自https://www.pooitun.edu.hk/PublicFolder/
　　file/progplan_report/programme_plan/programme_plan_18_19/01_
　　schplan/05SPG3yrsplan18to19.pdf。

香港神託會培敦中學（無日期a）。〈學校概覽〉。取自https://www.
　　pooitun.edu.hk/custompage/paragraphGroup.aspx?ct=customPage
　　&webPageId=20&pageId=15&nnnid=4。

香港神託會培敦中學（無日期b）。〈珍愛生命頻道〉。取自https://www.
　　pooitun.edu.hk/custompage/paragraphGroup.aspx?ct=customPage
　　&webPageId=137&pageId=63&nnnid=153。

香港神託會培敦中學（無日期c）。〈生命教育策略全方位關顧〉。取自
　　https://www.pooitun.edu.hk/custompage/paragraphGroup.aspx?c
　　t=customPage&webPageId=133&pageId=60&nnnid=150。

香港專業教育學院幼兒教育中心（無日期）。〈綠路童心 —— 生物多樣性〉。取自 http://cectl.ivehost.net/zh/collaboration/ecfbio/。

香港專業教育學院幼兒教育中心（無日期）。〈綠路童心計劃〉。取自 http://cectl.ivehost.net/zh/collaboration/ecf/。

香港教育大學（無日期）。〈生命教育教學資源〉。取自 http://lifeedu.eduhk.hk/lifeedu/ 生命教育教學資源 /）。

香港教育大學（無日期）。〈香港教育大學「生命教育與品德教育」動漫項目〉。取自 http://lifeedu.eduhk.hk/lifeedu/ 教大重點項目 / 學生 / 生命與品德教育動漫 /。

香港教育大學宗教教育與心靈教育中心（無日期）。「百川匯流 — 大灣區生命教育 由理念、規劃到實踐」分享會。取自 https://www.eduhk.hk/crse/tc/project/「百川匯流 - 大灣區生命教育 - 由理念、規劃到實 /。

香港教育大學宗教教育與心靈教育中心（無日期）。〈看動畫、悟生命、學品德〉。取自 https://crse.eduhk.mers.hk/。

香港課程發展議會（2021）。《價值觀教育課程架構（試行版）》。香港：香港特別行政區政府教育局。取自 https://www.edb.gov.hk/attachment/tc/curriculum-development/4-key-tasks/moral-civic/Value%20Education%20Curriculum%20Framework%20%20Pilot%20Version.pdf。

倪偉玲（無日期）。〈特色、理念與成果〉（簡報）。香港：香港神託會培敦中學。

基督教宣道會宣基小學（2020）。〈點滴成河 —— 第一屆傑出生命教育教案設計獎〉（2019/2020）。香港：香港教育大學宗教教育與心靈教育中心。取自 https://www.eduhk.hk/crse/wp-content/uploads/convergence-competition/D38_ 傑出獎 _ 出版教案 _ 連附件 .pdf。

基督教宣道會宣基小學（無日期）。〈家長參與生命教育活動〉。取自 https://www.sunkei.edu.hk/tc/ 家長參與生命教育活動。

基督教宣道會宣基小學（無日期）。〈基督教宣道會宣基小學 2018-2021 年度 學校發展計劃〉。取自 https://www.sunkei.edu.hk/sites/default/files/files/s01_09_05_1821.pdf。

基督教宣道會宣基小學（無日期）。〈臺灣生命教育體驗團〉。取自 https://www.sunkei.edu.hk/tc/ 臺灣生命教育體驗團。

基督教宣道會宣基小學（無日期）。〈學與教簡介〉。取自 https://www.sunkei.edu.hk/tc/%E7%B0%A1%E4%BB%8B-0。

張淑儀、賴寶伶（2016）。〈生命教育在培敦〉，載於王秉豪、李子建、朱小蔓、歐用生、吳庶深、李漢泉、李璞妮（主編），《生命教育的知、情、意、行》（頁 462-475）。新北：揚智文化事業股份有限公司。

梁錦波（2016），〈生命教育 —— 全人生命的關注〉，載於王秉豪、李子建、朱小蔓、歐用生、吳庶深、李漢泉、李璞妮（主編），《生命教育的 知、情、意、行》（頁 137-158）。新北市：揚智文化事業股份有限公司。

梁錦波（無日期）。〈從栽種秧苗，到禾穗初長 — 我們走過的生命教育路〉。《躍動的生命 —— 五年一貫生命教育綜覽》，緣起。香港神託會培敦中學。取自 http://www.pooitun.edu.hk/CustomPage/42/p4-5printro.pdf。

陳立言（2004）。〈生命教育在台灣之發展概況〉。《哲學與文化》，31（9），頁 21—46。取自 http://www.kyu.edu.tw/93/epaperv7/066.pdf。

彭境榮、顏嘉麗（無日期）。〈透過家校合作 共同推動生命教育〉（簡報）。香港：基督教宣道會宣基小學。

Bucket Fillers (n.d.). *Bucket Fillers*. Retrieved from https://bucketfillers101.com/.

Lee, J. C. K., Yip, S. Y. W., & Kong, R. H. M., (Eds.) (2021). *Life and Moral Education in Greater China*. London: Routledge.

OECD(2019). *OECD Future of Education and Skills 2030: Conceptual Learning Framework: Attitudes And Values For 2030*. Retrieved from https://www.oecd.org/education/2030-project/.

W. F. Joseph Lee Primary School (2020). *Core Values*. Retrieved from https://www.wfjlps.edu.hk/en/our_school.php?id=343.

第十二章

同理心研究及其在教育研究領域中的應用

蔣達、黃澤文、莫可瑩、李子建、謝夢

在近現代心理學教育學研究中，同理心依然是學者們關注的熱點話題。在本章節中，我們將通過回顧過往研究闡述同理心的概念和正面效果。我們也將通過例舉前人研究範式和方法總結探討如何在一般情境和教育情境下培養同理心。除此之外，我們也將討論同理心和人生價值觀等核心價值觀念的聯繫。

一、同理心研究及其在教育研究領域中的應用

《孟子》的《公孫丑章句上》有云：「人皆有不忍人之心。先王有不忍人之心，斯有不忍之政矣。以不忍人之心，行不忍人之政，治天下可運之掌上。」這句話是關於同理心及其正面作用的較早記錄，闡述了同理心作為人性特點對於君王治理天下的積極作用。在十九世紀，Vischer 引用 Einfühlung 一詞（Listowel, 2016）去表示人類即時他們覺察人事的心理感覺投射至他人。及

後 Titchener 建議同理心 empathy（從 empatheia：em 代表「in」，
而 pathos 代表「感覺」）（Titchener, 1909; Sesso, et al., 2021,
p.877）作為一種把物件人性化（humanizing）和把人的感觸投進
其中意謂。在近現代心理學教育學研究中，同理心依然是學者們
關注的熱點話題。在本章節中，我們將通過回顧過往研究，闡述
同理心的概念和正面效果。我們也將通過例舉前人研究範式和方
法，總結探討如何在一般情境和教育情境下培養同理心。除此之
外，我們也將討論同理心和人生價值觀等核心價值觀念的聯繫。

二、同理心的概念

同理心（empathy），包含「共感」、「共情」及「神入」的
含義（李子建，2022a；2022b；參看本書第八章）。研究認為
同理心的類型可以分為三種，分別是情感同理心、認知同理心
和行為同理心。認知同理心（cognitive empathy）是一種能夠
通過面部表情、肢體語言等方式識別對方的情緒，換位思考或
接納他人不同觀點的能力（觀點採擇）。情感同理心（affective
empathy）指切身感受和能夠體會他人的情感狀態。而行為同理
心（behavioral empathy）則指理解他人身在的處境與感受，並
在這種感受的基礎上與對方進行溝通和交流，甚至採取善意的行
動將關心傳達給對方（Lamm et al., 2011）。然而，同理心並不
等於同情心。同情心（sympathy）是源於同理心的一種情感反
應，包括對他人遭遇的痛苦和需要幫助時的關注所產生的憐憫
情緒（Eisenberg et al., 2010）。同理心更多的被理解為一種能

夠與他人共情的能力與內在修養，並且體現於設身處地地感知、理解與真正關心他人或動物所經歷的或其觀點的能力（Seattle Aquarium, 2015）。同理心往往被認為是利他行為（altruistic behavior）和親社會行為的重要因素（Eisenberg & Miller, 1987），相反地，缺乏同理心則與反社會行為有關（Björkqvist et al., 2000）。

　　雖然早期的研究較少涉及到同理心，且對它的定義還存在爭議性（Moore, 1990），但是在某些專業領域還是受到一定的重視，如：教育和教學。根據社交與情緒課程理論（social and emotional learning）（Durlak et al., 2011），同理心是能有效地促進教學目標的關鍵社交和情緒技巧之一（Berkovich, 2020）。在對 K-12 教學中同理心作用的實證研究分析中，Berkovich（2020）提出了同理心在四種概念裏所扮演的不同角色：特質、狀態、交流及關係。當同理心作為一種特質時，代表每個人與生俱來的能力和自然傾向，取決於他們是否能夠將其發揮（Alligood, 1992）；作為一種狀態時，代表受特定情況而變化和起伏的一種能力（Lennon & Eisenberg, 1987）；作為一種交流時，則強調在一段傳遞者與傾聽者之間對話中的作用（Duan & Hill, 1996）；作為一段關係時，則突出在一段持續關係中所扮演紐帶的作用（Kerem et al., 2001）。這四種概念是構造出良好教學環境的核心（Berkovich, 2020）。過往研究發現，同理心作為狀態（Tettegah & Anderson, 2007）、交流（Williams, 2010），以及關係（Cooper, 2010）時都可以得到改善，並可能影響教師和職前教師的情緒和行為結果。

三、同理心的正面結果

研究發現同理心與教學環境中的多種正面結果息息相關，例如：親社會行為（Barr & Higgins-D'Alessandro, 2007）、道德推理（Lopez et al., 2001）、情緒（Paivio & Christine, 2001）、行為調節（Eisenberg et al., 2010）。情感素養（emotional literacy）、道德認同（moral identity）、觀點採擇（perspective-taking）；道德想像力（moral imagination）、自我調節（self-regulation）、行善（practising kindness）、協同合作（collaboration）、道德勇氣（moral courage）、及革新者的成長（growing changemakers），具備上述九種品質的人通常富有同理心（Barba, 2018）。

擁有良好的同理心的人，能夠轉變思考問題的方式，理解周圍人的需求和經歷的情感，從而根據他人的需求採取行動（行為調節），提高自身的溝通技巧，與家人、朋友以及社區建立更親密和有意義的人際和社會關係。因為情感共鳴是與人溝通和形成人際關係必不可少的元素（Cooper, 2010）。有研究發現，能感受到與他人和社會的聯繫有助促進心理健康，且減少焦慮和抑鬱（Cruwys et al., 2014）。另一方面，同理心可以幫助緩解壓力，保持樂觀，有助於調節情緒。因為即使在與他人發生衝突時，良好的同理心能讓自己代入當事人的處境思考其行為背後的原因，從而調節任何因他人行為而產生的負面情緒和感受（Thompson et al., 2019）。當兩個人經歷相似的情感狀態時，能更好地明白對方，解決衝突。先前研究表明，父母的同理心使他們能夠了解

和關懷孩子的需求，也是建立安全型依附的基礎，而這種依附也奠定了孩子的情緒調節能力的基礎（Paivio & Christine, 2001; Stern et al., 2015）。研究顯示，那些情緒調節能力更好的人，能更多地以正面的方式與他人相處（Eisenberg et al., 2004）。此外，同理心的發展水平也被證實與親社會行為有關（Eisenberg & Miller, 1987）。富有更高程度同理心的人能夠將心比心，為他人着想和體諒他人所經歷的痛苦與煩惱，因此更樂意將關心付諸於行動去幫助他人。其中，自主關心和幫助他人的利他主義（altruism）是親社會行為的核心部分。Batson（1981）提出，對有需要的人產生的同理心是促進利他行為的主要動機，也是影響親社會行為和利他行為的決定性因素。

　　學生的人際關係和情感經歷都深刻地影響着他們的學習方式和成果，而教學氛圍是影響學生行為的重要因素（Barr & Higgins-D'Alessandro, 2007）。教師在學生眼中往往是良好行為的榜樣。同理心是與同學或教師建立良好人際關係的前提。不僅是校內的聯繫，教學與學習的過程及課堂氛圍都會受同理心影響。Cooper（2010）提出，促進成功教學和傳遞關懷的核心是同理心。他認為隨着時間的增長，同理心能發展成四種不同但相互關聯的類型：基本型（fundamental）、深度型（profound）、功能性型（functional）、假裝型（feigned）。這四種同理心在教室文化中扮演不同的角色。基本型同理心幫助教師密切關注學生的面部表情、感受，認真聆聽他們的想法，並用笑容和眼神交流來回應他們的觀點，通過肢體語言加強互動，為建立關係和信任奠定基礎。深度型同理心建立高質量的師生關係並達到更深層

次的互相了解，在傳遞有價值的關心與關懷情感的同時也為學生
樹立道德榜樣。富有同理心的教師能根據學生的需求回應，學生
亦通過傳遞同理心給他人，來回報教師的關懷。在深度型同理心
的氛圍下，能夠幫助學生建立良好的道德觀念與行為（Cooper,
2010）。當教師面對人數較多的班級時，功能性型同理心使教師
在與學生互動過程中把班級當作一個整體，有助於培養群體的凝
聚力和歸屬感。而假裝型同理心普遍體現於表面傳遞同理心的行
為，如：擁有潛在虐待傾向的父母（Cooper, 2010）。讓學生處
於一個被關懷，積極且相互扶持的教學環境裏學習和發展，能有
效減低負面情緒和不良行為的出現（Baker, 1998），從而有效地
提高教學水平及學習目標。因此，學校不能忽視在教學環境中，
創造更多和更強烈的同理心氛圍的重要性。

四、培養同理心的方法

1.啟動同理心的實驗室實驗

　　此前的研究中學者針對同理心的不同特徵將同理心劃分為狀
態同理心和特質同理心。狀態同理心（state empathy）是指在
特定情境中個體對他人需求的情感反應（Hoffman, 2001a），特
質同理心（trait empathy）則是較為穩定的人格特質，因此存在
個體差異，穩定地對個體的行為產生影響（Vignemont & Singer,
2006；崔天宇，2015）。因此，大量研究對於如何誘發狀態同
理心做了探討，啟動同理心的方式可分為：（一）指導語操縱；
（二）向被試者呈現相關的實驗材料（圖片、文字和視頻）。前

人的研究嘗試讓被試者閱讀不同的指導語來對被試者的同理心進行操縱，Batson、Early 和 Slvarani（1997）曾經運用指導語引導被試者在不同的情境中按照不同的身份進行思考，結果表明，指導語可以有效啟動被試者的同理心狀況。此外，有些研究也會通過向被試者呈現實驗材料啟動同理心，這些實驗材料包括：圖片、故事、視頻、幻燈片和模擬現實的場景。這些研究中，研究通常把被試者進行隨機分組（實驗組和控制組），實驗組被試者通常觀看一段帶有強烈情感的視頻、圖片或是文字材料，與此同時，控制組被試者則觀看中性材料，研究者通過這種方式對被試者的同理心水平進行操縱。例如，Norma Feshbach（1969）開發了 FASTE（Feshbach Affective Situation Test for Empathy），這一程序通過故事和圖片來誘發兒童的狀態同理心。Baston（1991）則以創建真實場景和視頻的形式誘發被試者的狀態同理心，在實驗中，被試者也被要求使用特定詞語表達自己感受，研究通過這種方式檢驗同理心的啟動效果。同時，研究疼痛同理心的圖片（視頻）誘導範式也是通過在實驗過程中向被試者呈現一系列疼痛圖片或視頻材料和中性圖片或視頻，誘發被試者的疼痛同理心（Fan & Han, 2008; 李佳，2019）。也有研究參照經典情境啟動範式，通過文字材料誘發同理心（定險峰、劉華山，2011；孫偉，2016；武媛媛，2020）。此外，有學者在此基礎上將文字材料和視頻材料相結合操縱被試者的同理心狀況（楊序斌，2014；敬嬌嬌，2018），也有學者通過播放幻燈片來誘發同理心（彭秀芳，2006）。針對疼痛同理心發展出的線索誘導範式以呈現抽象視覺符號（例如：不同顏色的箭頭標記）的形

式提醒被試者本身或者他人正在接受疼痛或非疼痛刺激（Lamm, Decety & Singer, 2011）。有學者也認為這種範式與生活中的場景更為接近，具有更高的生態效度（王志琴，2021）。

　　此外，在大多數研究中，要求被試者在閱讀或觀看完相應的材料後，研究者通常會進一步測量被試者的同理心狀況，通過這種方式來檢驗相關材料是否成功啟動被試者的同理心（鄧鑫燁，2020）。狀態同理心的測量大致分為兩種：一種是量表測量被試者的狀態同理心，另一種是觀測被試者生理指標的變化。在選擇用量表測量狀態同理心研究中，一些學者會採用測量同理心反應狀態的形容詞檢驗。這種量表一般有以下形式：一種是量表中包括了好心腸、富有同情心的、熱心的、易感動的和溫柔的情感詞彙，而被試者則被要求按照自己的狀態對這些詞語進行評分；另一種是採用李克特量表評價情感詞彙，包括同情、憐憫、心腸軟了、想體貼、想溫暖、被感動，這些研究通常採用七點計分法，1 代表「沒有感受」，7 代表「強烈感受」（Batson, Early & Salvarani, 1997；林曼，2014）。而在採用生理指標驗證同理心狀況的相關研究中，主要是採取個體的生理指標來考察個體是否激發了同理心（張凱、楊立強，2007），包括：心率和皮膚電，以及面部表情。

　　早在二十世紀六十年代，Feshbach 開發的情緒性情境同理心測驗（Feshbach Affective Situtations Test of Empathy, FASTE）就開始專門被用來測量青少年的同理心狀況。而情境性測驗隨着時代的發展，針對誘發青少年同理心狀態的研究也加入了視頻材料，使得同理心的誘發更加具有情境化。國內外

也有大量研究採用了閱讀同理心啟動文字材料、聽同理心啟動錄音材料，或者觀看同理心啟動視頻材料的方法使中學生產生狀態同理心（Davis et al., 1987; Graziano et al., 2007; Piff et al., 2010；定險峰、劉華山，2011；孫炳海、苗德露、李偉健等，2011；閆誌英、盧家楣，2012；林沐雨、王凝、錢銘怡等，2016；石一傑，2020）。而 Baron（1974）曾採用情境設置的方法對學生的同理心進行了啟動。在此之後，李小平等人（2014）則是通過詞語搜索法來誘發學生群體的狀態同理心。

近年來，國內愈來愈多針對青少年群體的研究選擇視頻作為啟動狀態同理心的材料，例如，吳季玲（2017）就參照前人的研究（Graziano, Habashi, Sheese, & Tobin, 2007；何寧、朱雲莉，2016），選取「感動中國」節目中的《張麗莉 —— 冰雪為容玉作胎》作為誘發青少年同理心的視頻材料。無獨有偶，鄧鑫燁（2020）也是邀請心理學專業學生對比了不同類型的同理心誘發材料後，最終選出同一個視頻作為啟動青少年狀態同理心的視頻材料。

2. 教育情境下的同理心訓練

同理心訓練是通過親身參與的情緒情感體驗性活動，提高受訓者辨別和理解他人情緒情感能力的訓練（張立花、朱春燕、汪凱等，2016；姜英傑、金雪蓮，2018）。研究發現，在同理心訓練中通過遊戲、角色扮演、傾聽、模仿、表演、情境討論等多種感覺通道並行，教授和練習同理心技巧都可以提高被試者的同理心能力（Riess et al., 2012；譚婉萱，2015）。

針對一般人群的同理心訓練主要分為以下幾類，首先是針對攻擊性行為的干預，這類研究的被試者通常是青少年或者成年人，同理心訓練的目的是減少相關的問題行為。例如，Feshbach（1980）針對青少年群體設計的「學會關心：同理心訓練方案（Learning to Care: The Empathy Training Program），瑞典動物福利和動物保護協會也曾針對 5 至 11 歲兒童共同開發的「動物情緒體驗訓練方案」（Thompson & Gullone, 2003），Bratitsis 和 Ziannas（2015）也設計過「捲入式故事訓練方案」，目的在於培養幼兒及有特殊需要兒童的同理心能力；其次是針對職業人群開展的同理心訓練，參與的被試者的職業通常帶有助人性質，如心理諮詢師、社區工作者或醫療工作者，這類同理心訓練的目的是提高求助者和助人者之間的溝通效率，減少交流阻礙（張冬，2015）；其次，也有研究希望提高兒童在成長過程中的同理心能力，增加兒童的親社會行為，為兒童的健康成長奠定基礎。例如，Feshbach 夫婦依照社會學習理論與認知結構理論設計了一系列針對小學生的同理心訓練項目，這些訓練的目的是幫助兒童識別自己或他人的情緒、培養觀點採擇能力。研究結果表明，這些小學生的同理心能力顯著提高，親社會行為也顯著增加（Feshbach & Feshbach, 1982）。

　　現階段許多研究中的同理心訓練方案多以團體形式開展，而針對於學生群體的干預常以班級為單位開展。張冬（2015）認為，同理心本身就是在人際互動中情境中產生的，因此同理心的培養也應放置到人際交往的背景中，團體的形式也方便受訓者進行交流、模仿、討論和互動。同理心培訓內容上，不同的研究者

對同理心的內涵理解不同，因此訓練方案的側重點亦有所分別。例如，Marshall 等（1995）的同理心培訓，將提升認知技能為最主要的目的，訓練的主要項目是非語言信號、解讀肢體語言和面部表情等來理解他人的狀態。而有的研究則側重於在訓練中幫助被試者增強解讀他人情緒和問題解決的能力（Spivack, Shure & Kelly, 1985）。此外，也有研究聚焦於同理心着重行為反饋方面的訓練，包括提升個體傾聽和情感分享的能力等（Feshbach, 1975）。綜上所述，在同理心訓練中常綜合使用多種方法，如角色扮演、多感覺教授和練習（綜合採用圖像、視頻、音頻、閱讀材料等）、想像技術、情境討論、榜樣模仿等多種形式（譚婉萱，2015；郭誌映，2016；李子建，2022b）。

　　同理心訓練的模式，主要分為兩種，第一種模式是依託理論並結合實際需求形成同理心訓練的具體方案。例如，Feshbach 等（1979）的同理心訓練項目（Empathy Training Program），針對目標對兒童進行定期的訓練，使用榜樣學習、角色扮演和討論等干預程序。Sahin（2012）也在 Feshbach 的理論基礎上開發了同理心訓練計劃，結果表明，接受訓練的兒童水平明顯提高。另一種模式對同理心訓練的單元和階段沒有明確的劃分，這種模式假設被試者已經具有一定的同理心的能力，而訓練的目的則在於促進同理心能力的合理運用。因此，這一模式往往具有較強的導向性，結合參與者的實際需要，以真實事件為學習素材，在學習過程中不斷驗證假設，最終依靠教學人員的反饋和評價達到目的。例如，Barak（1987）通過同理心遊戲訓練心理系學生的兩種同理心技能：理解他人以及在理解的基礎上進行溝通的能力，

採用具體案例卡片，讓學生思考和反饋，提高大學生的同理心感知能力，研究結果也顯示，在接受訓練後心理系學生的同理心技能得到了顯著的提高。有研究則以醫護人員為訓練對象，通過專題報告、事例討論等方式，促進醫生同理心的表達（Bonvicini et al., 2009）。此前有研究採用角色扮演、遊戲、討論、心理劇、電影、情緒追憶、作品分析和閱讀等多個方法，對大學生進行為了二十四次同理心訓練，結果顯示這些大學生顯著提高了同理心能力和人際交往能力（陳珝，傅宏，張曉文，2011）。此前的研究也有採用音樂、電影、音樂錄像的方式來提高心理諮詢專業學生的同理心能力，在訓練的過程中讓學生提高感知情緒的能力，從而幫助這些學生在日後與來訪者工作的過程中理解來訪者的心情和處境（Ohrt et al., 2009）。

此外，還有一些針對的干預研究，如 Goldstein 和 Winner（2012）進行的一項研究，通過小學生和高中生進行表演課程的學習，在課程中學習對角色的認識、分析，對表情和肢體動作的學習等，結果表明，學生同理心能力顯著提高。

不同的研究者針對青少年群體的特徵發展出了不同的同理心訓練方法。現在大多數是以團體的形式開展，有些以班級為單位進行教課實施。李遼（1990）在 Feshbach「學會關心，同理心訓練方案」的基礎上，結合青少年的心理特點，對實驗組被試者按照「同理心訓練系列法」分四個主題進行為期四周的同理心訓練，訓練的主要內容是情緒體驗、換位思考、感受情緒和評價分，研究結果也表明，被試者的同理心能力在訓練後得到了明顯的提高。在針對青少年自我表露和同理心技巧訓練的相關研究

中，接受了為期四個星期的訓練後，青少年的同理心能力得到了明顯的提升（Haynes & Avery, 1979）。

　　近年來，愈來愈多的研究針對青少年的心理特徵發展出了不同的同理心訓練方案，值得注意的是，大多數干預方案都以青少年中小學生的身份進行干預的切入點。例如，王賽東（2012）以團體輔導的方式，從情感性同理心、認知性同理心、同理心能力等方面出發，對在讀初中的青少年進行同理心訓練，研究結果表明，經過訓練後，被試者的同理心能力明顯提高。顏玉平（2013）針對中學生心理特徵設計的訓練方案，中學生經過 128 學時的訓練後同理心得分顯著提高。賈笑穎（2014）也在針對青少年進行了 14 學時的同理心訓練後發現，青少年的同理心能力上得到明顯提升。Yildiz 和 Duy（2013）開發的針對青少年的「人際溝通技巧心理教育項目」也證明，經過九次人際溝通技能培訓後，青少年的同理心水平顯著提高。有研究則借助心理健康教育課程，在課程中設計針對青少年的同理心訓練方案（范明惠，2017）。在最近的研究中，學者還通過視頻遊戲作為訓練項目提升青少年的同理心水平，研究結果表明，雖然青少年的同理心水平並沒有顯著提升，但青少年在遊戲不到 6 小時的時間裏就產生了行為上相關的功能性神經變化（Kral et al., 2018）。周思宇（2019）通過在自然班級情境中開展社會工作，針對小學生進行同理心訓練，結果表明可以在一定程度上降低校園欺凌發生率。同樣，趙曉風（2019）在針對青少年服刑人員中也研究發現，在經過同理心認知層面、情感層面以及反應層面訓練之後，青少年服刑人員的同理心能力得到了改善。

綜上所述，這些研究的結果也表明，青少年的同理心能力
確實能夠在接受同理心訓練之後得到顯著的提升。與此同時，
分析的結果表明，一些其他因素也會影響同理心訓練的效果，
如時間、被訓練的對象、評價方法等（Teding van Berkhout &
Malouff, 2016）。

五、同理心問卷

Sesso 等（2021）針對兒童和青年人有關同理心的測量
問卷作了系統性的回顧。目前，測量兒童和年青人的同理心
問題眾多，其中兒童與青少年同理心指標[1]（Index of Empathy
for Children and Adolescents, IECA）（Bryant, 1982）（美
國）、人際關係反應指標[2]（Interpersonal Reactivity Index, IRI）
（Litvack-Miller et al., 1997）（加拿大）和基礎同理心量表[3]
（Basic Empathy Scale, BES）（Jolliffe & Farrington, 2006）（美
國）的歷史相對地較多，而 BES 在中國和韓國的情況得以確立其
效度。IRI 則為四種問卷（包括 BES）作為同時效度（concurrent
validity）的參考（Sesso et al., 2021, p.889）。值得注意的
是，這幾種問卷是自我報告（self-reported），因此對某些患上
ASD 或破壞性行為的病人便不能使用。Hoffman（2001b）建議
同理心技能的發展階段，並發展格里菲斯同理心量表[4]（Griffith

1　中文譯名參考自林妘蓁，碩士論文，2013，頁 25。
2　同上。
3　同上。
4　同上，頁 26。

Empathy Measure, GEM）（Dadds et al., 2008）問卷，同樣地，共情問卷[5]（Empathy Questionnaire, EmQue）（Rieffe et al, 2010）及兒童同理心態度量表（Children's Empathic Attitudes Questionnaire, CEAQ）（Funk et al., 2008），前者 EmQue 建基於 Hoffman 的前三個同理心反應發展階段，例如：情緒感染（emotion contagion）、關注他人感覺（attention to others' feelings），以及親社會行動（prosocial actions），後者 CEAQ 利用 Rasch 模式驗證，可說是一種一維（unidimensional）的量度或測量（Sesso et al., 2021, p.887）。除了 Sesso et al.（2021）文章所提及的同理心問題外，讀者亦可參考下列一些問卷：

表 12-1

問卷	來源	特徵
The Empathy Questionnaire for Children and Adolescents（EmQue-CA）及兒童青少年共情問卷（EmQue-CA 中文版）[6]	Overgaauw et al.（2017）；Lin et al.,（2021）	1. 主要針對 10 至 15 歲的兒童及青少年；而中文版則針對 4 至 12 年級（約為 10 至 18 歲）（Overgaauw et al., 2017, pp.1-2） 2. 包括三個量表：情感同理心、認知同理心和安慰的意圖（intention to comfort）

5　中文譯名參考自朱曉倩等，2021，頁 621。
6　中文譯名參考自劉盼、孫夢圓、劉堃，2020。

（續）

問卷	來源	特徵
兒童早期同理心問卷 The Measure of Empathy in Early Childhood (MEEC)	Kimonis et al.（2021）	1. 依靠家長報告，針對 2 至 8 歲的兒童 2. 與 Hoffman 的發展理論一致 3. 具有五個因子／因素（factors）：社會行為、關心他人情感、個人困擾、個人悲傷 —— 虛構角色和同情心（p.9）
感受和思維量表 Feeling and Thinking (F&T)[7]	Garton & Gringart（2005）	1. 學校兒童（7 至 11 歲；9 至 11 歲） 2. 可與成年人同理心（Davis, 1980）和兒童同理心（Litvack-Miller at al., 1997）作比較 3. 包括初步四個因子
The Cognitive, Affective, and Somatic Empathy Scales（CASES）及「認知 — 情感 — 身體」同理心量表（CASES 中文版）[8]	Raine & Chen（2018）；Liu et al.（2018）	1. 測量情感同理心、認知同理心和軀體同理心（somatic empathy） 2. 約為 11 歲左右的兒童
認知和情緒共情問卷（The Questionnaire of Cognitive and Affective Empathy（QCAE）（中文版）[9]	Liang et al.（2019）	1. 依據 QCAE（Reiners et al., 2011） 2. 針對大學生（平均 22 歲左右）（p.441） 3. 包含五個因子：觀點採擇／換位思考／角色取替、在線模擬、情感感染、近端響應及外周實時響應（任巧悅等，2019）

7　中文譯名參考自朱曉倩等，2021，頁 620。
8　中文譯名參考自和諧大使服務手冊，2011，第二章，頁 7。
9　中文譯名參考自王協順、蘇彥捷，2019，頁 537。

六、未來的研究方向

現有啟動同理心的實驗室研究大多數都選擇採用高度簡化的線索，然而，這些線索通常與現實生活情境存在差異，這種同理心很大程度上受到被試者的參與度或者想像力等無關變量的影響，被試者對實驗材料的主觀評分可能只是機械性地評價，生態效度不高（任巧悅、孫元渺、呂雪靖等，2019）。同時，也有很多研究採用剪輯過後的影視作品作為同理心材料，但這類材料仍然與現實情境也有一定出入（Jolien et al., 2015）。因此，在未來啟動同理心的實驗室研究中，一方面，應該更加注重實驗中相關材料的選擇，針對青少年的心理特徵和身心狀況選擇與現實情境相符合的同理心啟動材料。例如近年來有研究將真實的心理諮詢案例進行改編，作為啟動青少年同理心的材料，這類材料的信效度也得到了驗證（楊欽君，2021）；另一方面，應該選用更多元化的方法檢驗啟動同理心的實驗材料，而非使用單一的量表驗證。例如，隨着科技的進步，生理學手段可以有效驗證同理心啟動的效果，如事件相關電位（Event-Related Potential, ERP）、功能性磁共振成像（functional Magnetic Resonance Imaging，fMRI）等腦成像技術的成熟發展，都為驗證啟動同理心的材料提供了新的測量角度（王孝紅，2018）。

近年來，針對青少年群體開展同理心訓練的研究也愈來愈豐富，許多研究不僅僅針對普通青少年制定同理心訓練方案，還包括青少年中的特殊群體：例如青少年精神分裂症患者，青少年服刑人員和失足青少年（張立花、朱春燕、汪凱等，2016；熊慧

素、陳嬌妮，2018；趙曉風，2019）。但總體來說，這些同理心訓練方案側重點不同，同理心訓練的周期跨度也較大，短則數周長達數月，雖然大多數的訓練方案都被證明有效，但如何確定最合適的訓練周期尚無定論。因此，未來的研究宜着眼於青少年同理心訓練周期的臨界點，探索能夠取得最佳效果且時間和經濟成本最低的訓練周期。另一方面，針對青少年中特殊群體的同理心訓練方案不僅應該考慮青少年的心理特徵，還應該考慮多重身份對青少年特殊群體的具體影響，以便在未來的同理心訓練實踐中，制定出更加適合這些人群的同理心訓練方案。

* * * * * * * * * * * * * * *

本文部分內容曾在《生命教育：理論基礎、取向和設計》（李子建，2022a）及李子建（2022b）發表。

鳴謝

筆者對 Lee Hysan Foundation（利希慎基金捐贈）支持的香港教育大學宗教教育與心靈教育中心「同你心：關心 同理心」"EdUHK CARES" 項目表示衷心感謝。

本文所發表內容及觀點僅代表李子建個人的意見，並不代表香港教育大學及其立場。

參考文獻

王孝紅（2018）。〈共情、求助經歷對助人行為意願的影響研究〉。四川師
　　範大學碩士學位論文。

王志琴（2021）。〈疼痛共情對親社會傾向的影響 —— 注意偏向的作
　　用〉。天津師範大學碩士學位論文。

王協順、蘇彥捷（2019）。〈中國青少年版認知和情感共情量表的修訂〉。
　　《心理技術與應用》，7（9），頁 536-547。

石一傑（2020）。〈中學生共情對親社會行為的影響 —— 基於發展趨勢的
　　研究〉。河北師範大學碩士學位論文。

任巧悅、孫元渺、呂雪靖、黃超、胡理（2019）。〈基於心理生理學視角的
　　共情研究：方法與特點〉。《科學通報》，64（22），頁 2292-2304。

朱曉倩、王一伊、蘇彥捷、曾曉、顏志強（2021）。〈兒童共情研究及其測
　　量工具：回顧與展望〉。《心理技術與應用》，9（10），頁 619-628。

何寧、朱雲莉（2016）。〈自愛與他愛：自戀、共情與內隱利他的關係〉。
　　《心理學報》，48（2），頁 199-210。

吳季玲（2017）。〈自戀和共情對中學生助人行為的影響〉。江西師範大學
　　碩士學位論文。

李子建（主編）（2022a）。《生命教育：理論基礎、取向和設計》。臺北：
　　元照出版有限公司。

李子建（2022b）。〈同理心在教學和生命教育上的運用〉。《教育局訓育及
　　輔導組訓輔專訊》，29。香港：香港特別行政區政府教育局。

李小平、閆鴻磊、雲祥、陳陳（2014）。〈作為情境變量的移情對暴力態度
　　的影響〉。《心理發展與教育》，30（5），頁 466-473。

李佳林（2019）。〈自閉特質，述情障礙與疼痛共情的關係研究〉。電子科
　　技大學碩士學位論文。

李遼（1990）。〈青少年的移情與親社會行為的關係〉。《心理學報》，22（1），頁 72-79。

周思宇（2019）。〈共情訓練干預校園欺凌的社會工作實踐研究 —— 以雲南省 Y 小學五年級學生為例〉。雲南大學碩士學位論文。

定險峰、劉華山（2011）。〈個體不幸情境下的慈善捐贈共情的中介效應〉。《中國臨床心理學雜誌》，19（6），頁 759-762。

林妘蓁（2013）。〈資優生同理心、過度激動特質與同儕關係之研究〉（未出版之碩士論文）。臺灣師範大學特殊教育學系。

林沐雨、王凝、錢銘怡、趙晨穎、徐凱文、官銳圓（2016）。〈女大學生中共情對自我中心和利他行為關係的調節作用〉。《心理科學》，39（4），頁 977-984。

林曼（2014）。〈利他是直覺還是自控的結果？共情情境下的利他行為研究〉。浙江師範大學碩士學位論文。

武媛媛（2020）。〈大學生審美情感、共情與親社會行為關係的研究〉。上海師範大學碩士學位論文．

姜英傑、金雪蓮（2018）。〈國外共情訓練理論與實踐對我國留守兒童情感教育的啟示〉。《外國教育研究》，45（9），頁 104-115。

香港城市大學（2011）。〈有教無「戾」校園欺「零」計畫：和諧大使服務手冊〉。香港：優質教育基金。

孫炳海、苗德露、李偉健、張海形、徐靜逸（2011）。〈大學生的觀點採擇與助人行為：群體關係與共情反應的不同作用〉。《心理發展與教育》，5，頁 491-497。

孫偉（2016）。〈不同情境下特質共情、狀態共情對利他行為的影響〉。山東師範大學碩士學位論文。

崔天宇（2015）。〈自豪對不同群體助人行為的影響：共情的調節作用〉。西南大學碩士學位論文。

張冬（2015）。〈共情團體訓練對改善大學生人際交往狀況的干預研究〉。東北師範大學碩士學位論文。

張立花、朱春燕、汪凱、李丹丹、吳姍姍、鐘慧、方萍、孫娜娜（2016）。〈共情訓練對青少年精神分裂症患者共情能力的影〉。《中國心理衛生雜誌》，30（11），頁 812-817。

張凱、楊立強（2007）。〈國內外關於移情的研究綜述〉。《社會心理科學》，22（5），頁 161-165。

郭志映（2016）。〈共情訓練提升初中生人際關係的干預研究〉。重慶師範大學碩士學位論文。

閆志英、盧家楣（2012）。〈移情反應的研究 —— 基於個體傾向與情境的雙重研究〉。《心理科學》，35（6），頁 1383-1387。

陳翊、傅宏、張曉文（2011）。〈通過共情訓練改善大學生人際關係〉。《南京理工大學學報（社會科學版）》，6，頁 79-84。

彭秀芳（2006）。〈大學生的移情結構及其與積極人格、親社會行為的關係研究〉。首都師範大學碩士學位論文。

敬嬌嬌（2018）。〈暴力視頻遊戲對共情的影響：攻擊性情緒和認知的作用〉。華中師範大學碩士學位論文。

楊序斌（2014）。〈暴力視頻遊戲對個體共情及親社會行為傾向的影響〉。湖南師範大學碩士學位論文。

楊欽君（2021）。〈狀態焦慮對新手諮詢師狀態共情的影響：情緒調節策略的作用〉。西南大學碩士學位論文。

賈笑穎（2014）。〈共情訓練改善高中生人際關係的分析〉。《南方論刊》，1，頁 106-107。

熊慧素、陳嬌妮（2018）。〈失足青少年共情特點研究 —— 以廣西南寧為例〉。《蘭州教育學院學報》，1，頁 169-170。

趙曉風（2019）。〈論青少年社區服刑人員共情訓練〉。《青少年犯罪問題》，6，頁 45-51。

劉盼、孫夢圓、劉堃（2020）。〈中文版兒童青少年共情問卷的信效度研究〉。《現代預防醫學》，47（6），頁 1071-1074。

范明惠（2017）。〈青少年共情能力的現狀、影響因素及其訓練〉。溫州大學碩士學位論文。

鄧鑫燁（2020）。〈中學生自戀人格與共情對道德決策的影響研究〉。貴州師範大學碩士學位論文。

顏玉平（2013）。〈共情訓練對中學生人際交往能力的影響〉。湖南師範大學碩士學位論文。

譚婉萱（2015）。〈團體訓練對初中生共情水平的影響 —— 家庭教養方式的調節作用〉。湖南師範大學碩士學位論文。

Alligood, M. R. (1992). "Empathy: The Importance of Recognizing Two Types." *Journal of Psychosocial Nursing and Mental Health Services*, 30(3), 14-17.

Baker, J. A. (1998). "Are We Missing the Forest for the Trees? Considering the Social Context of School Violence." *Journal of School Psychology*, 36(1), 29-44.

Barak, A., Engle, C., Katzir, L., & Fisher, W. A. (1987). "Increasing the Level of Empathic Understanding by Means of a Game." *Simulation & Games,* 18(4), 458-470.

Baron, R. A. (1974). "Aggression As a Function of Victim's Pain Cues, Level of Prior Anger Arousal, and Exposure to an Aggressive Model." *Journal of Personality and Social Psychology,* 29, 117-124.

Barr, J. J., & Higgins-D'Alessandro, A. (2007). "Adolescent Empathy and Prosocial Behavior in the Multidimensional Context of School Culture." *Journal of Genetic Psychology*, 168(3), 231-250.

Batson, C. D., & Shaw, L. L. (1991). "Evidence for Altruism: Toward a Pluralism of Prosocial Motives." *Psychological Inquiry,* 2(2), 107-122.

Batson, C. D., Duncan, B. D., Ackerman, P., Buckley, T., & Birch, K. (1981). "Is Empathic Emotion a Source of Altruistic Motivation?" *Journal of Personality and Social Psychology*, 40(2), 290-302.

Batson, C. D., Early, S., & Salvarani, G. (1997). "Perspective Taking: Imagining How Another Feels Versus Imaging How You would Feel." *Personality & Social Psychology Bulletin,* 23(7), 751-758.

Berkovich, I. (2020). "Conceptualisations of Empathy in K-12 Teaching: A Review of Empirical Research." *Educational Review*, 72(5), 547—566.

Björkqvist, K., Österman, K., & Kaukiainen, A. (2000). "Social Intelligence-Empathy = Aggression?" *Aggression and Violent Behavior*, 5(2), 191-200.

Bonvicini, K. A., Perlin, M. J., Bylund, C. L., Carroll, G., Rouse, R. A., & Goldstein, M. G. (2009). "Impact of Communication Training on Physician Expression of Empathy in Patient Encounters." *Patient Education & Counseling,* 75(1), 3-10.

Bratitsis, T., & Ziannas, P. (2015). "From Early Childhood to Special Education: Interactive Digital Storytelling As a Coaching Approach for Fostering Social Empathy." *Procedia Computer Science,* 67, 231-240.

Bryant, B. K. (1982). *Index of Empathy for Children and Adolescents* [Database record]. APA PsycTests.

Cooper, B. (2010). "In Search of Profound Empathy in Learning Relationships: Understanding the Mathematics of Moral Learning Environments." *Journal of Moral Education*, 39(1), 79-99.

Cruwys, T., Haslam, S. A., Dingle, G. A., Haslam, C., & Jetten, J. (2014). "Depression and Social Identity: An Integrative Review." *Personality and Social Psychology Review*, 18(3), 215-238.

Dadds, M. R., Hunter, K., Hawes, D. J., Frost, A. D. J., Vassallo, S., Bunn, P,. Merz, S., El. Masry, Y. (2008). "A Measure of Cognitive and Affective Empathy in Children Using Parent Ratings." *Child Psychiatry Hum Dev,* 39, 111-122.

Davis, M. H. (1980). "A Multidimensional Approach to Individual Differences in Empathy." *JSAS Catalog of Selected Documents in Psychology,* 10, 85.

Davis, M. H., Hull, J. G., Young, R. D., & Warren, G. G. (1987). "Emotional Reactions to Dramatic Film Stimuli: The Influence of Cognitive and Emotional Empathy." *Journal of Personality and Social Psychology, 52,* 126-133.

Duan, C., & Hill, C. E. (1996). "The Current State of Empathy Research." *Journal of Counseling Psychology*, 43(3), 261-274.

Durlak, J. A., Weissberg, R. P., Dymnicki, A. B., Taylor, R. D., & Schellinger, K. B. (2011). "The Impact of Enhancing Students' Social and Emotional Learning: A Meta-Analysis of School-Based Universal Interventions." *Child Development*, 82(1), 405—432.

Eisenberg, N., & Miller, P. A. (1987). "The Relation of Empathy to Prosocial and Related Behaviors." *Psychological Bulletin*, 101(1), 91-119.

Eisenberg, N., Eggum, N. D., & di Giunta, L. (2010). "Empathy-Related Responding: Associations with Prosocial Behavior, Aggression, and Intergroup Relations." *Social Issues and Policy Review*, 4(1), 143—180.

Fan, Y., & Han, S. (2008). "Temporal Dynamic of Neural Mechanisms Involved in Empathy for Pain: An Event-Related Brain Potential Study." *Neuropsychologia,* 46(1), 160-173.

Feshbach N.D., & Feshbach S. (1982). "Empathy Training and the Regulation of Aggression: Potentialities and Limitations." *Academic Psychology Bulletin,* 4(3), 399-413

Feshbach, N. D. (1975). "Empathy in Children: Some Theoretical and Empirical Considerations." *The Counseling Psychologist,* 5(2), 25—30.

Feshbach, N. D., & Feshbach, S. (1969). "The Relationship between Empathy and Aggression in Two Age Groups." *Developmental Psychology,* 1(2), 102-107.

Funk, J., Fox, C., Chan, M., & Curtiss, K. (2008). "The Development of the Children's Empathic Attitudes Questionnaire Using Classical and Rasch Analyses." *Journal of Applied Developmental Psychology,* 29(3), 187-196. https://doi.org/10.1016/j.appdev.2008.02.005

Garton, A. F., & Gringart, E. (2005). "The Development of a Scale to Measure Empathy in 8 and 9Year Old Children." *Australian Journal of Education and Developmental Psychology,* 5, 17-25.

Goldstein, T. R., & Winner, E. (2012). "Enhancing Empathy and Theory of Mind." *Journal of Cognition and Development,* 13(1), 19-37.

Graziano, W. G., Habashi, M. M., Sheese, B. E., & Tobin, R. M. (2007). "Agreeableness, Empathy, and Helping: A Personx Situation Perspective." *Journal of Personality and Social Psychology,* 93(4), 583-599.

Haynes, L. A., & Avery, A. W. (1979). "Training Adolescents in Self-Disclosure and Empathy Skills." *Journal of Counseling Psychology,* 26(6), 526-530.

Hoffman, M. L. (2001a). *Empathy and Moral Development: Implications for Caring and Justice.* Cambridge, U.K.: Cambridge University Press.

Hoffman, M. L. (2001b). "Prosocial Behavior and Empathy: Developmental Processes." *Int Encycl Soc Behav Sci,* 12230-12233.

Jolliffe, D., Farrington, D. P. (2006). "Development and Validation of the Basic Empathy Scale。" *J Adolesc,* 29, 589-611.

Kerem, E., Fishman, N., & Josselson, R. (2001). "The Experience of Empathy in Everyday Relationships: Cognitive and Affective Elements." *Journal of Social and Personal Relationships*, 18(5), 709-729.

Kimonis, E. R., Jain, N., Neo, B., Fleming, G. E., & Briggs, N. (2021). "Development of an Empathy Rating Scale for Young Children." *Assessment*.

Kral, T. R. A., Stodola, D. E. Birn, R. M., Mumford, J. A., Solis, E., Flook, L., Patsenko, E. G., Anderson, C. G., Steinkuehler, C., & Davidson, R. J. (2018). "Neural Correlates of Video Game Empathy Training in Adolescents: A Randomized Trial." *NPJ Science of Learning,* 3(1).

Lamm, C., Decety, J., & Singer, T. (2011). "Meta-Analytic Evidence for Common and Distinct Neural Networks Associated with Directly Experienced Pain and Empathy for Pain." *Neuroimage,* 54(3), 2492-2502.

Lennon, R., & Eisenberg, N. (1987). "Emotional Displays Associated with Preschoolers' Prosocial Behavior." *Child Development,* 58, 992-1000.

Liang, Y. S., Yang, H. X., Ma, Y. T., Lui, S., Cheung, E., Wang, Y., & Chan, R. (2019). "Validation and Extension of the Questionnaire of Cognitive and Affective Empathy in the Chinese Setting." *PsyCh Journal,* 8(4), 439-448.

Lin, X., Chen, H., Tan, Y., Yang, X., & Chi, P. (2021). "The Empathy Questionnaire for Children and Adolescents (EmQue-CA) in Chinese: Psychometric Properties and Measurement Invariance." *Asian Journal of Psychiatry*, 63, 102775.

Listowel, E.O. (2016). *A Critical History of Modern Aesthetics (1ˢᵗ ed).* London: Routledge.

Litvack-Miller, W., McDougall, D., & Romney, D. M. (1997). "The Structure of Empathy During Middle Childhood and Its Relationship to Prosocial Behaviour." *Genetic, Social and General Psychology Monographs,* 123, 303-325.

Liu, J., Qiao, X., Dong, F., & Raine, A. (2018) "The Chinese Version of the Cognitive, Affective, and Somatic Empathy Scale for Children: Validation, Gender Invariance and Associated Factors." *PLoS ONE,* 13(5), e0195268.

Lopez, N. L., Bonenberger, J. L., & Schneider, H. G. (2001). "Parental Disciplinary History, Current Levels of Empathy, and Moral Reasoning in Young Adults." *North America Journal of Psychology*, 3(1), 193-204.

Marshall, W. L., Hudson, S. M., Jones, R., & Fernandez, Y. M. (1995). "Empathy in Sex Offenders." *Clinical Psychology Review,* 15(2), 99-113.

Moore, B. S. (1990). "The Origins and Development of Empathy." *Motivation and Emotion*, 14(2), 75-80.

Ohrt, J. H., Foster, J. M., Hutchinson, T. S., & Ieva, K. P. (2009). "Using Music Videos to Enhance Empathy in Counselors-In-Training." *Journal of Creativity in Mental Health,* 4(4), 320-333.

Overgaauw S, Rieffe C, Broekhof E, Crone EA & Güroğlu, B. (2017). "Assessing Empathy Across Childhood and Adolescence: Validation of the Empathy Questionnaire for Children and Adolescents (EmQue-CA)." *Frontiers in Psychology,* 8(870).

Paivio, S. C., & Christine, L. (2001). "Empathy and Emotion Regulation: Reprocessing Memories of Childhood Abuse." *Journal of Clinical Psychology*, 57(2), 213-226.

Piff, P. K., Kraus. M. W., Cote, S., Cheng, B. H., & Keltne, D. (2010). "Having Less, Giving More: The Influence of Social Class on Prosocial Behavior." *Journal of Personality and Social Psychology,* 99, 771-784.

Raine, A., & Chen, F. R. (2018). "The Cognitive, Affective, and Somatic Empathy Scales (CASES) for Children." *Journal of Clinical Child & Adolescent Psychology,* 47(1), 24-37.

Reniers, R. L. E. P., Corcoran, R., Drake, R., Shryane, N. M., & Völlm, B. A. (2011). "The QCAE: A Questionnaire of Cognitive and Affective Empathy." *Journal of Personality Assessment,* 93, 84-95.

Rieffe, C., Ketelaar, L., Wiefferink, C. H. (2010). "Assessing Empathy in Young Children: Construction and Validation of an Empathy Questionnaire (EmQue)." *Pers Individ Dif,* 49, 362-367.

Riess, H., Kelley, J. M., Bailey, R. W., Dunn, E. J., & Phillips, M. (2012). "Empathy Training for Resident Physicians: A Randomized Controlled Trial of a Neuroscience-Informed Curriculum." *Journal of General Internal Medicine,* 27(10), 1280-1286.

Sahin, M. (2012). "An Investigation into the Efficiency of Empathy Training Program on Preventing Bullying in Primary Schools." *Children and Youth Services Review,* 34(7), 1325-1330.

Seattle Aquarium. (2015). *Best Practices in Developing Empathy Toward Wildlife.* Retrieved from http://www.informalscience.org/best-practices-developing-empathy-toward-wildlife.

Sesso, G., Brancati, G. E., Fantozzi, P., Inguaggiato, E., Milone, A., Masi, G. (2021). "Measures of Empathy in Children and Adolescents: A Systematic Review of Questionnaires." *World J Psychiatr,* 11(10), 876-896.

Spivack, G., Shure, M. B., & Kelly, J. G. (1985). "The 1984 Division 27 Award for Distinguished Contributions to Community Psychology and Community Mental Health: George Spivack and Myrna b. Shure." *American Journal of Community Psychology,* 13(3), 221-243.

Stern, J. A., Borelli, J. L., & Smiley, P. A. (2015). "Assessing Parental Empathy: A Role for Empathy in Child Attachment." *Attachment and Human Development*, 17(1), 1-22.

Teding van Berkhout, E., & Malouff, J. M. (2016). "The Efficacy of Empathy Training: A Meta-Analysis of Randomized Controlled Trials." *Journal of Counseling Psychology,* 63(1), 32-41.

Tettegah, S., & Anderson, C. J. (2007). "Pre-Service Teachers' Empathy and Cognitions: Statistical Analysis of Text Data by Graphical Models." *Contemporary Educational Psychology*, 32(1), 48-82.

Thompson, K. L., & Gullone, E. (2003). "The Children's Treatment of Animals Questionnaire (CTAQ): A Psychometric Investigation." *Society & Animals*, 11(1), 1-15.

Thompson, N. M., Uusberg, A., Gross, J. J., & Chakrabarti, B. (2019). "Empathy and Emotion Regulation: An integrative Account." *Progress in Brain Research*, 247, 273-304.

Titchener, E. B. (1909). *Lectures on the Experimental Psychology of the Thought-Processes*. New York: MacMillan Co.

Van der Graaff, J., Meeus, W., de Wied, M., van Boxtel, A., van Lier, P. A. C., Koot, H. M., & Branje, S. (2016). "Motor, Affective and Cognitive Empathy in Adolescence: Interrelations Between Facial Electromyography and Self-reported Trait and State Measures." *Cognition & Emotion*, 30(4), 745-761.

Vignemont, F. D., & Singer, T. (2006). "The Empathic Brain: How, When and Why?." *Trends in Cognitive Sciences*, 10(10), 435-441.

Williams, D. M. (2010). *Teacher Empathy and Middle School Students' Perception of Care*. Stephen F. Austin State University.

Yildiz, M. A., & Duy, B. (2013). "Improving Empathy and Communication Skills of Visually Impaired Early Adolescents Through a Psycho-Education Program." *Kuram Ve Uygulamada Egitim Bilimleri*, 13(3), 1470-1476.

責任編輯：吳黎純
裝幀設計：高林
排版：陳美連
印務：劉漢舉

生命與價值觀教育：
視角和實踐

□
主編
李子建

□
合著

李子建　施仲謀　梁錦波
莫可瑩　黃澤文　劉雅詩
蔣　達　謝　夢　羅世光

□
出版
中華教育
香港北角英皇道 499 號北角工業大廈一樓 B
電話：(852) 2137 2338　傳真：(852) 2713 8202
電子郵件：info@chunghwabook.com.hk
網址：http://www.chunghwabook.com.hk

□
發行
香港聯合書刊物流有限公司
香港新界荃灣德士古道 220-248 號
荃灣工業中心 16 樓
電話：(852) 2150 2100　傳真：(852) 2407 3062
電子郵件：info@suplogistics.com.hk

□
印刷
美雅印刷製本有限公司
香港觀塘榮業街 6 號 海濱工業大廈 4 樓 A 室

□
版次
2022 年 7 月第 1 版第 1 次印刷
© 2022 中華教育

□
規格
16 開（230 mm×170 mm）

□
ISBN：978-988-8808-22-9